LES

RICHESSES DES PYRÉNÉES

FRANÇAISES ET ESPAGNOLES

LES RICHESSES

DES PYRÉNÉES

FRANÇAISES ET ESPAGNOLES

CE QU'ELLES FURENT, CE QU'ELLES SONT, CE QU'ELLES PEUVENT ÊTRE

**AGRICULTURE, IRRIGATIONS
ROUTES, MINES, FORGES, FORÈTS, FABRIQUES
EAUX MINÉRALES.**

PAR

CENAC MONCAUT

CORRESPONDANT DU MINISTÈRE DE L'INSTRUCTION PUBLIQUE
CHARGÉ DE MISSIONS EN ESPAGNE, DANS LES ALPES ET DANS LES PAYS-BAS
MEMBRE DE L'ACADÉMIE ROYALE DE MADRID
ET DE L'ACADÉMIE DES INSCRIPTIONS DE TOULOUSE

PYRÉNÉES-ORIENTALES
AUDE, ARIÉGE, HAUTE-GARONNE, GERS
HAUTES-PYRÉNÉES
BASSES-PYRÉNÉES, LANDES

CATALOGNE, ARAGON
NAVARRE, PROVINCES BASQUES

PARIS

GUILLAUMIN ET Cᴵᵉ, LIBRAIRES

Éditeurs du Journal des Économistes, de la Collection des principaux Économistes,
du Dictionnaire de l'Économie politique, etc.

Rue Richelieu, 14.

1864

Les départements pyrénéens traversent une période d'activité particulière qui semble leur ouvrir une vie de prospérité jusqu'à ce jour inconnue. L'impulsion donnée aux améliorations agricoles par les sociétés d'agriculture, les concours départementaux et régionaux, l'ardeur que les Conseils généraux ont mis à multiplier les chemins de toutes les classes et à commencer les canaux d'irrigation, l'achèvement prochain des chemins de fer du Midi de la France et du Nord de l'Espagne, les vastes travaux d'utilité publique exécutés et projetés sous l'inspiration de l'Empereur, notamment dans les Landes, à Biaritz et à Saint-Sauveur, concourent à hâter dans cette région les développements de toutes les branches de la richesse publique.

Dans cette réunion d'efforts divers et de circonstances favorables, nous avons cru seconder ce mouvement général en popularisant la connaissance des divers éléments de richesses qui sont répandus sur les deux versants du plateau pyrénéen : connaissance qui est restée jusqu'à ce jour l'apanage de quelques hommes spéciaux, ingénieurs, administrateurs, économistes.

Rappeler à chaque département les ressources de toute nature qu'il possède, et lui révéler dans leurs détails celles qu'offrent les provinces voisines, est, selon nous, un utile encouragement à donner à ceux qui veulent concourir à la prospérité de tous, soit en s'occupant d'administration publique, soit en tirant personnellement parti des éléments de richesse que présente leur région.

Nous ne croyons pas nous tromper en disant qu'un des malheurs des populations méridionales, une des causes les plus fâcheuses de leur infériorité agricole et industrielle, c'est leur ignorance des ressources naturelles que renferme leur pays, des tentatives qui ont été faites à d'autres époques pour les exploiter, et de la valeur qu'elles sont susceptibles d'acquérir avec des aménagements mieux entendus, semblables à ceux qui ont été déjà mis en application dans des contrées plus avancées.

Plus d'un homme influent, plus d'un administrateur justement estimé, connaissant à fond tous les produits, tous les intérêts de leur département, ne sont pas toujours également instruits des richesses qui existent et des besoins qui se font sentir dans les départements placés à quelque distance, et moins encore dans les provinces situées de l'autre côté de la chaîne.

Cette insuffisance de notions et de renseignements pratiques ne peut manquer de nuire aux intentions administratives les plus louables, aux projets industriels et commerciaux les plus intelligents.

La vie sociale est une grande école d'enseignement mutuel, ou chacun apporte son contingent d'expérience et reçoit, en échange, le produit de l'étude et de l'expérience d'autrui. Autant d'hommes autant de moniteurs. En disant aux habitants des Basses-Pyrénées ou de la Haute-Garonne ce qui se fait utilement dans les Pyrénées-Orientales ou dans la Navarre, en disant aux Catalans et aux Aragonais ce qui se pratique avec avantage dans le Roussillon, les Landes ou le Bigorre, nous pensons être utile à tout le monde et augmenter l'activité productive d'un pays, en lui révélant les procédés en usage dans les autres ; nous pensons apprendre à tous, à éviter certaines erreurs, en leur montrant les conséquences que ces mêmes fautes produisent dans les contrées environnantes.

Jusqu'ici les efforts, les tentatives, nous semblent avoir eu dans les départements pyrénéens un caractère trop individuel, trop restreint ; de là des mécomptes, des insuccès regrettables. Nous voudrions que ces efforts eussent une portée plus générale, et que toute entreprise rentrât dans le programme des intérêts généraux de la région entière, au lieu de se circonscrire dans les limites de l'intérêt local. L'entente préliminaire des départements pyrénéens sur toutes les améliorations désirables, la discussion, la fixation du programme des routes, des canaux, des travaux publics à exécuter, donnerait, croyons-nous, à l'action des départements, soit dans les entreprises laissées à leur charge, soit dans les travaux qui concernent l'État ou les compagnies industrielles une sûreté de direction, une homogénéité de sentiment et d'efforts qui hâteraient l'achèvement de tous les projets, et assurerait aux populations la réalisation d'espérances trop longtemps attendues.

C'est pour concourir a cette entente, c'est pour encourager au travail, à la spéculation les personnes timorées, que nous avons rédigé ce tableau des productions et des ressources de diverses natures que renferment les départements pyrénéens. Pussions-nous, en publiant ces notions, augmenter l'ardeur, la confiance de tous, et retenir dans leur pays ceux qui seraient disposés à aller tenter au loin des chances de fortune bien moins favorables que celles qui leur sont offertes sur le sol natal.

LES IRRIGATIONS

DANS

LES PYRÉNÉES

I

Au milieu des efforts incessants qui se produisent sur tous les points de l'Europe pour découvrir de nouveaux éléments de richesse ; quand on considère l'activité, l'intelligence avec lesquelles mille agents artificiels sont mis en mouvement pour décupler les forces motrices et les agents producteurs, il n'est rien d'aussi pénible que de voir une vaste contrée, à laquelle le ciel a prodigué les faveurs d'un climat chaud et d'une terre féconde, rester dans une infériorité regrettable faute de savoir utiliser les principes fécondants que la nature a mis sous sa main.

Les populations et les princes sont dans une position identique : ce ne sont pas les flatteries qui concourent à leur assurer le progrès et la sécurité, mais les avertissements et même les reproches. Les habitants des départements Pyrénéens, dont nous étudions les intérêts depuis bien des années, nous prêteront, nous n'en doutons pas, une attention plus soutenue si nous leur faisons connaître les négligences qui arrêtent le développement de leur agriculture et de leur industrie, que si nous nous bornions à louer les améliorations très-sérieuses assurément qu'ils ont réalisées depuis un demi-siècle dans ces deux branches de prospérité (1).

(1) Nous pourrions citer le développement de la vigne dans l'Aude, les Pyrénées-Orientales et le Gers ; celui des plantes fourragères et de l'élève du

Il a été beaucoup fait ; mais si l'on réfléchit à ce qui reste à obtenir dans les voies indiquées par la nature du sol et du climat, il reste bien plus à faire encore ; or, ce n'est pas en arrière, mais devant lui que doit regarder tout homme de conviction et de courage.

II

HISTOIRE ET RÉSULTAT DES IRRIGATIONS DANS LE NORD DE L'ITALIE.

Il existe peu de contrées en Europe et sur le globe peut-être, où la topographie, le climat, la composition du terrain offrent autant de ressemblance que dans le nord de l'Italie et dans les départements Pyrénéens (1).

Mais si Dieu a créé ces deux pays dans un même mouvement de bienveillance, les hommes qui les habitent ont répondu bien diversement aux intentions du Créateur. Les Piémontais et les Lombards ont, de bonne heure, tiré de tous les agents naturels mis à leur disposition un parti admirable, à l'aide du système d'irrigation le plus intelligent, le plus vaste qui soit connu. Dans les départements Pyrénéens, au contraire, les eaux sont restées sans exploitation, sans aménagement systématiques, l'individu a profité quelquefois de celles que la nature dirige sur son champ ; l'association, la réunion des cultivateurs ou des communes n'ont pas réussi à tirer parti de cet agent fertilisateur dans des proportions un peu étendues.

Nous avons essayé, dans une précédente brochure (2), de montrer l'infériorité des départements Pyrénéens comparés aux départements Lombards (3), sous le rapport des routes qui traversent les Pyrénées et les Alpes.

bétail dans l'Arriége, la Haute-Garonne, le Gers, les Hautes et Basses-Pyrénées ; la production de la résine dans les Landes, sources de revenus que l'ouverture des chemins de fer a permis d'exploiter sur la plus grande échelle et avec des résultats au-dessus de toute espérance.

(1) C'est-à-dire Aude, Pyrénées-Orientales, Arriége, Haute-Garonne, Hautes et Basses-Pyrénées, Gers, Landes, partie de Tarn-et-Garonne et de Lot-et-Garonne.

(2) Le percement des Pyrénées.

(3) L'Italie est aujourd'hui divisée en départements et en arrondissements, à l'instar de la France.

Nous avons montré le nord de l'Italie relié à la Suisse, à l'Allemagne, à la France, par neuf routes carrossables (1), tracées dans les parties les plus abruptes, les plus difficiles des Alpes, tandis que le midi de la France et le nord de l'Espagne ne communiquent entre eux que par trois voies (2). Nous allons dans ce travail mettre en parallèle ces mêmes contrées, au point de vue des irrigations, convaincus que le meilleur moyen d'exciter l'émulation de nos compatriotes est de leur indiquer les obstacles qu'ils ont à vaincre, les préjugés qu'ils doivent combattre pour réaliser les améliorations que des peuples voisins ont atteintes depuis plusieurs siècles.

Les irrigations de la Lombardie s'étendent depuis la base des Alpes à Ivrée, Rivoli, Pignerolle, Saluces, jusqu'à la ligne de l'Adige, entre Vérone et Legnano ; c'est-à-dire dans une région de 300 kilomètres de longueur de l'est à l'ouest, et de 70 kilomètres du sud au nord, ce qui donne une superficie de 21,000 kilomètres, ou 2,100,000 hectares (3). Les Goths, que des erreurs historiques nous ont habitués à traiter de barbares, dans le sens moderne de ce mot, introduisirent en Italie les canaux de grande irrigation sous Théodoric Ier. Les Romains pratiquaient sans doute avec beaucoup d'intelligence l'arrosage restreint, l'arrosage à l'aide de simples rigoles ; les Visigoths lui donnèrent un caractère d'utilité provinciale plus générale. Il est à remarquer qu'un prince de la même race, le Visigoth Alaric, créa dans le midi de la France le premier canal d'irrigation dont on ait gardé le souvenir : il existe encore, porte le nom de son fondateur et arrose la rive droite de l'Adour dans les Hautes-Pyrénées.

Les Lombards et les successeurs de Charlemagne aimèrent mieux ravager l'Italie qu'exploiter la fertilité du sol ; ils laissèrent combler et détruire les canaux d'irrigation : cette décadence agricole se prolongea jusqu'au retour des premières croisades.

Les chrétiens, établis pendant bien des années dans la plaine

(1) Les routes de la Corniche, du col de Tende, du mont Genèvre, du mont Cenis, du Simplomb, du Saint-Gothard, du San-Bernardino, du Splugen, du Tyrol.

(2) De la Jonquière, de Pampelune et de Béhobie.

(3) Les plaines du Piémont n'ont pas une largeur régulière de 70 kilomètres, à cause du massif de coteaux qui règnent de Turin à Alexandrie ; mais d'Ivrée à Coni, la vallée a plus de 130 kilomètres d'étendue, ce qui compense et au delà le plateau que nous venons de désigner. Nous ne prenons d'ailleurs que la rive gauche du Pô, la rive droite étant dans une infériorité notable à cause du peu d'abondance des cours d'eau qui descendent des Apennins.

d'Antioche, avaient eu le temps d'admirer avec quelle intelligence les eaux de l'Oronte étaient employées à l'arrosage de cette riche vallée. Telle était la fertilité des environs d'Antioche, depuis l'époque des Grecs et des Romains, qu'on les avait surnommés les *jardins de Daphné*.

Pendant que les barons de France et d'Allemagne ne rapportaient dans leur pays d'autre amélioration que celle des fortifications, des armures et des machines de guerre, les Italiens plus habiles, tout en étendant à la fabrication des armes de Milan les procédés des armuriers de Damas, surent appliquer aux cours de la Doirer et du Tessin, de l'Adda et du Mincio, les aménagements des eaux de l'Oronte.

Les premières irrigations de la plaine de Milan, à l'aide du canal de *Vettabia* ou *Veterabia*, remontent au milieu du douzième siècle ; ce n'est pas sans émotion qu'un Français apprend de la bouche même des Lombards que ce canal fut exécuté par les religieux d'une abbaye à moitié française, l'abbaye de *Claravalle*, fondée par saint Bernard, à peu de distance au sud de Milan. Cet essai donna de si brillants résultats que les Milanais entreprirent, très-peu de temps après, le grand canal du Tessin, ou *Naviglio-Grando* qui arrose les provinces de Milan, de Pavie et de Lodi. Ce véritable fleuve, creusé de main d'homme de 1177 à 1179, a 50 kilomètres de longueur, 18 à 24 de large ; il ne prend pas moins de 45 mètres cubes d'eau au Tessin, et arrose 31,500, hectares de prairies naturelles et à rotation : l'eau est loué 14 fr. par hectare.

Au commencement du treizième siècle, on creusa le canal de *Roggia-Muzza*, qui prend les eaux de l'Adda à Casano ; il appartient à un hôpital de Milan, et traverse les provinces de Milan et de Lodi. Il reçut vers l'an 1.200 des accroissements d'une grande importance, et devint le nouvel Adda ou rivière de *Muzza*. Il a 70 kilomètres de développement et arrose 56,350 hectares : le prix des eaux ne s'élève pas au-dessus de 1 fr. par hectare de prairie.

Le canal de *Bereguardo*, dérivé du Naviglio-Grande, fut creusé en 1457 par ordre du duc François Ier Sforza ; il se dirige vers Pavie, sa longueur est de 18 kilomètres ; il arrose 7,900 hectares.

Le canal de la *Martesana* fut exécuté par le même duc François Ier Sforza, à l'aide d'une déviation de l'Adda, pratiquée à 10 kilomètres au dessus de la prise de la *Muzza;* les travaux commencèrent en 1,460 et durèrent 4 ans. Il a 45 kilomètres et arrose 22,050 hectares, au prix de 12 fr. par hectare.

Le *Canal de Pavie*, dérivé de l'extrémité du Naviglio-Grande, sous les murs de Milan, fut entrepris au commencement du dix-septième siècle, repris en 1807 par le gouvernement français et terminé en 1819. Sa longueur est de 33 kilomètres, sa largeur de 10 mètres ; il arrose 7,600 hectares, à des prix encore moins élevés que le *Naviglio-Grande*.

Le plus ancien canal du nord de l'Italie, après ceux du Milanais, est celui de *Fossa di Pozzuelo*, dérivation du Mincio qui arrose le territoire de Mantoue ; il a 25 kilomètres de développement, 10 à 12 mètres de large et débite de 16 à 18 mètres cubes par seconde. Il faut y ajouter, pour la province de Vérone, les rivières, le *Tartare*, la *Tartarello*, le *Piganzo*, le *Tione*, l'*Essere*, l'*Essereto*, la *Frasca*, l'*Osone*, le *lac de Derotta*, qui arrosent, avec la *Fossa di Pozzuolo*, 43,400 hectares, dont 12,000 de rizières.

Dans les provinces de Bergame, de Crema et de Crémone, les irrigations ne sont pas moins florissantes que dans le Milanais. L'Adda alimente trois dérivations principales, la *Rogia-Vejlata*, le *Naviglio-Retorto* (l'un et l'autre arrosent les provinces de Bergame et de Crema), et la *Roggia-Rivoltata* ; elles versent ensemble 18,744 litres par seconde.

Les provinces de Bergame et de Crémone reçoivent l'eau de l'Oglio par cinq canaux, ouverts sur sa rive droite, la *Roggia-Sale*, la *Roggia-Madama*, le *Naviglio-Civico*, le *Naviglio-Pallavicino antiquo*, le *Naviglio-Pallavicino nuovo*. Ils donnent ensemble 28,380 litres par seconde.

Le Serio répand ses eaux dans la province de Bergame, par six dérivations ouvertes sur la rive droite et par trois ouvertes sur la rive gauche. Celles de la rive droite sont la *Roggia Serio*, la *Morlana*, la *Guidana*, la *Vescovana*, la *Sechia* ; celles de la rive gauche sont la *Roggia-Borgognona*, la *Bonsaparta*, la *Catanea* ; elles fournissent ensemble 10,542 litres par seconde.

Le Brembo arrose le territoire de Bergame par deux canaux dérivés de sa rive droite : la *Seriola de filayo* et la *Roggia-Brambilla* ; il alimente sur la rive gauche, dans la provice de Crema, *la Roggia Visconti*, la *Trevigliese*, la *Melzi*, la *Seriola-Alinina*. Ajoutons enfin 8,400 litres fournis par des sources, et nous aurons un débit régulier de 79,170 litres arrosant environ 62,000 hectares dans les trois provinces de Crema, Crémone et Bergame.

La province de Brescia est arrosée par dix canaux dérivés de l'Oglio (rive gauche) la *Roggia-Fusa*, la *Seriola di chiari*, la *Castrina*, la *Trenzana*, la *Bajona*, la *Rudiana*, la *Castellana*, la *Vascovada*, la *Rovati*, la *Scriola di orci nuovi;* ils fournissent ensemble 44,268 litres par seconde.

La Mella répand ses eaux dans la même province, par le moyen de six canaux : la *Seriola-Cambarese*, le *canale Celato*, le *Fiume-Rova* le *Fiume-Grande*, la *Seriola-Capriana* et la *Seriola-Morica;* ils fournissent 11,634 litres.

La rivière de Chiere y ajoute le produit de trois canaux; le *Naviglio*, la *Scriola-Lonata*, et la *Calcinata* qui débitent 19,495 litres, ajoutons-y les eaux de source fournissant 4,714 litres et nous aurons 79,800 litres d'eau arrosant 62,800 hectares.

Le Piémont n'est pas inférieur à la Lombardie pour l'habileté avec laquelle il a su diriger les eaux de ses grandes rivières sur la surface de ses vallées ; toutefois l'usage des irrigations y remonte à une antiquité moins haute.

Les canaux piémontais forment deux classes : les uns appartiennent à des particuliers, les autres à l'État.

Les canaux royaux sont :

Le *canal del Rotto*, dérivation de la Doire, exécutée en 1,400 par ordre de Jean de Monferrat : sa longueur est de 12 kilomètres, il alimente aussi le *Naviletto della Camera*, qui a 36 kilomètres ; ces canaux arrosent 10,800 hectares sur les territoires de 13 communes.

Le *canal d'Ivrée* fut ouvert en 1418, sous la régence d'Iolande de France sœur de Louis XII, femme d'Amédée IX duc de Savoie ; cette dérivation de la Doire (rive gauche), abandonnée en 1564 à l'occasion de graves accidents, fut réouverte en 1651 par le marquis de Pianezza ; sa longueur est de 70 kilomètres, et ses eaux se subdivisent en 20 canaux ; les principaux sont le *della Mandria*, le *Tronzano*, le *Dasigliano antiquo*, la *Crova*, le *del termine*, le *Salasco* et le *Robarello;* ils forment, pris dans l'ensemble, un développement de 88 kilomètres et arrosent 12,600 hectares situées dans 32 communes.

Un nom français des plus illustres se rattache à la création du canal de *Caluso;* il fut construit en 1559 par le maréchal duc de Cossé-Brissac, sous Henri II. Les eaux lui sont fournies par l'Orco, près de Catellamonte ; il a 28 kilomètres de longueur, 7 de large, et arrose 7,000 hectares.

Le *canal de Cigliano* dérivé de la Doire (rive gauche) fut ouvert en 1785 sous Victor-Amédée III ; il alimente le *Naviletto di Saluggia*

ouvert à la même époque et le *rive* construit en 1837 en vertu de
lettres patentes de Charles-Albert. Le *Cigliano* arrose 11,400 hectares situées dans 10 communes sur un parcours de 31 kilomètres.
Plusieurs canaux particuliers se joignent aux canaux royaux pour
compléter la fertilité du Piémont ; les principales artères de ce réseau
secondaire sont : la *Roggia-Gattinara prima*, dérivée de la Sésia, au
commencement du quatorzième siècle, par le marquis de Gattinara
qui tenait à fief presque toute la rive droite de cette rivière ; il se di-
vise en deux branches : la *Roggia di Gattinara* et le *Cavo delle barag-
gie;* ils forment une longueur totale de 37 kilomètres et arrosent
1,800 hectares.

La *Roggia-Gattinara seconda*, autre dérivation de la Sésia (rive
droite), n'arrose que 500 hectares sur 4 kilomètres d'étendue.

La *Roggia-Mora*, en aval de la ville de Vigevano, remonte au commencement du moyen-âge; le duc de Milan, Louis Sforza, dit le More,
la fit élargir et réparer en 1481, elle prend également ses eaux dans
la Sésia (rive droite), parcourt 52 kilomètres et arrose 3,000 hectares.

Une autre dérivation de la Sésia, rive gauche, porte le nom de *Rog-
gia-Busca;* elle fut exécutée en 1780, par la famille Crotta-*Tettoni*,
elle a 32 kilomètres et arrose 13 communes.

La Roggia *Rizza-Biragua*, sur la rive gauche de la Sésia, fut creusée
en 1488, par le marquis Rizzo de Biragua ; elle a 33 kilom. d'étendue
et arrose 7 communes entre Capignano, province de Novare, et Zem-
me, province de Mortara.

La *Roggia-Sartirana* fut exécutée en 1380 par le marquis de
Brenne ; elle prend ses eaux dans la Sésia à 15 kilomètres de Casale,
et fertilise 8,000 hectares dans deux communes seulement.

Le *Naviglio-Langosco*, dérivé de la rive droite du Tessin, fut ouvert
au milieu du quatorzième siècle par la famille dont il porte le nom ;
plus tard l'hôpital de Pavie et le cardinal Caldenara le prolongèrent;
il a maintenant 43 kilomètres de longueur, traverse 17 communes
dans les provinces de Novarre et de Mortara, et irrigue 10,800 hectares.

Le *Naviglio-Sforzesca* est également dérivé de la rive droite du
Tessin, il doit son origine au duc de Milan Ludovic Sforce qui le fit
ouvrir en 1482, il arrose 10,800 hectares.

Le Piémont ne possède qu'un canal d'une certaine importance sur
la rive droite du Pô; c'est le *Carlo-Alberto*, dans la province d'A-
lexandrie; il fut ouvert en 1839 par une compagnie qui vend l'eau

26 fr. par hectare, il traverse six communes et arrose 2,000 hectares sur un parcours de 36 kilomètres.

Plusieurs petits canaux exécutés par des communes tels que la *Roggia-Molinara* et la *Roggia-Cavallera* n'arrosent pas moins de 20,000 hectares; 8,600 reçoivent également le bienfait des eaux vives dans les hautes vallées de Suze, de la Sture, d'Aoste, de Bielle, de Varollo, à l'aide de petites prises d'eaux, opérées directement dans les torrents naturels qui descendent des montagnes, ce qui donne pour les irrigations du Piémont un total de 110,200 hectares (1).

Si nous sommes entrés dans des détails qu'on trouvera peut-être un peu étendus, c'est que nous ne pouvons contenir notre admiration envers le merveilleux parti que les Italiens du nord ont su tirer de l'aménagement des eaux courantes; des considérations trop générales n'auraient pu frapper le lecteur, le convaincre de la perfection du système des irrigations italiennes, comme le fera la description abrégée mais complète du réseau hydrographique qui embrasse l'immense bassin du Pô.

A force d'habileté et de persévérance, les Piémontais et les Lombards sont parvenus à dévier les plus grosses rivières dans un si grand nombre de canaux que les lits primitifs sont presque à sec : ces canaux prennent le débit des rivières à différents niveaux, atteignent les terrains de toutes les hauteurs; ils se superposent, s'entrecroisent, passent les uns sur les autres et se subdivisent en une infinité de rigoles secondaires. A voir l'Italie ainsi transformée par l'industrie humaine, on dirait le système artériel et veineux du corps humain appliqué à la fertilisation du sol. Ce système est d'autant plus remarquable que le Piémont et la Lombardie lui doivent non-seulement leur fertilité, mais leur conservation.

Si ces nombreuses rivières restaient abandonnées à la pente rapide qui les précipite des Alpes, loin d'améliorer les champs, elles les inonderaient de gravier, entraîneraient la couche végétale, et feraient de tout le nord de l'Italie, ce que le Reno a fait de la vallée de l'Apennin entre Poretta et Pradaro-Sasso, près de Bologne, ce que la Servitia a fait de la province de Tortone, pays ravagé sur plusieurs points et réduit à un état de stérilité complète..... Les environs d'Imola ne sont pas mieux traités ; le Santerno, l'Ammone et les divers

(1) Voir pour l'histoire et le tracé des canaux d'irrigations dans le nord de l'Italie, le savant ouvrage de M. Nadaud de Buffon sur l'*Hydraulique agricole*.

courants qui descendent des Alpes, couvrent périodiquement de sable et de gravier les plaines de Facuse, de Chiavaso, de Turin et de Savigliano (1).

Les irrigations, en diminuant le volume des rivières, en divisant leurs eaux sur tous les points du sol, les empêchent d'exercer des désastres sur un seul et changent leur colère en action fertilisante.

Aujourd'hui le Milanais étend ses irrigations sur 146,180 hectares, les autres provinces lombardes sur 124,800, les provinces vénitiennes de Vérone et Mantoue sur 44,100, le Piémont sur 110,300, total 425,380.

Or, comme la surface totale du bassin irrigable du Pô, rive gauche est de 2 millions d'hectares, il se trouve que le quart à peu près, est complétement arrosé, ce qui constitue la proportion demandée pour le meilleur assolement ; car les vignes, les terres à blé, toutes les céréales proprement dites, les fourrages de rotation, les vergers, les bois, ne demandent pas à être arrosés.

Grâce à l'irrigation de ces 425,380 hectares, le nord de l'Italie augmente son revenu de 130 millions de francs chaque année (2). Aussi la Lombardie et le Piémont, destinés par la nature à n'être qu'un pays ravagé par les torrents et couvert de marais, est devenu le pays le plus productif, le plus prospère de l'Europe. Il possède 176 habitants par kilomètre carré, alors que la Belgique elle-même n'en renferme que 143.

III

LÉGISLATION ITALIENNE RÉGISSANT LES COURS D'EAU.

Frappés de l'immense avantage de l'irrigation, les peuples du nord de l'Italie adoptèrent, dès l'époque romaine et durant le moyen-âge,

---

(1) Arthur Younk, *Voyage dans le nord de l'Italie* en 1789.

(2) M. Nadaud de Buffon le décompose ainsi :

Plus value sur les valeurs locatives par l'irrigation d'été. . . .	67,000,000
Plus value sur les valeurs locatives par l'irrigation d'hiver. . .	6,000,000
Produit résultant de l'élevage, de l'accroissement des engrais et de la fabrication du fromage.	27,000,000
Total.	100,000,000

T. I, p. 275.

un principe législatif que nous n'avons inscrit dans nos codes qu'en 1845 : celui de l'obligation imposée au propriétaire supérieur, de laisser passer les eaux employées à l'irrigation d'un domaine inférieur.

D'après le droit romain, la servitude d'aqueduc (*Aqueductum est jus aquam ducendi per fundum alienum*) était comprise parmi les servitudes de passage. Le digeste les désigne ainsi, liv. VIII, tit. III, *iter, actus, via aquæductus..... iter* droit de passer à pied ; *actus*, droit de passer avec une voiture et des troupeaux ; *via.* droit de passer à pied, en voiture et avec des troupeaux ; *aquæductus*, droit de conduire les eaux.

La servitude d'aqueduc donnait au propriétaire inférieur le droit de faire, sur le fond d'autrui, tous les ouvrages nécessaires à la construction et à la conservation de la rigole ; mais la loi réservait en faveur du propriétaire supérieur, la faculté de fixer le passage des eaux sur la partie la moins dommageable de son champ.

Le titre XX du livre XLIII du Digeste, est encore plus explicite. Il est intitulé : *De aqua quotidiana æstiva;* ce qui désigne nettement l'irrigation des terres dans la saison d'été ; il constate tous les droits que le propriétaire de l'aqueduc peut invoquer en faveur de la pleine jouissance de sa servitude, contre ceux qui voudraient en troubler le cours.

Ces principes ne firent que se développer dans le droit coutumier lombard. Bientôt le propriétaire supérieur qui subissait la servitude, ne fut plus obligé de la supporter gratuitement ; il dut recevoir une indemnité proportionnée au préjudice qu'on lui causait. Les ducs de Milan, les empereurs d'Autriche, les Français sous Louis XII, les Espagnols sous Charles-Quint, apportèrent tous une égale attention au perfectionnement de la législation et de la bonne administration des cours d'eau (1). Napoléon Ier enfin inscrivit, dans le code lombard, les principes du droit ancien (20 avril 1804), et l'on se demande quel fut le motif qui l'empêcha de l'étendre à la France. Voici les principales dispositions de ce code.

Art. 51. Tout particulier est tenu de céder le terrain nécessaire au creusement, à la rectification, à la dérivation, ainsi qu'à l'endiguement des fleuves, canaux de navigation, d'irrigation et d'écoulement

---

(1) *Commentaire de la loi sur les irrigations*, par F.-X.-P. Garnier, avocat à la Cour de Cassation. Paris, 1845.

publics, et en général à tous les travaux relatifs aux eaux et qui ont un but d'utilité publique : il sera indemnisé au besoin selon l'équité.

Art. 52. Quiconque, possédant légitimement des eaux privées ou publiques, entend les dériver dans l'intérêt de l'agriculture, ou pour mettre en jeu des machines hydrauliques, peut les faire passer sur le terrain d'autrui, en payant la valeur du terrain occupé par l'aqueduc à construire, plus le quart en sus..........

Tous les codes du nord de l'Italie ont admis les mêmes principes.

D'après le Code civil de Parme de 1820 (art. 537), celui qui, pour irriguer sa propriété, a besoin de dériver des eaux, en les faisant passer sur les fonds des autres propriétaires, peut contraindre ceux-ci à lui accorder le droit d'aqueduc, ou à lui livrer passage pour ces eaux, moyennant indemnité.

Le Code sarde, promulgué en 1837, renferme les dispositions suivantes :

Art. 403. Les sources, les réservoirs et les cours d'eau sont considérés comme immeubles, ainsi que les conduits servant à faire arriver les eaux dans un héritage.

Art. 622. Toute commune, tout corps, tous particuliers, sont tenus de donner passage sur leurs fonds aux eaux que veulent conduire ceux qui ont le droit de les dériver des fleuves, rivières, fontaines, pour l'irrigation des terres, ou pour l'usage de quelque usine : les maisons, ainsi que les cours, aires et jardins, qui en dépendent, sont cependant exceptés de la disposition du présent article.

Art. 627. Celui qui veut conduire des eaux sur l'héritage d'autrui doit, avant d'entreprendre la construction d'un aqueduc, payer la valeur du sol, suivant l'estimation qui en aura été faite, sans déduction des impositions et des autres charges qui seraient inhérentes au fonds et avec l'augmentation du cinquième en sus.

Ces principes ont même franchi les Alpes ; ils ont pénétré en Allemagne. On les retrouve notamment dans le Code hessois de 1830, dans la loi des irrigations promulguée en Prusse en 1843, et dans la loi wurtembergeoise sur le même sujet (1).

______

(1) Nous ne passerons pas des Alpes italiennes aux Pyrénées, sans dire un mot des irrigations dans les Alpes françaises.

Dans le département de Vaucluse, le canal de ce nom, qui remonte à l'an 1204, est long de 80 kilomètres et arrose 200 hectares. Celui de *Crillon*, dérivé de la Durance, à la fin du dix-huitième siècle, s'étend sur une longueur de

IV

ÉTAT DES IRRIGATIONS DANS LES DÉPARTEMENTS PYRÉNÉENS ANTÉRIEUREMENT A LA LOI DE 1845.

« Laisser couler une goutte d'eau à la mer, sans l'avoir auparavant étendue sur le sol, a dit un agronome, c'est gaspiller le plus précieux des engrais. » Les cours d'eau sont, en effet, principalement dans les climats exposés à un soleil ardent, de véritables torrents de fumier, de guano ; l'agriculture se procure, avec des frais énormes, ces agents chimiques et elle laisserait s'engloutir dans la mer ceux que les montagnes lui fournissent gratuitement !... nous allons chercher dans les entrailles de la terre, jusqu'à 500 mètres de profondeur, avec des dangers et des dépenses infinies, du minerai, du combustible, et cette ardeur civilisatrice, dont nous sommes si fiers, ne sait pas utiliser l'élément le plus productif, le plus facile à diriger, à exploiter de tous !

La nature n'a peut-être pas été favorable au midi de la France

14 kilomètres et arrose 1,800 hectares ; l'eau qu'il fournit est payée 20 à 24 fr. par hectare.

Le canal de l'*Hôpital* et celui *de Cambis*, autres dérivations de la Durance, irriguent 800 hectares.

Les trois canaux du territoire de Cavaillon : le *Saint-Julien*, le *Cabedan-Vieux* et le *Cabedan-Neuf*, prennent également leurs eaux à la Durance ; ils remontent à 1171 et 1235, ont un développement de 34 kilomètres et fertilisent 3,400 hectares.

Des rigoles peu étendues, mais nombreuses, arrosent en outre 600 hectares dans les communes de Cadenet, Pertuis, Mirabeau, Villemaure, ce qui porte à 8,600 le nombre des hectares irriguées dans ce département.

Dans les Basses-Alpes, le canal de la *Brillante*, dérivé de la Durance, remonte à Louis XII, et arrose 2,000 hectares au prix de 31 fr. 25 c. l'une. On estime à 1,600 autres hectares la superficie arrosée dans les hautes vallées, par divers petits canaux qu'alimentent la Durance, le Lubaix, la Bleone, l'Asse et le Verlon. Total des irrigations dans les Basses-Alpes : 3,600.

Le *Canal de Craponne*, dans les Bouches-du-Rhône, est une dérivation de la Durance ; il a 130 kilomètres de développement et fut exécuté au milieu du seizième siècle. Le *Craponne* a deux branches, celle d'Arles et celle de Salon ;

dans la même proportion qu'au nord de l'Italie ; les eaux des Pyrénées sont moins abondantes que celles des Alpes et la surface du sol n'est pas généralement aussi bien disposée pour construire des rigoles et en répandre les eaux. De nombreuses collines courent en sens très-divers, et opposent des obstacles qui ne se rencontrent que rarement dans la Lombardie. Néanmoins à travers ce réseau de hauteurs, se développent des vallées spacieuses, des plaines considérables où l'aménagement des eaux serait tout aussi facile que dans le nord de l'Italie. La plaine de l'Aude, entre Capendu et Narbonne, est immense : celle de la Garonne, de Saint-Martory à Agen, égale la vingtième partie de la vallée du Pô; les belles vallées du Salat, de la Nesté, des divers gaves des Basses-Pyrénées, seraient d'une irrigation aussi facile que productive. Or, pour atteindre le plus haut degré de prospérité désirable, une contrée vaste n'a pas besoin, dans nos climats tempérés, d'arroser sa surface tout entière : nous voyons, en prenant exemple sur la Lombardie elle-même, qu'il suffit d'en irriguer le quart. Appliquons ce principe au midi de la France.

Les départements Pyrénéens présentent, de l'Océan à la Méditerranée, un développement de 304 kilomètres de longueur, sur une largeur très-irrégulière qui varie de 3 à 100 kilomètres. Voici d'ailleurs quelle est la superficie de cette zone divisée par départements :

cette dernière franchit un marais sur un aqueduc de 1,103 mètres, construit en 1629. Les dépenses qu'il occasionna n'empêchent pas le prix de location d'eau d'être réduit à 4 et 8 fr. par hectares..... Sur la branche d'Arles, les prix varient de 12 à 36 fr. Ces deux canaux irriguent 12,000 hectares, mais d'une manière assez irrégulière.

Le *Canal des Alpines*, même département, prend ses eaux à la Durance et date de 1773. Il arrosait, en 1843, 5,300 hectares ; il en arrose aujourd'hui près de 12,000.

Le *Canal de Peyroles* remonte à 1729, mais il a été considérablement développé en 1843 ; il arrose 2,200 hectares.

Le *Canal de Château-Renard*, exécuté de 1786 à 1788, fertilise 1,800 hectares.

Le *Canal de Chabannes* et quelques autres moins importants fournissent de l'eau à 1,600 hectares, ce qui assure les bienfaits de l'irrigation, dans le département des Bouches-du-Rhône, à 29,400 hectares. Total pour les trois départements de Vaucluse, des Basses-Alpes et des Bouches-du-Rhône : 31,600 hectares.

Nous ne parlons pas de l'admirable canal de Marseille, ouvrage supérieur à tous ceux que les Romains nous ont laissés, mais qui ne sert qu'à l'alimentation de cette grande ville et à l'arrosage de quelques jardins.

Pyrénées-Orientales. 412,210
Aude. 631,324
Arriége. 489,387
Haute-Garonne. 628,988
Gers. 628,130
Hautes-Pyrénées. 452,944
Basses-Pyrénées 762,265
Landes. 932,130
Lot-et-Garonne et Tarn-et-Garonne, pour la partie située
  sur la rive gauche, environ. 200,000

Total. 4,005,228

Soit le double de la contenance du bassin du Pô rive gauche.

Mais cette surface doit être soumise à des réductions considérables. Quand il s'agit de zones accessibles à l'irrigation, et si l'on tient compte des montagnes, des coteaux, et de la majeure partie du département des Landes non-seulement inculte mais incultivable, on arrive à un million d'hectares seulement...

Nous connaissons par les statistiques l'étendue positive de la surface en pleine culture comprenant la terre labourable, les vignes, les prés et les vergers. Elle est de 2,403,547 hectares, parmi lesquelles 1,400,000 au moins sont placées sur des coteaux.

Reste donc 1 million d'hectares en pleine culture où l'irrigation peut être réalisée. Or, c'est plus qu'il n'en faut pour atteindre la proportion en usage dans la Lombardie où l'on arrose, comme nous l'avons déjà dit, 425,280 hectares sur 2 millions en pleine culture : nous possédons les 2 millions d'hectares de terres arables ou de prairies. Que nous reste-t-il donc à obtenir pour atteindre la prospérité agricole de l'Italie septentrionale? des canaux d'irrigation qui conduisent l'eau des Pyrénées sur 425,000 hectares.

Les rivières qui descendent de nos montagnes fourniront-elles le volume d'eau nécessaire? Il nous est facile d'en donner la preuve.

Dans les Pyrénées-Orientales, le département le plus desséché de tous, un 1/2 litre par seconde suffit à l'arrosage d'un hectare; un mètre cube par seconde assure donc l'irrigation de 2,000 hectares, et 200 mètres celle de 400,000. Or, les calculs des ingénieurs établissent que les rivières des Pyrénées fournissent aux plus bas étiages un volume d'eau approximatif.

Dans les Pyrénées-Orientales, irrigation de 30,716 hectares à 1/2 litre l'une. . . . . 15,358 litres.

Aude, volume d'eau à peu près égal. 15,358

Bassin entier de la Garonne à Toulouse, d'après M. Raynal. 70,000

Arros (Gers). 2,000

Baïses et Gelise. 2,000

Hautes-Pyrénées, 5,546 hectares à grande irrigation, c'est-à-dire à 1 litre chaque.. 5,546

Eau de l'Adour non employée. 3,000

Eau du lac Bleu, 1,000 litres par seconde pendant 160 jours. 1,000

Gave de Lourdes, M. Colomez proposait d'en dériver 30 mètres. 30,000

Gaves d'Oleron, de Mauléon. 30,000

Bidouse, Bardos, Nive, Nivelle. 10,000

Total. 194,262

Les départements Pyrénéens réunissent par conséquent toutes les conditions nécessaires pour réaliser, à l'aide d'un vaste système d'irrigation, l'agriculture la plus perfectionnée dont le sol de l'Europe soit susceptible.

Voilà ce qui pourrait, ce qui devrait être obtenu déjà depuis bien des années : examinons ce qu'on s'est contenté de faire.

Sur ces dix départements, si heureusement préparés par la nature à recevoir le bienfait des arrosages deux seulement rappellent la Lombardie par les canaux qui fertilisent certaines parties de leur territoire : les Pyrénées-Orientales et les Hautes-Pyrénées.

Dans les Pyrénées-Orientales, les irrigations ne sont pas moins anciennes que dans la Lombardie. Plusieurs dérivations remontent aux Visigoths, aux Arabes et probablement aux Romains ; les substructions et l'aqueduc que l'on remarque dans la rivière de Montalba, au *Saut d'Annibal*, ne sont que le barrage d'un canal d'irrigation de cette époque ; il alimentait aussi les bains d'Arles. Un grand nombre de petits canaux qui prennent les eaux au Tech, à la Tet et à l'Agly, sont cités dans des chartes des neuvième, dixième, onzième, douzième, treizième et quatorzième siècles. Ici, plus encore que dans la Lombardie, les monastères, ces véritables fermes-écoles du moyen-âge, se mirent à la tête des premiers travaux d'irrigation après le passage des Barbares.

Le canal ou ruisseau du *Vernet* appartenait au chapitre d'Elne dès le commencement du neuvième siècle ; il fut vendu à l'Évêque, en 863.

Le canal ou ruisseau *d'Els Molis*, (des moulins) existait antérieurement à 866. Les rois de Majorque (1), à l'exemple des seigneurs italiens, secondèrent puissamment l'initiative agricole des monastères. Durant les treizième et quatorzième siècles, ils entreprirent, dans la vallée du Tech, un immense canal destiné à devenir navigable et à porter ses eaux à la mer; il passait par Elne, et arrosait son territoire (chartes royales du 23 juin 1392 et du 11 août 1516). Dans la vallée de la Tet, les *canaux royaux de Thuir* et *de Perpignan* furent exécutés dans le but d'alimenter les moulins du roi, et de pourvoir à l'arrosage des terres. (Chartes royales du 5 septembre 1337, du 5 septembre 1408, du 7 août 1425, et du 28 juin 1427.) Ce dernier, qui porte le nom de *las Canals*, commence en amont d'Ille, irrigue 2,800 hectares, parcourt une distance de 30 kilomètres, et alimente les fontaines de Perpignan.

Dans la vallée de l'Agly, les canaux *de Rivesaltes* et *d'Estaget*, construits aussi par les rois de Majorque, arrosaient les terres sur les deux rives (chartes du 6 septembre 1312, 20 juin 1328, et 28 juin 1335); ils furent plus tard concédés aux communes et à quelques particuliers.

Divers autres petits canaux, d'une date inconnue, fertilisent 5,790 hectares. Deux canaux plus récents ont été exécutés par des associations de propriétaires; celui de *Formiguière*, concédé par ordonnances royales de 1839 et de 1840, et celui de *Fonpedrouse*, près de Mont-Louis, autorisé en 1832. Ce dernier prend les eaux dans la Tet, parcourt une étendue de 5 kilomètres, et arrose 44 hectares. Quelques autres canaux particuliers en irriguent environ 80, ce qui élevait les irrigations dans les Pyrénées-Orientales à 12,914 hectares, à l'époque où la loi de 1845 vint donner une activité nouvelle à ce système de fertilisation. Mais avant de nous occuper de cette innovation législative et de ses conséquences, continuons d'examiner quelle était antérieurement la situation des départements Pyrénéens.

Le département de l'Aude ne possédait alors qu'un canal de quelque importance, celui de *la Robine*, canal de navigation qui ne sert que très-secondairement à la fertilisation des terres... Il emprunte les eaux de l'Aude, rive droite, parcourt une distance de 31 kilomètres,

(1) Le royaume de Majorque, démembrement de celui d'Aragon-Catalogne, omprenait, entre autres provinces, les îles Baléares et le Roussillon; Perpigncan était le séjour de ses rois.

arrose 200 hectares et bonifie par voie de colmatage ou de dépôt de limon plus de 5,000 hectares; on arrose aussi une centaine d'hectares à l'aide de petites rigoles qui prennent les eaux des torrents dans les vallées supérieures de l'Aude et de l'Orbieu.

Les Hautes-Pyrénées, ancien comté de Bigorre, occupent le premier rang après le Roussillon. Le plus ancien et le plus étendu des canaux de ce département est le *canal d'Alaric*, creusé sous le règne de ce prince visigoth, du cinquième au sixième siècle; il a 6 mètres de largeur, prend les eaux de l'Adour à 4 kilom. au-dessous de Bagnères, suit la rive droite de cette rivière sur une étendue de 40 kilomètres, arrose 2,200 hectares, et entre dans le Gers, où il continue les bienfaits de l'irrigation.

Cependant ses eaux baissent considérablement en automne, par suite des saignées que les propriétaires de l'arrondissement de Bagnères pratiquent à l'Adour, d'une manière fort irrégulière ; ce qui porte constamment les riverains à demander à l'administration un règlement d'eau.

Le *canal de Gespe*, qui prend ses eaux sur la rive gauche de l'Adour, entre Tarbes et Bagnères, a 12 kil. de longueur et arrose 1,400 hectares.

Les deux *canaux de Tarbes* sont dérivés de l'Adour, rive gauche ; ils traversent cette ville et arrosent 1,946 hectares sur un parcours de 5 kilomètres chaque.

Indépendamment de ces canaux d'une certaine étendue, l'Adour et le gave d'Argelès alimentent une foule de rigoles particulières, qui arrosent plus de 550 hectares, ce qui portait en 1845 le total de la surface irriguée dans ce département à 5,546... Les agriculteurs des rives de l'Adour ont donc créé par leur intelligence, leur activité, et sans le secours de personne, une petite Lombardie, qui s'étend au centre même des Pyrénées, comme pour prouver aux départements voisins qu'il n'y a qu'à donner de l'eau à leurs terres pour obtenir deux récoltes successives de céréales (blé et millet noir), trois coupes abondantes de foins, sans autre travail qu'un labour et de l'eau; aussi cette partie du Bigorre est-elle parvenue à nourrir 17,000 habitants par myriamètre quarré (1).

---

(1) C'est se rapprocher considérablement de la population de la Lombardie qui est de 176 par kilomètre quarré ou de 17,600 par myriamètre.

Rapports de MM. les Préfets, de 1847 à 1862, *Annuaires du département.*

Dans les autres départements Pyrénéens, les irrigations sont tellement restreintes qu'elles méritent à peine d'être notées.

La Haute-Garonne qui réunirait au plus haut degré les conditions nécessaires au succès d'irrigations égales à celles de la Lombardie, la Haute-Garonne qui possède des plaines immenses, une abondance extrême d'eau (elle reçoit la Neste, la Garonne, le Salat et l'Arriége), des ressources financières considérables, et dont les habitants sont particulièrement laborieux et instruits, la Haute-Garonne ne possédait, en 1845, que deux petits canaux dans l'arrondissement de Saint-Gaudens : l'un, construit par M. Saint-Arreman, l'autre par M. Martin Lacoste de Villeneuve de Rivière, en vertu d'une ordonnance de 1833; ils n'arrosent pas plus de 900 hectares. Sur divers autres points du même arrondissement on irrigue 1,100 hectares à l'aide de saignées, pratiquées dans les canaux de moulins et d'usines, ce qui portait à 2,000 en 1845 les hectares irrigués dans un département qui devrait en avoir plus de 100,000.

Frappé de cet état de choses, un simple ouvrier de l'arrondissement de Saint-Gaudens, le sieur Marc, entreprit vers 1834, un canal d'une certaine importance; il devait fertiliser toute la plaine de Valentine. Son plan, approuvé par l'administration, était conçu de manière à prendre dans la Garonne, à 420 mètres au-dessus du pont de Labroquer, 1 mètre cube d'eau en temps d'étiage, et à le conduire par un canal de 6 kilomètres de longueur sur 5 de large, en contournant la montagne de Gourdan, jusqu'à l'entrée de la plaine de Polignan; là commençait le canal d'irrigation proprement dit; il traversait la plaine de Valentine sur une longueur de 16 kilomètres, arrosait 1,500, à 2,000 hectares; il devait coûter 278,436 fr.

Le sieur Marc se mit à l'œuvre aux acclamations des populations, et avec les encouragements de la Société d'agriculture de la Haute-Garonne, du Conseil général, du Conseil d'arrondissement, de la Chambre de commerce de Toulouse. Mais il ne sut pas tenir compte de la nature du terrain, formé de roches crevassées, fendues; à peine les 6 kilomètres étaient-ils tracés sur la montagne de Gourdan, que la fortune de l'entrepreneur était épuisée; et l'on reconnaissait que le lit du canal ne pourrait retenir les eaux qu'après avoir reçu des travaux d'étanchement qui coûteraient plus de 200,000 fr.

Le Conseil d'arrondissement de Saint-Gaudens, le Conseil général de la Haute-Garonne appelèrent en vain la bienveillance du gouvernement, pendant leurs sessions de 1847, 1848, 1849, sur la position intéressante du sieur Marc.

Celui-ci reçut des consolations morales mais pas de secours ; et le malheureux, désespéré, se donna la mort sur les lieux mêmes où il s'était ruiné dans une entreprise qui devait doubler la fortune de ses concitoyens.

L'Ariége n'était guère mieux partagée que la Haute-Garonne. Ses habitants n'arrosaient alors et n'arrosent encore aujourd'hui qu'environ 1,300 hectares dans les hautes vallées, à l'aide de rigoles prises directement dans les cours du Salat, de l'Arriége et des autres torrents.

Dans les Basses-Pyrénées enfin, département qui, après la Haute-Garonne, serait le plus susceptible d'arroser de vastes étendues de terrain, les irrigations ne s'étendaient, en 1845, et ne s'étendent encore de nos jours qu'à 3,000 hectares ; elles se font, comme dans l'Ariége, à l'aide d'une infinité de petites saignées pratiquées aux canaux des usines, ou prises directement dans les lits des cours d'eau. Ces 3,000 hectares sont situées dans les hautes vallées des arrondissements de Pau, d'Oleron et de Mauléon ; l'arrosage des terres est à peu près inconnu dans les arrondissements d'Orthez et de Bayonne, bien que celui d'Orthez fût extrèmement favorable à l'établissement de ce système.

Le département du Gers possède depuis bien des années trois canaux d'irrigation, tous situés à son extrémité sud-ouest, sur la plaine de l'Adour :

Le *canal d'Alaric* arrose 17 hectares 94 ares dans la commune de Tieste-Uragnous, et tombe dans l'Adour en aval de cette localité.

Le *canal des Moulins* prend les eaux de l'Adour au point où le canal d'Alaric se jette dans cette rivière, il reçoit un peu plus bas une seconde prise d'eau à l'aide *du Boussas*, et fertilise 201 hectares 85 ares.

A la suite du canal des Moulins vient le *canal des Rouges* qui arrose 78 hectares dans les communes de Galiax, Goux, Tasque et Izotges, ce qui portait, en 1845, le nombre des hectares arrosées dans le Gers à 297 h. 79 ares. Total général pour les départements Pyrénéens : 25,176 hectares.

V

DES CAUSES DE L'INFÉRIORITÉ DES IRRIGATIONS DANS LES PYRÉNÉES.

D'où vient la profonde différence qui caractérise le nord de l'Italie et le midi de la France à l'endroit des irrigations ? Tout effet a des causes ; pour y porter remède il faudrait connaître les circonstances qui les ont produites.

Les habitants de ces deux contrées eurent, depuis l'époque romaine jusqu'à la Renaissance, une manière tout opposée de comprendre et de pratiquer l'agriculture. Les Gallo-Romains-Cisalpins habitaient un pays où la civilisation avait atteint ses dernières limites. Leurs villes étaient opulentes et nombreuses : témoin Bergame, Brescia, Vérone, Padoue, Mantoue, Plaisance, Milan qui devint la capitale de l'empire sous Maximien au troisième siècle. Catulle et un grand nombre de riches patriciens y possédaient de magnifiques villas : cette prospérité n'avait d'autre fondement que l'agriculture, et l'on n'est pas surpris d'apprendre que Virgile avait reçu dans cette contrée les leçons qui lui inspirèrent les *Bucoliques* et les *Géorgiques*.

Les sciences, le mouvement intellectuel ne cessèrent d'y conserver une grande activité relative à travers les invasions des Barbares, et si les premiers Croisés italiens surent ménager les eaux qui descendaient des Alpes, c'est qu'ils trouvaient en Lombardie des physiciens, des ingénieurs, des géomètres, élèves de la célèbre université de Padoue, et précurseurs des Galilée, des Pic de la Mirandole, des Castelli, des Torricelli, des Soldati (1), des Cassini ; le sol était d'ailleurs entre les mains d'une aristocratie instruite qui ne bornait pas les devoirs de l'homme à ceux de l'équitation et de l'escrime, mais qui appréciait la richesse et les beaux arts, fils du travail et de l'intelligence.

Quelle différence dans le bassin sous pyrénéen ! Le sol était possédé par une population vaillante, forte, pleine d'imagination, mais dans un état tout primitif d'instruction et d'expérience. Pas d'université qui s'appliquât à l'étude des sciences exactes, celle de Tou-

(1) Inventeur du module milanais, en 1572.

louse se bornait à enseigner le droit civil, le droit canon, la médecine et les belles-lettres : les traces que la civilisation romaine avait laissées dans cette contrée avaient peu à peu disparu sous l'influence de l'invasion des Barbares ; la richesse et le luxe étaient peu appréciés par une aristocratie exclusivement belliqueuse, qui n'avait d'autre préoccupation que celle de défendre le sol contre les irruptions des Maures et des Francs..... Abandonnant les plaines fertiles aux serfs de la glèbe, elle plantait ses châteaux sur des rochers incultes ; pour elle les Pyrénées n'étaient pas une terre exploitable, mais une forteresse où l'on se retranchait en prévision de la guerre, et la guerre était à peu près incessante.

Les populations pratiquaient un système d'agriculture approprié à cet état de campement ; elles labouraient peu, et faisaient peu de céréales ; elles se bornaient à élever des porcs dans les bois, des troupeaux de brebis et de bœufs dans les landes et les pâturages laissés à l'état de nature ; de là l'explication de ces immenses étendues de terres incultes qui couvrent le tiers des Basses, des Hautes-Pyrénées et de l'Arriége (1). Au premier bruit de guerre un peu sérieux chacun poussait ses troupeaux vers les hautes montagnes, emportait ses meubles, entraînait les femmes, les enfants, les vieillards et les mettait à l'abri du pillage et des violences.

L'histoire rapporte bien des faits à l'appui de cet état pastoral des contrées pyrénéennes pendant tout le moyen-âge ; ainsi la généralité des donations seigneuriales en faveur des monastères et des églises concernait la propriété ou la jouissance de forêts et de dépescences.

Quand Charles VI fit son voyage dans le midi en 1389, il reçut un accueil fastueux dans les domaines de Gaston Phébus, comte de Foix..... Pour exhiber aux yeux du monarque français ce que le pays possédait de plus remarquable, on ne lui montra pas des greniers remplis de céréales, ou des champs couverts de gerbes ; mais d'innombrables troupeaux de moutons et de bœufs qu'on avait fait descendre des montagnes : ils étaient conduits par des gentilhommes, vêtus en bergers de bonne compagnie ; ils portaient des sarraux de soie, des houlettes dorées, et des *bainos* (2) entourées de rubans..... Quel-

---

(1) Sur une superficie totale de 1,704,596 h., ces trois départements possèdent 610,549 hectares de terre en pleine culture, et 628,724 hectares de landes (non compris les bois, châtaigneraies et oseraies).

(2) Bérets plats ressemblant à ceux des Basques..... Voir ce récit dans Froissard.

ques siècles plus tard, sous Louis XIII, lorsque le Marino et M. Durfé faisaient les délices des précieuses de l'hôtel de Rambouillet on aurait pu voir dans cette cérémonie une simple fantaisie pastorale, conforme à la manie littéraire et galante du dix-septième siècle; mais en plein moyen-âge, à l'époque la plus brillante de la chevalerie, quand le berger n'était, dans les autres contrées de l'Europe, que le plus misérable serf de la glèbe, presqu'aussi méprisé que l'esclave à Rome, on attache plus d'importance à cet incident, on y voit la glorification de la véritable richesse des Pyrénées : l'élève du bétail fondé sur le pâturage.

Henri d'Albret, père d'Henri IV, fut le premier prince qui essaya de changer cet état de choses, en y substituant le défrichement des terres et la culture des céréales; il publia divers règlements dans cet objet; il appela dans le Béarn des laboureurs de la Bretagne, de la Saintonge, et créa, dans les environs de Pau, plusieurs métairies qui devaient servir de ferme-modèle..... Les sujets se montraient alors assez empressés à imiter le souverain ; les plaines les plus fertiles commencèrent à connaître le travail de la charrue (1).

Ce système de la vaine pâture, qui régnait dans les vallées des gaves de l'Adour, de la Garonne et de l'Arriége, perdait, il est vrai, de son importance à l'est de cette rivière..... dans les bassins de l'Aude de la Tet, du Tech et de l'Agly, la sécheresse du sol, frappé par un soleil plus ardent, mettait obstacle au développement des pâturages naturels et avait engagé de bonne heure les habitants à s'adonner au labourage. Il en était de même dans la partie du bassin sous-pyrénéen qui s'éloigne des montagnes et forme aujourd'hui les arrondissements de Muret, Villebranche, Toulouse, les départements du Gers, de Tarn-et-Garonne et Lot-et-Garonne. La culture des céréales fut toujours la principale richesse de cette région ; la rareté des bois, la longueur des étés y aurait rendu les irrigations éminemment utiles : c'est là surtout qu'elles auraient pu reproduire les merveilles de l'agriculture lombarde; et cependant elles y furent toujours inconnues; mais il faut le reconnaître, les populations de cette contrée avaient à lutter contre des difficultés énormes, qu'elles ont été jusqu'à ce jour impuissantes à surmonter.

Par un caprice étrange de la nature, pas un cours d'eau des montagnes ne pénètre directement dans cette zone : l'Adour et le Gave,

(1) Faget de Faure, p. 394.

à peine sortis des hautes vallées, tournent brusquement vers l'ouest, et se jettent dans l'Océan, absorbant dans leur cours tous les courants qui descend des Hautes et des Basses Pyrénées.

A l'est, la Neste fait un mouvement analogue, dans le sens contraire, va se joindre à la Garonne à Montréjeau et arrête tous les cours d'eau qui devraient naturellement arroser le département du Gers et une bonne partie de ceux de la Haute-Garonne, du Lot-et-Garonne, du Tarn-et-Garonne... Détourner les eaux de la Garonne à la hauteur de Toulouse ou de Grenade, pour les diriger de l'est à l'ouest, à travers les mêmes départements, eût été une entreprise irréalisable à cause des grands coteaux qui les sillonnent régulièrement du sud au nord, et qu'un canal, allant de Toulouse à Condom ou de Grenade à Basas, aurait dû couper transversalement. Ces départements, ainsi que celui des Landes, ne pouvaient donc prendre les eaux des Pyrénées qu'à la partie supérieure, de la Neste et de l'Adour. Mais pour aller les chercher au fond des vallées profondes que ces rivières y ont creusées, il y a des travaux d'arts considérables à faire, des tranchées, des viaducs d'une exécution non moins dispendieuse que difficile, et qui furent, dans tous les temps, au-dessus des forces des particuliers.

De puissants vassaux, tels que les comtes d'Astarac, d'Armagnac et de Comminges ; des associations religieuses telles que les Ordres de Saint-Benoît ou de Cluny auraient pu seuls entreprendre des travaux de la nature de ceux qu'avaient exécutés les religieux de Claravalle près de Milan, les ducs de Lombardie et les rois de Perpignan. Mais il ne faut pas oublier que l'aristocratie italienne eut l'avantage de jouir d'une certaine tranquillité sous la protection des empereurs d'Allemagne, et durant la forte association de la ligue lombarde. Les grands vassaux du midi de la France, au contraire, furent absorbés, écrasés, par la longue guerre des Albigeois précisément au retour des premières croisades... Pendant que les Milanais creusaient paisiblement leurs canaux d'irrigations, les Gascons et les Provençaux arrosaient leurs terres de leur sang; et les grandes associations religieuses étaient trop occupées à combattre l'hérésie pour songer à des entreprises agricoles... Dernier et invincible obstacle enfin ! Il aurait fallu prendre les eaux destinées à arroser l'Astarac, l'Armagnac, le Languedoc, le Comminges dans les domaines des comtes de Foix, de Béarn, de Bigorre, seigneurs soupçonneux et puissants qui auraient saisi les armes pour empêcher ces barons du voisinage, avec lesquels ils étaient souvent en guerre, de pénétrer dans leurs domaines et d'y faire acte de souveraineté en enlevant à l'Adour, à la Neste et aux gaves, des eaux dont eux seuls avaient la propriété.

L'établissement d'un système un peu complet d'irrigation, a donc été impossible avant le règne d'Henri IV. Ce n'est qu'à dater de cette époque, grâce à la réunion de toutes les provinces pyrénéennes sous le même sceptre, et à la faveur de la pacification générale, qu'un vaste réseau de dérivations aurait pu être exécuté, et nous excusons complétement la conduite de nos aïeux du moyen âge à cet endroit.

Mais nous ne saurions trouver les mêmes justifications pendant les deux cents ans qui se sont écoulés entre le règne d'Henri IV et 1789. L'incurie des intendants de province, l'ignorance des populations, le dédain du gouvernement pour les améliorations agricoles, furent alors les seules causes de la négligence impardonnable dont nous subissons les conséquences. Cossé-Brissac, Iolande de France avaient doté de canaux un pays étranger, et nos intendants semblaient ne pas se douter que l'eau pût être bonne à autre chose qu'à alimenter les bassins de marbre, et les jets d'eau des parcs du roi.

Depuis 89 jusqu'en 1815, les préoccupations d'une guerre incessante contre l'Europe entière, expliquent, sans la justifier complétement, la persistance de cet oubli. Depuis 1815 jusqu'en 1844, la situation s'aggrave, et l'on cherche en vain une explication, une excuse à l'insouciance des préfets et des populations.

Nous arrivons enfin à 1845, et une ère nouvelle paraît s'ouvrir pour l'agriculture méridionale. Le gouvernement de Louis-Philippe résolut d'entreprendre l'irrigation complète des départements sous-pyrénéens; il y procéda par deux moyens également bienfaisants et énergiques. La loi du 29 avril 1845 qui fixait les droits des riverains sur l'usage des cours d'eau, et la loi de 1846 qui confiait à l'État l'exécution des grands canaux destinés à dériver les eaux de la Neste et de la Garonne, et à les diriger vers la Haute-Garonne et le Gers. La première de ces lois tranchait une question de jurisprudence générale; la seconde mettait le principe en application. Le gouvernement prenait la louable initiative de joindre l'exemple à la théorie.

Examinons quels furent les résultats de ces deux faits législatifs.

VI

CONSÉQUENCES DE LA LOI DE 1845, SUR LES IRRIGATIONS DANS LES
PYRÉNÉES.

La loi de 1845 est ainsi conçue :

Art. 1er. Tout propriétaire qui voudra se servir, pour l'irrigation de
ses propriétés, des eaux naturelles ou artificielles dont il a le droit
de disposer, pourra obtenir le passage de ces eaux sur les fonds intermédiaires, à la charge d'une juste et préalable indemnité. —
Sont exceptés de cette servitude, les maisons, cours, jardins, parcs et
enclos, attenant aux habitations.

Art. 2. Les propriétaires des fonds inférieurs devront recevoir les
eaux qui s'écouleront des terrains ainsi arrosés, sauf l'indemnité qui
pourra leur être due.

Si l'on rapproche ce texte de celui des lois italiennes et allemandes,
que nous avons précédemment cité, on verra que loin d'introduire
une innovation dans le droit commun de l'Europe, il n'est que la réparation tardive d'un oubli du législateur. La France qui marche si souvent à la tête des autres nations était restée fort en arrière à l'endroit
de l'hydraulique agricole, elle allait enfin se trouver à cet égard au niveau des peuples voisins ; cette loi n'était d'ailleurs que l'application
aux eaux courantes des art. 682, 683, 684 et 685 du Code civil concernant la servitude de passage en cas d'enclave.

PYRÉNÉES-ORIENTALES.

Ce fut surtout dans les Pyrénées-Orientales que les dispositions
de la nouvelle loi excitèrent une grande activité : il y eut comme une
fièvre dans tous les esprits.

C'est dans les séances du Conseil général qu'il faut suivre les argu-
ments et les résultats de ces discussions animées... Il n'est pas de dis-
sertation théorique qui égale la puissance de l'exemple ; rien ne
nous paraît plus propre à exciter l'émulation des autres départements
pyrénéens, que de leur donner le résumé des efforts que le Conseil
général, les communes et les habitants des Pyrénées-Orientales n'ont

cessé de faire depuis cette époque dans le but de développer les ir.igations que la nature semble leur refuser.

L'absorption presque entière des eaux de source et de rivière par les canaux d'ancienne date, inspira en 1845 une idée grande, presque un trait de génie à un membre du Conseil général : étendant à l'irrigation le principe que Riquet avait si admirablement appliqué au canal du Languedoc, il proposa de former, dans les montagnes, de vastes réservoirs semblables à ceux de Lampi et de Saint-Féréol, afin d'y retenir 60 à 100 millions de mètres cubes d'eau, qui seraient rendus à l'agriculture dans la saison d'étiage. Le Conseil saisi d'enthousiasme, s'empressa de voter des fonds dans la séance du 28 août 1845, pour étudier les barrages à faire à la *Grande-Bouillouse* au *Pla des Abeillans,* et *de Corsavy.* Dès 1846 les plans et devis étaient dressés et envoyés à M. le Ministre des Travaux publics. Le Conseil général, donnant une portée nouvelle à ses projets de barrage, chargea M. le Préfet, dans la même session, de rechercher si l'on ne pourrait pas en établir d'autres dans les hautes vallées du Tech, de la Tet et de l'Agly : il vota des fonds en conséquence ; ces études auraient été immédiatement commencées, si M. le Ministre ne s'était opposé au revirement de crédit qu'entraînait le vote de ces fonds.

Le Conseil général ne persista pas moins dans son premier projet, et s'occupa de la destination que recevraient les eaux provenant de ces réservoirs. Il résolut, après une longue discussion, qu'elles ne seraient pas consacrées au perfectionnement des irrigations déjà existantes, mais à la création de nouvelles... On venait de découvrir un fait étrange et singulièrement heureux, disait M. le Préfet; c'est que les canaux, alimentés par la Tet, débitaient trois fois et demi le volume d'eau que charriait cette rivière et ses affluents, depuis Mont-Louis jusqu'à Millas. Le débit des torrents, en juillet et août, était de 2,535 litres cubes par seconde, tandis que le débit des canaux depuis *la cabanasse* jusqu'à Millas était de **9,150** litres.

Il en résultait que la Tet pouvait répondre à tous les perfectionnements qu'on désirait apporter aux anciennes irrigations, et qu'il était permis de diriger toutes les eaux des bassins projetés vers d'autres parties de la vallée. Le conseil reconnaissait d'ailleurs que plusieurs canaux, notamment ceux de *Thuir,* de *Perpignan,* de *Millas,* ne recevaient pas toute l'eau qui leur était attribuée par les ordonnances, et qu'il y avait lieu à combler le déficit à l'aide d'une nouvelle distribution d'eau conforme aux droits de chacun.

Cela réglé, il était reconnu que les deux réservoirs projetés tourniraient à l'arrosage des terrains *à laspré*, c'est à dire non arrosés, 17,660,000 mètres cubes d'eau et fertiliseraient 3,400 hectares du 1ᵉʳ juin au 1ᵉʳ octobre en leur donnant un 1/2 litre d'eau par hectare et par seconde. L'expérience avait prouvé qu'un terrain *à laspré* donnant 50 fr. par hectare en donnait 125 avec une bonne irrigation ; on pouvait donc porter le prix rémunérateur de l'arrosage à 21 fr. par hectare ce qui produirait 71,000 par an ; les ingénieurs fixant la dépense des deux réservoirs à 1,200,000 fr., cette somme se trouverait remboursée en 32 ans avec les seules ressources de la location de l'eau.

La question des réservoirs était loin d'être épuisée ; celui de Corsavy faisait espérer des résultats encore plus avantageux. L'ingénieur Tastu, ayant fait de nouvelles études, assurait, en 1850, que la grande *Bouillouse* et *les Abeillans* contiendraient 23 millions de mètres cubes, ce qui permettrait d'irriguer 3,500 hectares en sus de l'amélioration des canaux de Thuir, de Perpignan et de Millas ; M. Myot, chargé d'étudier l'emplacement des réservoirs à établir sur les limites du département de l'Aude, découvrait trois localités favorables dans les vallées de l'Agly et du Verdouble. Le réservoir de *Saint-Arnac* sur l'Agly contiendrait 3,800,000 mètres cubes et coûterait 3,000,000 fr. ; celui de *Goulayrous* sur le Verdouble aurait 1,100,000 mètres cubes et coûterait 105,000 fr. : le conseil général affectait 1,500 fr. à la continuation des études.

En 1855 il était question de faire un barrage dans le Capcir, pour augmenter le volume d'eau de la Tet ; il devait retenir 3,525,000 mètres cubes et coûter 87,000 fr. On estimait aussi qu'il faudrait exécuter un canal à travers la plaine de Rodez pour empêcher l'eau de se perdre dans les terrains sablonneux de cette localité. Sur la proposition d'un membre qui engageait le département à prendre cette dépense à sa charge, le Conseil vota une première somme de 6,000 fr. se promettant d'en inscrire d'autres au budget d'année en année jusqu'à l'achèvement des travaux.

Malheureusement des circonstances, indépendantes de la bonne volonté du Conseil, vinrent paralyser ses efforts généreux. A chaque nouvelle session il se plaignait de l'inexécution des barrages, et M. le Préfet était obligé de répondre que les études n'étaient pas complètes, que les fonds manquaient, que le ministre ne pouvait encore donner son approbation.

L'exécution de canaux projetés depuis longtemps éprouvait le même retard; celui de Ceret, qui prend les eaux à la Tet et suit le pied des Abbères, était concédé à M. Guillebout depuis 1810. On accusait amèrement le concessionnaire, en 1849 et 1850, de rester dans une inaction complète, et d'empêcher toute autre personne d'entreprendre le canal à sa place ; ces retards causaient des pertes incalculables à l'agriculture, car ce canal ne devait pas arroser moins de 4,000 hectares. Le Conseil général réclamait au nom des communes intéressées la déchéance de M. Guillebout et la prompte exécution du canal.

Les nouvelles demandes d'irrigation devenaient d'ailleurs si nombreuses que M. le Préfet déclarait, en 1857, qu'il devait apporter une grande circonspection à leur examen. En accordant l'ouverture de nouveaux canaux, il craignait de causer de graves préjudices aux anciens ; toutefois il avait cru pouvoir autoriser l'irrigation de 23 hectares au-dessus de Ria, sur les pentes raides de la vallée de la Tet, celle de 12 hectares, par les eaux de la Riberette, au moyen du *canal lo Mas* ou de *Casteillo* ; celle de 15 hectares, à Arles sur le Tech, celle de 61 à l'embouchure de la Tet. Il avait donné un avis favorable à une demande d'arrosage de 1,200 hectares, à Argelès-sur-Mer; il faisait étudier un projet d'irrigation de la plaine de Cerdagne par des eaux qui ont leur cours vers l'Espagne; on s'occupait également du canal de Saint-Laurent de la Salanque, qui devait arroser 200 hectares au moyen d'eaux autrefois inutiles, et qui seraient arrêtées et élevées par un barrage.

Dans toute demande de concession nouvelle, le préfet exigeait disait-il, qu'on s'obligeât à fermer les canaux dès que les propriétaires inférieurs se plaindraient, et que leurs réclamations seraient reconnues fondées. Les nouveaux concessionnaires s'empressaient de souscrire à cette réserve. Ce fut dans ces conditions que M. le Préfet autorisa en 1859 l'ouverture de deux canaux dans les communes d'Ur et de Villeneuve-les-Escaldes, pour irriguer 214 hectares et l'exécution du canal de Saint-Laurent de la Salanque cité plus haut. Des propriétaires de Lahorre obtinrent aussi une irrigation de 168 hectares à condition qu'ils la suspendraient du 15 juillet au 15 octobre, ce qui donnait un total de 2,411 hectares ouvertes à l'irrigation dans l'espace d'une année. M. le Préfet apprenait enfin au Conseil général que le gouvernement avait prononcé la déchéance de M. Guillebout; de nouvelles études réduisaient le périmètre irrigable des Abbères à 1,200 hectares dans les communes de Montesquieu, Villelongue, Saint-Génie et Larroque. On étudiait sur d'autres points du département l'arrosage de 1,200 hectares et l'on se proposait d'en irriguer 8,000 dans la Cerdagne. Malheureusement on avait abandonné la création du réservoir de la *Bouillouse* comme dépassant les ressources départementales ; mais on espérait pouvoir jeter le surplus des eaux de la Cerdagne dans la vallée de la Tet, à l'aide d'un canal de dérivation, qui contournerait une montagne et verserait dans cette rivière 24 millions de mètres cubes d'eau.

Dans la session de 1859 le Conseil général approuva pleinement la circonspection de M. le Préfet à l'endroit de toute concession nouvelle qui non-seulement nuirait aux anciennes, mais deviendrait illusoire pour les nouveaux concessionnaires, puisqu'on leur accorderait en principe un volume d'eau qui n'existait pas en réalité.

La question des irrigations n'en était pas moins dans une situation des plus satisfaisantes si l'on songe surtout au maigre volume d'eau dont les Pyrénées-Orientales peuvent disposer.

D'après le tableau dressé en 1859, on arrosait dans l'arrondissement de Prades. . . . . 8,175 hect.

Dans celui de Céret. 5,780

Dans celui de Perpignan. 13,939

Total. 27,890

On demandait des concessions d'eau pour 12,000 hectares ; on en aurait réclamé pour 60,000 si tous les cours d'eau n'avaient été complétement épuisés ; l'exécution des réservoirs était donc le seul moyen de répondre à ces nouvelles espérances, c'était vers eux que se tournaient tous les efforts des Roussillonais.

En attendant, après s'être disputé l'eau des rivières jusqu'à la dernière goutte, on se disputait celle des courants souterrains, celle des marais et des lacs. M. Durand avait commencé dès 1823 à faire creuser des puits artésiens sur ses propriétés. Son fils, M. Justin Durand, étendait ce système sur une plus grande échelle ; quelques autres propriétaires l'imitaient et l'on estime aujourd'hui que 250 à 300 hectares sont arrosées par ce système (1).

(1) Le succès des Pyrénées-Orientales dans cette recherche des eaux souterraines a engagé des propriétaires de l'Aude et de l'Hérault à forer des puits artésiens sur les bords même de la mer, dans des endroits tellement privés d'eau qu'elle manque aux besoins les plus essentiels de l'alimentation. La ten-

Dans la session extraordinaire du 3 juillet 1860, le Conseil général apprend que les étangs *de Carlits*, parmi lesquels on compte ceux de *Lanous* et de *la Bouillouse*, ont été achetés le 8 novembre 1857 par le conducteur des ponts et chaussées de l'arrondissement de Prades. On veut assurer l'alimentation du *canal de Bohère*, qui doit être exécuté par un syndicat de propriétaires, et irriguer 1,300 hectares. M. le Préfet, espérant régulariser et rendre plus définitive l'acquisition des étangs, a passé un acte au nom du département le 31 mars 1860 et demande l'approbation du Conseil. Celui-ci confirme la création du syndicat de la Bohère approuve l'acquisition des étangs, et alloue 1,069 francs 95 centimes pour frais d'acte et droit de mutation.

On allait enfin expérimenter l'emploi des eaux retenues dans les hautes montagnes ; les ingénieurs se mettent à l'œuvre ; ils font les devis, comptent élever la réserve d'eau à 13 millions de mètres cubes et arroser 3,000 à 4,500 hectares avec une dépense de 840,000 francs, dépense facile à faire puisque les souscriptions particulières s'élèvent à 720,000 fr. Partout les espérances se réveillent ; on reprend les études des réservoirs de *la Fou* près *de Corsavy*, de *Saint-Antoine-de-Galamus* et *de Saint-Arnac* : on se croit arrivé au moment tant désiré où l'on pourra donner de l'eau aux plaines brûlées d'Elne, de Bages et de Corneilla.

Mais après les brillantes illusions, arrivent les cruels mécomptes. Les choses étant examinées de plus près, les ingénieurs craignent de ne pouvoir exécuter le réservoir de *Lanous ;* celui de Carlits est plus réalisable, mais il ne pourra servir qu'à l'arrosage de la Cerdagne, et l'on doit renoncer à l'espoir de détourner une partie de l'eau dans le versant français.

Ce n'est pas tout, M. le Préfet et le Conseil général se sont engagés avec trop d'ardeur, dans l'acquisition des *étangs de Carlits ;* voilà que les sieurs Dussard et Lhinus, font un procès au département, en revendication de ces étangs. L'affaire vient en appel devant la Cour de Montpellier ; le département est condamné et les demandeurs obtiennent des dommages.

tative a réussi au delà de toute espérance : les courants souterrains se rencontrent à une très-faible profondeur. 3,000 de dépenses suffisent pour l'atteindre. On espère pouvoir arroser par ce moyen une certaine étendue de terre dans des plaines aujourd'hui brûlées par le soleil.

Voilà donc les Pyrénées-Orientales de nouveau réduites aux maigres filets d'eau que roulent les rivières ; on n'en trouve pas moins le moyen d'accorder en 1862 au village de Latour-Carol, l'irrigation de 300 hectares, et aux communes de Ceret, Reynes et Saint-Jean-de-Pla-de-Corts celle de 1.416 h., ce qui élève le nombre des hectares irriguées à 30,716 (1).

AUDE.

Les exemples d'une ardeur si persévérante ne pouvaient rester sans influence sur le département de l'Aude, dont les dispositions hydrographiques et le climat ont une si grande ressemblance avec ceux des Pyrénées-Orientales ; des particuliers, des associations de communes, ont fait de louables efforts pour développer les irrigations dans un pays presqu'aussi desséché que les Pyrénées-Orientales. Leurs tentatives ont suivi des péripéties qu'il n'est pas sans intérêt de rapporter.

En 1855, le sieur Salaman avait fait une demande de concession relative à un canal à établir dans les communes de Ville-du-Fort et de Trèbes ; aucune décision n'était survenue en 1857 : il en était ainsi de la demande de plusieurs habitants de la Redorte sollicitant l'autorisation de faire étudier une dérivation de l'Aude, à l'extrémité ouest de la commune de Blomac, et traversant Blomac, Puicherie et la Redorte, M. Courtéjayre avait présenté un projet de canal de navigation et d'irrigation allant de Limoux à Carcassonne. Un autre canal devait prendre la source de Fontmaure, commune de Belvianes et arroser 10 hectares à l'aide d'une rigole de 1,200 mètres qui coûterait 2,500 francs.

Ces divers projets se poursuivaient conjointement avec celui de l'assainissement de la basse plaine de l'Aude où 10,000 hectares, autrefois d'une grande fertilité, étaient condamnés à une sorte de stérilité faute de canaux d'écoulement. D'anciennes rigoles qui avaient été maintenues en bon état jusqu'en 1804, se trouvaient maintenant détruites par les empiètements des riverains. Il s'agissait de les rétablir dans leur état primitif ; on proposait aussi de dériver l'Orbieu dans la commune de Saint-Pierre-des-Champs par le moyen d'une rigole de 2,200 mètres qui arroserait 10 hectares et coûterait 500 francs.

(1) Rapports de MM. les Préfets des Pyrénées-Orientales, de 1847 à 1862.

La même rivière devait éprouver des dérivations plus importantes. En 1858, des propriétaires de Boutenac, de Luc et d'Ornaisons, faisaient étudier, avec l'autorisation de M. le Préfet, un canal d'irrigation qui devait arroser 420 hectares; M. le Ministre des Travaux publics demandait néanmoins que cette surface irrigable fût diminuée afin de ne pas mettre le lit de l'Orbieu à sec et de ne pas nuire aux usines déjà existantes ; ces réserves de M. le Ministre engagèrent les auteurs du projet à avoir recours à des bassins supplémentaires qui contiendraient 9 millions de mètres cubes, et permettraient d'irriguer 2,000 hectares. Ce fut sur ces nouvelles bases qu'une association de propriétaires se forma en 1860; elle promettait de fournir un demilitre par seconde à chaque hectare irrigué, moyennant la redevance de 60 francs pour 100 jours, ou bien le capital de 1,200 francs. Les entrepreneurs cherchaient aussi à réunir les eaux des ruisseaux de la Nielle, de la Matte, du Robbe, de l'Aussou et de l'Alsou, affluents de l'Orbieu. Le Conseil d'arrondissement avait appelé toute l'attention de l'administration sur ce projet qui étendrait les bienfaits de l'arrosage dans les communes de Luc, de Boutenac et sur plusieurs autres localités.

Mais le 1er mai 1861, le ministre fit connaître qu'il ne prendrait la concession de ce canal en considération qu'autant que les entrepreneurs augmenteraient le volume d'eau affecté à chaque hectare, et qu'il serait porté, comme dans les Pyrénées-Orientales, à un demilitre par seconde par hectare pendant 6 mois, et non pendant 100 jours. Il est à regretter qu'on n'ait pu jusqu'à ce jour satisfaire à cette réclamation de M. le Ministre et que l'irrigation de la plaine de l'Orbieu reste en suspend.

Un projet des sieurs Espeut et Astanove augmenta le nombre des tentatives sans résultat; d'après leur demande faite en 1857, un canal dérivé de l'Aude devait fournir de l'eau aux communes d'Argens, de Roubia, de Paraza, et à quelques autres, situées dans l'arrondissement de Narbonne. En 1862, ils modifiaient leurs plans, de manière à ne prendre l'eau de l'Aude que lorsque le volume, constaté au pont de Homps, serait supérieur aux besoins des parties inférieures (navigation, irrigation, usines). Le tracé ne souleva pas moins de très-nombreuses oppositions. M. le Ministre ne voulait le prendre en considération que lorsque les demandeurs justifieraient d'engagements fermes pour l'arrosage de 385 hectares, à raison d'une redevance annuelle de 50 francs par hectare, et la question en est restée là.

Deux autres canaux un peu moins importants ont seuls reçu une solution avantageuse. Celui d'*Escouloubre*, entrepris par le curé de cette commune, a été encouragé par une allocation de l'État, de 5,000 fr. et par une somme pareille votée par le Conseil général en 1858. L'entreprise a marché rapidement, et répand ses bienfaits depuis 1863, sur 65 hectares.

Le canal *du Devez*, conçu en 1857, et dont les plans avaient été modifiés par décret du 17 avril 1861, a été exécuté en 1862 sur une longueur de 2 kilomètres, et arrose déjà une cinquantaine d'hectares.

En résumé, les projets ont été nombreux dans l'Aude, les efforts persévérants, mais les succès définitifs sont assez restreints, puisque deux canaux sur huit sont seuls arrivés à exécution... La surface arrosée ne dépasse pas 410 hectares (1).

ARIÉGE.

Dans l'Ariége, la nécessité des irrigations est moins bien comprise. Croirait-on que dans un pays abondamment pourvu de grands cours d'eau, on ne s'est occupé que d'un canal de quelque importance ? Ce canal fut conçu en 1856, et devait arroser la basse plaine de l'Ariége (rive droite) entre Varilles et le confluent du Lhers; il étendait ses bienfaits sur un périmètre de 6,000 hectares, mais il a complétement échoué devant l'indifférence des populations, qui ont porté l'oubli de leurs intérêts jusqu'à le combattre comme nuisible à la santé publique.

HAUTE-GARONNE.

Les projets furent plus vastes, plus nombreux dans la Haute-Garonne, et cependant le résultat final n'a pas été jusqu'à ce jour beaucoup plus avantageux ; indépendamment des grands canaux de la plaine de l'Ariége et de Saint-Martory, dont nous nous occuperons plus tard, on discuta longtemps sur celui de la basse plaine de la Garonne et sur celui de Lestelle.

M. le Préfet avait soumis, dès 1847, au Conseil général, le projet d'un système d'irrigation à l'aide du canal latéral entre le Lhers et la

(1) Rapports de MM. les Préfets de l'Aude, de 1847 à 1862.

Garonne... Les levées de plans et les nivellements opérés dans un grand nombre de communes constataient la possibilité d'irriguer 12,000 hectares, et l'on se promettait d'en arroser un plus grand nombre, quand le canal serait ouvert jusqu'à Agen. M. Reynal, ingénieur hydraulique des trois départements de la Haute-Garonne, de l'Ariége et du Tarn, continua les études en 1850 ; mais il réduisit le périmètre des irrigations par le canal latéral à 5,300, il se dédommageait sur quelques autres points, il est vrai ; car il étudiait un canal d'irrigation à Grenade, un second à Salies, un troisième à l'Espitaou près de Saint-Gaudens. Le Conseil général, moins zélé que celui des Pyrénées-Orientales, ne voulut pas encourager M. Reynal dans ses recherches ; il refusa de voter les fonds demandés par cet ingénieur.

Quelques propriétaires de l'Estelle, près de Saint-Martory, se montrèrent plus courageux. Ils formèrent une association en 1853, sous l'impulsion de M. de Berghes, et entreprirent d'arroser 200 hectares sur la rive droite de la Garonne. Le canal devait coûter 25,000 fr. et assurer aux terrains arrosés une plus value de 150 à 200,000 fr. La décision du Conseil d'État ne fut connue qu'en 1856, et dès le 3 octobre, le syndicat était formé et se mettait à l'œuvre. 4,000 mètres de canal étaient terminés en septembre 1860, et 200 hectares complétement arrosés en 1861, mais les dépenses s'élevaient à 45,000 fr., au lieu de 25,000 portés au premier devis (1).

HAUTES-PYRÉNÉES.

Dans les Hautes-Pyrénées, déjà convenablement dotées sous le rapport des irrigations, quelques demandes de canaux particuliers et communaux, continuaient à se produire : et d'abord, réclamations constantes du Conseil général en faveur de l'amélioration de l'Alaric, question dont l'administration ne cessait d'ailleurs de s'occuper avec sollicitude.

En 1849, M. Dufaur proposait l'établissement d'un canal ayant son origine dans l'Adour, à Sarniguet, et traversant les communes situées en aval.

M. Colomès, ingénieur en chef, entreprenait enfin cette même an-

______

(1) Rapports de MM. les Préfets de la Haute-Garonne, de 1847 à 1862.

née une opération très-importante, dans le but d'augmenter le volume de l'Adour à l'étiage, et de rendre plus régulier le débit des divers canaux de la vallée ; il s'agissait d'appliquer aux Hautes-Pyrénées le projet conçu d'abord dans les Pyrénées-Orientales, c'est-à-dire de créer de vastes réservoirs dans les vallées supérieures, afin de retenir les eaux d'hiver, pour les rendre à l'agriculture pendant l'été. M. Colomès commença cette opération sur le lac Bleu, situé au pied du pic du Midi, en amont de Bagnères-de-Bigorre.

Cet ingénieur essaya d'abord de décanter les eaux du lac à l'aide d'un syphon, dont il portait la dépense à 28,571 fr. Mais après deux ans de tentatives infructueuses, il dut renoncer à ce système et s'arrêter au projet plus simple, quoique plus dispendieux, de percer la cuvette du lac à l'aide d'un tunnel... En 1851, il dressa les devis, reçut des fonds de l'État qui s'était chargé de tous les frais de l'entreprise, et il se mit à l'œuvre.

Les travaux de ce tunnel, percé à 22 mètres au-dessous du niveau des eaux, furent dirigés avec autant d'habileté que de prudence par M. Michelier ; il parvint, après huit années, à atteindre les eaux du lac tout en évitant les effets d'une irruption trop soudaine, qui eût été désastreuse pour les ouvriers et pour la vallée elle-même. Les robinets régulateurs furent placés, et l'eau du lac s'écoula régulièrement dans la rigole pendant l'été et l'automne de 1860. Le vidange du lac produisit en soixante jours 8,700,000 mètres cubes d'eau, le second vidange en fournit 13,000,000. Le lac était alors à plein bord ; les eaux y étaient retenues depuis deux ans ; mais en 1863, il n'en a fourni que 2,000,000, à cause de la faible quantité de neige et de pluie qui était tombée dans le courant de l'hiver. Il est à craindre que ce mécompte ne se reproduise fréquemment. La surface du bassin n'étant pas assez vaste pour fournir le liquide nécessaire au remplissage complet du lac. Nous appelons l'attention des ingénieurs sur l'étude de ce phénomène. Quand il s'agit de créer des réservoirs artificiels dans les hautes montagnes, ou de décanter des lacs déjà existants, il faut étudier la capacité générale du bassin du lac, et non point la capacité du lac lui-même.

On ne peut pas dire à priori : ce lac contient tant de mètres cubes, donc je pourrais en extraire chaque année ce volume tout entier ; les hautes montagnes ne reçoivent pas toute la neige et la pluie que l'on pense ; les nuages d'automne les blanchissent parce qu'ils sont encore assez élevés. Mais les nuages d'hiver se tiennent dans une zone inférieure, et la plupart n'atteignent plus les hauts sommets. Peut-être ne neige-t-il que rarement à 1,900 mètres au dessus du niveau de la mer, du 17 décembre au 28 février; il serait prudent de ne former dans ces hauteurs que des réservoirs de moyenne capacité, toutes les fois que le bassin supérieur n'est pas très-vaste, et de réserver les plus considérables pour les vallées situées plus bas et dont la surface est plus étendue. Remarquons, en effet, que le bassin de Saint-Féréol, placé à 350 mètres au dessus du niveau de la mer, se remplit très-facilement chaque année, bien qu'il contienne 6,374 763 mètres cubes, tandis que le lac Bleu, placé à 1,958 mètres, a de la peine à en recueillir 2,000,000.

La décantation du lac Bleu n'était pas étrangère au canal que M. Granier de Cassagnac avait été autorisé à construire dans la plaine de Plaisance rive droite de l'Adour. Ce canal prend les eaux dans cette rivière en aval du canal d'Alaric et devait recevoir certain tribut du lac pendant l'étiage. Mais alors il était appelé à arroser 1,500 hectares, aujourd'hui sa destination est modifiée; il sert de moteur à une usine considérable et ne fournit de l'eau qu'à une soixantaine d'hectares : ce nombre pourra néanmoins être augmenté à mesure que les propriétaires demanderont de nouvelles concessions (1).

BASSES-PYRÉNÉES.

En étudiant la disposition hydrographique, le climat des Basses-Pyrénées et l'abondance des eaux qui descendent de ces montagnes, on reste convaincu qu'il n'est pas de département, après la Haute-Garonne, qui soit plus merveilleusement situé pour recevoir un système d'ririgation très-étendu; mais nous avons le regret de le dire, l'utilité de cette amélioration agricole n'y est pas assez généralement reconnue, et l'on perd les incalculables bienfaits que les gaves répandraient dans ces belles vallées si l'on entreprenait résolument d'exécuter les canaux qui sont indiqués par la nature des lieux. En 1847, M. le Ministre de l'Agriculture sachant que l'utilité des irrigations n'était pas suffisamment appréciée dans l'opinion publique, demandait à M. le Préfet des Basses-Pyrénées s'il ne trouverait pas opportun de créer une agence spéciale pour l'étude des irrigations. M. le Préfet Azevedo

(1) Rapports de MM. les Préfets des Hautes-Pyrénées, de 1847 à 1862.

remit tous les documents nécessaires au comité consultatif d'agriculture, et, chose regrettable, le comité déclara qu'il ne reconnaissait pas l'opportunité de créer, du moins encore, une agence spéciale; il se fondait sur ce que la nouvelle loi des irrigations, votée sur la proposition de M. d'Angeville était restée sans application dans ce département. Il eût été plus sage peut-être de tirer de cet état de choses une conséquence toute contraire et de se rattacher à la création de l'agence, afin de populariser les avantages de la nouvelle législation et de provoquer des projets d'arrosage sur tous les points où ils étaient nécessaires.

Six ans plus tard, les habitants des Basses-Pyrénées montrant toujours peu d'ardeur à s'occuper individuellement d'irrigations, le service hydraulique, organisé en 1853, en prit l'initiative et présenta trois projets de canaux.....; celui de la plaine *d'Acous*, arrondissement d'Oloron, devait arroser 700 hectares, les travaux étaient estimés 43,000 fr. les habitants des communes d'Acous et de Bedous proposaient de le prendre à leur charge.

Le canal de la plaine de Précillon et *du plateau de Buzy*, même arrondissement, était destiné à arroser 6,000 hectares ; la dépense était portée à 420,000 fr.

Le *canal de Lagouin,* arrondissement de Pau, appelé à irriguer 6,000 hectares sur le territoire de 12 communes, devait coûter 152,000 fr.

M. le Préfet s'attacha particulièrement au succès de ce dernier, « L'irrigation de la plaine de Lagouin, disait-il dans son rapport de 1853, sera une irrigation modèle et bien propre à propager cette pratique. Les ingénieurs estiment que l'augmentation de revenu d'une année produite par l'arrosage équivaudra à la dépense totale des travaux du canal. »

En 1859, le canal de Lagouin recevait 50,000 fr. de subvention de l'Etat, mais le Conseil général des ponts et chaussées lui faisait subir des modifications qui élevaient la dépense de 197,000 à 240,000 fr. Pour combler le déficit de 16,651 qui en résultait, M. le Ministre étendait le bénéfice de l'irrigation aux communes de Clarac, Boeil, Bezing, Assat, Meillou et Aressy, qui furent appelées à faire partie du syndicat. Cette modification devait forcément imposer quelques retards à l'exécution du travail ; en attendant, les ingénieurs étudièrent deux autres projets. Un canal allant d'Artis à Argagnon prenait un mètre cube d'eau au gave au-dessous de Pau, rive droite, arrosait un millier d'hectares sur une étendue de 16 kilomètres et devait coûter 110,000 fr.

Celui de Louvie-Juzon, dans la vallée d'Ossau, prenait l'eau du Gave à Arudy et suivait la rive droite ; il traversait 14 communes depuis Bescat jusqu'à Saucède, sur une longueur de 47 kilomètres. arrosait 4,000 hectares et devait coûter 500,000 fr.; la plus value des terrains était portée à 1,000 fr. de capital par hectare. Les propriétaires se procuraient donc 4,000,000 de capital avec une mise de fonds de 500,000 fr. et quelques dépenses de rigoles et de nivellement de terrain qui n'auraient pas dépassé 100,000 fr. soit 600,000 fr., ce qui constituait une opération assez lucrative.

Le *canal d'Acous*, qui venait d'être approuvé par le Ministre, n'aurait pas produit des avantages inférieurs si les communes avaient pu s'entendre sur les conditions de son exécution ; mais l'utilité de l'association est un fait moins bien apprécié dans les Basses-Pyrénées que dans les Pyrénées-Orientales, et le canal d'Acous est encore à l'état de projet.

Celui de *Lagouin*, grâces à l'active initiative de l'administration, se présentait sous de meilleures auspices : M. le Préfet était parvenu à former un syndicat de 13 communes ; Boeil et Lestelle seules s'étaient tenues à l'écart. Les travaux furent commencés le 22 juin 1860, avec une solennité digne de cette belle entreprise ; on les poussa avec une si grande activité qu'on espérait pouvoir opérer l'irrigation complète de la plaine en 1861.

Le succès prochain du Lagouin engageait M. le Préfet à faire préparer de nouveaux projets ; on étudiait le tracé d'un canal sur la rive gauche du Gave près du pont suspendu de Lescar. Ce canal devait arroser 2,500 hectares sur un parcours de 19 kilomètres et coûter 180,000 fr.

Sur la rive droite enfin, le *canal d'Artix à Argagnon* était divisé en deux sections, celle d'aval devait irriguer 600 hectares dans les seules communes de Lac et d'Argagnon et coûter 73,000 fr.

Mais l'exécution de tous ces projets dépendait en grande partie du succès du *canal de Lagouin :* on pouvait être assuré que du jour où les 13 communes du syndicat verraient, conformément aux calculs de Messieurs les Ingénieurs, leurs revenus s'augmenter de 300,000 fr. chaque année, avec une mise de fonds de 240,000 fr. une fois faite, toutes les communes situées sur le parcours des autres canaux se hâteraient de former des syndicats et de voter les fonds nécessaires.

Les hommes les moins enthousiastes voyaient donc arriver le moment où les 19,800 hectares du périmètre des canaux projetés allaient être abondamment pourvus d'eau. Ce résultat ne pouvait manquer de provoquer dans tout le département l'activité fièvreuse dont celui des Pyrénées-Orientales donnait l'exemple. On pressentait l'époque assez rapprochée où tous les gaves seraient dérivés, mis à sec comme le Tech, la Tet, l'Agly, où 60,000 hectares, convenablement arrosés, donneraient deux à trois récoltes annuelles. Chaque hectare, alors, vaudrait 7,000 fr. au lieu de 3,000, la population augmenterait rapidement au lieu d'émigrer en Amérique ; on aurait, comme en Lombardie, 176 habitants par kilomètre carré.

Ces espérances, basées cependant sur des considérations très-sérieuses, ont éprouvé de cruels mécomptes. En 1861, de graves accidents survenaient au canal de Lagouin : le cube d'eau nécessaire à l'alimentation avait été mal calculé. On dut augmenter la prise d'eau, et par conséquent élargir et refaire à neuf le tunnel de Coarase qui avait 160 mètres de longueur ; on élargit également le canal dans tout son parcours ; 300,000 fr. devenaient nécessaires pour parer à ce surcroît de dépenses. En présence de ce bilan inattendu, les communes s'étonnent, murmurent. Mais que faire ? 193,000 fr. seraient perdus pour elles si l'on ne faisait pas un nouvel effort. Déjà le canal donne de l'eau à près de 400 hectares ; le syndicat s'exécute enfin, et vote un emprunt de 300,000 fr. Malheureusement sa réalisation rencontre des difficultés, et, à l'heure où nous écrivons, les travaux ne sont pas encore repris. Qu'adviendra-t-il du *canal de Lagouin?* fasse le ciel qu'il ne reste pas abandonné comme celui du malheureux Marc de la Broquère.

Le résultat le plus déplorable de ce mécompte, c'est que le *canal d'Artix à Argagnon* devant arroser 940 hectares sur le territoire de 5 communes, et donner aux terrains une plus value de 720,000 fr., est très-froidement accueilli. Les Conseils municipaux refusent de former un syndicat et le canal d'Acous, à la veille d'être entrepris par cette commune et celle de Bedous, est complétement abandonné par cette dernière (1).

Les mêmes hésitations se reproduisent sur tous les points ; la question des irrigations, qui prenait de si beaux développements dans cette partie des Pyrénées en 1860, s'arrête et fait un pas en arrière.

(1) Rapports de MM. les Préfets des Basses-Pyrénées, de 1847 à 1862.

Les départements Pyrénéens présentent une situation étrange. Les irrigations s'y développent en raison inverse des eaux que les habitants ont à leur disposition. Celui des Pyrénées-Orientales, le moins pourvu de rivières, a saigné toutes les sources à blanc, et est parvenu à irriguer 30,716 hectares. L'Aude, qui possède à peu près autant d'eau n'en irrigue que 410 ; l'Ariége, qui a six fois plus d'eau, n'en arrose que 1,300; les Hautes-Pyrénées, il est vrai, en irriguent 5,546 ; mais les Basses-Pyrénées, traversées par des gaves cinq fois plus considérables que l'Adour, n'en arrosent que 3,000 ; la Haute-Garonne, enfin, qui possède à elle seule plus d'eau que tous les autres départements réunis, n'en arrose que 2,200.

VII

DE L'AVENIR DES IRRIGATIONS.

Après l'échec du canal de Lagouin, les irrigations seraient menacées de l'abandon le plus funeste, si tous les hommes de conviction ne portaient leurs regards sur les immenses succès de l'arrosage des terres en Italie, en Provence, dans les Pyrénées-Orientales, au lieu de s'arrêter à l'insuccès tout fortuit d'un petit canal de Béarn. C'est à ces hommes que nous nous adressons pour qu'ils s'efforcent de relever la confiance des populations, en leur indiquant le moyen de réparer une faute, de se venger de ce qu'on peut appeler une défaite.

Le caractère français présente, à côté d'admirables qualités, des défauts que nous voudrions voir disparaître. Chatouilleux à l'excès en tout ce qui concerne l'honneur national, la gloire militaire, il ne peut supporter le plus léger insuccès, quand il a les armes à la main ; pour le réparer, il prodigue avec un héroïsme sans égal, les millions de son trésor, le sang de ses soldats ; et quant il s'agit de progrès agricole, de l'application d'un procédé scientifique qui doit doubler sa richesse, son bien-être, et le chiffre de sa population, bases fondamentales de toute puissance, il resterait indifférent !... son juste orgueil ne se révolterait pas à l'idée de s'avouer impuissant dans une question vitale, où les peuples voisins triomphent depuis des siècles !... Là où les Italiens et les Arabes du moyen-âge se sont montrés habiles, célèbres, des Français du dix-neuvième siècle se montreraient incapables ou hésitants !... Nous savons trop bien quelles sont le ressources de la volonté, de la résolution de nos compatriotes pour supposer qu'ils s'arrêteront devant une difficulté... Le mot impossible n'est pas plus français, quand il faut tracer des chemins de fer dans les flancs du mont Cenis, que lorsqu'il faut emporter des forteresses d'assaut ou disperser des armées étrangères. Si les canaux d'irrigation restent chez nous bien inférieurs à ce qu'ils sont chez quelques peuples voisins, c'est que nous ne connaissons pas suffisamment cette question. C'est pour populariser parmi nous des notions peu répandues, pour faire toucher du doigt à chacun les incalculables bienfaits de l'agriculture, fondée sur l'arrosage des terres, que nous avons entrepris ce traité tout élémentaire. Si nous parvenons à inspirer à nos compatriotes ce *vouloir*, qui accompagne la conviction, nous sommes sûr que le *pouvoir* ne leur manquera pas.

L'État a essayé de nous lancer énergiquement dans cette voie, il y a près de vingt ans ; et nous l'avouons avec tristesse, dans cet espace de temps égal à celui qui nous a suffi pour sillonner la France de chemins de fer, double de celui que le premier Empire employa à conquérir l'Europe, nous n'avons fait que des projets suivis de quelques tentatives insignifiantes... Les Pyrénées fournissent l'eau nécessaire à une augmentation de 80 millions de francs de revenu. Nous daignons à peine nous occuper d'en recueillir quatre ou cinq... Il est temps que nous sortions de cette infériorité déplorable ; elle ferait notre honte après avoir fait notre décadence.

Ayons toujours présent à la pensée que les progrès agricoles ont pour base les fourrages, les prairies et par conséquent la production du bétail.

La Hollande, la Suisse, l'Angleterre possèdent 1 hectare de prés ou d'herbage pour 1 hectare de terre arable.

L'Italie, la Prusse, l'Autriche, 1 hectare de prés pour 3 hectares de terre : la France 1 hectare de prés pour 5 hectares de terre.

Que l'on juge de la situation de l'agriculture sous-pyrénéenne par le tableau suivant :

L'Aude ne possède que 1 hectare de pré pour 20 hectares de terre labourable.

Le Tarn-et-Garonne. .	1	—	—	13	—	—
Les Pyrénées-Orientales	1	—	—	10	—	—
La Haute-Garonne. . .	1	—	—	8 1/2	—	—
Le Gers.	1	—	—	5 1/2	—	—
Le Lot-et-Garonne. . .	1	—	—	5	—	—
Les Landes.	1	—	—	5	—	—
L'Ariége.	1	—	—	4	—	—

La proportion se relève, il est vrai, dans les Hautes et dans les Basses-Pyrénées. Car ces départements possèdent 1 hectare de prés pour 2 hectares de terre..... Il est à remarquer que le maïs, cultivé sur une très-grande échelle dans ces 10 départements, ne produit pas le tiers de ce qu'il ferait s'il était soumis à l'irrigation. On peut en juger par le rendement considérable des terres à maïs, qui sont arrosées soit dans le Roussillon, soit entre Tarbes et Bagnères, et par le produit presque nul de la même récolte dans les années de sécheresse, sur les parties non arrosées des Basses-Pyrénées et des autres départements Pyrénéens.

L'arrosage des terres à maïs a une autre conséquence, celle de permettre de semer cette plante sur le blé comme on le pratique dans les Pyrénées-Orientales, et d'avoir, par conséquent, deux récoltes consécutives sur le même champ sans nouveau labour (1). D'après les calculs les plus modérés, faits dans les Pyrénées-Orientales, chaque hectare irrigué élève son produit annuel des trois cinquièmes. Là où il était de 50 p. 100, il devient de 125.

M. Nadaud de Buffon porte la plus value de l'hectare arrosé dans la Lombardie à 160 francs p. 100 de revenu annuel. Mais soyons prudents afin de prévenir tout mécompte; bornons-nous, pour les départements sous-pyrénéens, à une élévation annuelle de 50 p. 100 comme on l'a fait dans les calculs appliqués aux projets de canaux dans l'Ariége, la Haute-Garonne et les Basses-Pyrénées. Il est d'ailleurs un fait constant, général, qui se produit sous les yeux de chacun de nous... 1 hectare de terre labourable valait 1,500 francs, on le transforme en prairie ne recevant d'autre arrosage que celui de l'eau de pluie, il vaut 3,000 francs. Procurez-lui l'irrigation d'été, il en vaut de 5 à 6,000; le propriétaire ne trouve-t-il pas dans cette rémunération un encouragement propre à diriger toutes ses pensées, tous ses sacrifices, vers un tel accroissement de richesses?...

---

(1) Nous ne parlerons pas des défrichements considérables qui pourraient être exécutés dans les Hautes, les Basses-Pyrénées et l'Ariége, à des conditions excessivement avantageuses si les irrigations y recevaient un développement normal. Les Basses-Pyrénées renferment 317,126 hectares de landes sur 762,261 hectares de superficie totale ; les Hautes-Pyrénées 171,593 hectares de landes sur 452,944 hectares, et l'Ariége 140,015 hectares de landes sur 489,387 hectares. L'examen des lieux permet de penser qu'il serait facile de défricher dans ces départements 200,000 hectares en plaine ou en pente douce sur lesquels plus de 100,000 seraient avantageusement convertis en prairie ; mais nous ne considérons, dans ce travail, que la surface aujourd'hui cultivée.

Remarquez bien que cette augmentation du revenu direct de la terre irriguée, amène des améliorations agricoles sur toute la surface cultivable. Ainsi, moyen assuré d'éviter les plus terribles conséquences de la grêle, fléau qui ravage, une année sur cinq, toute la zone sous-pyrénéenne : les dommages causés aux prairies sont insignifiants, ceux que subissent les céréales sont désastreux.

Développement de l'élève du bétail, base capitale du revenu agricole.

Amélioration notable de toutes les récoltes par l'abondance des fumiers.

Régularisation du revenu des terres tellement capricieux aujourd'hui dans les départements Pyrénéens, que les fermages y sont impossibles ; tandis que ce système y deviendrait aussi facile que dans le nord de la France et de l'Italie, si l'on y multipliait les prairies et les bestiaux (1).

Les moyens employés jusqu'à ce jour pour arriver à ce résultat, n'ayant pas réussi, examinons s'il ne serait pas possible d'arriver au succès par une voie plus prompte et plus assurée.

Pour mieux introduire le lecteur dans l'ordre d'idées nouvelles que nous nous proposons de lui soumettre, il est essentiel d'établir des distinctions et de poser des principes.

Les 10 départements Pyrénéens, susceptibles d'irrigations, doivent être divisés en trois zones comme le sont d'ailleurs tous les pays voisins de grandes montagnes :

La zone de petite irrigation ;

La zone de moyenne irrigation ;

La zone de grande irrigation.

La petite irrigation s'étend dans les gorges et les hautes vallées. Elle commence à l'extrémité supérieure de la partie cultivée, et s'arrête à la naissance des vallées inférieures. Pour être plus explicite, nous plaçons dans ce périmètre :

Dans les Pyrénées-Orientales, toutes les vallées en amont de Sournia sur l'Agly, de Prades sur la Tet et d'Arles sur le Tech :

Dans l'Aude, la vallée de cette rivière en amont de Coïza, celle d'Orbieu en amont de Lagrasse, celle du Lhers en amont de Chalabre.

Dans l'Ariége, la vallée du Douctoure en amont de Dun ; celle de l'Ariége en amont de Foix, celle du Salat au-dessus de Saint-Girons.

---

(1) La seule propriété que nous connaissions dans ces conditions est située dans la Haute-Garonne ; elle contient 160 hectares et est affermée 16,000 fr.

Dans la Haute-Garonne, les diverses vallées en amont de Montré-Jean sur la Garonne, et d'Aspe sur le Ger.

Dans les Hautes-Pyrénées, toutes les gorges en amont de Hèches sur la Neste, de Bagnères sur l'Adour, de Lourdes sur le Gave :

Dans les Basses-Pyrénées, les vallées en amont de Betarram sur le gave de Lourdes, d'Arudy sur le gave d'Ossau, Dassasp sur le gave d'Aspe, de Feras sur le gave de Baretous, de Tardets sur celui de Mauléon, d'Ostabal sur celui de Saint-Palais, de Cambo sur la Nive et de Saint-Pé sur la Nivelle.

Dans ces parties supérieures des montagnes, l'espace cultivé est si étroit, les cours d'eau sont tellement rapides, les sources latérales si nombreuses que chaque propriétaire a un ruisseau naturel à sa disposition : il lui suffit d'un travail sans importance, du creusement d'une rigole pour arroser abondamment sa terre en toute saison : nul besoin de s'associer à plusieurs, de former des syndicats pour subvenir aux frais de l'arrosage: aussi, hâtons-nous de le dire, la propriété divisée à l'extrême dans ces hautes régions, est arrosée avec une grande intelligence et mieux cultivée peut-être que dans l'intérieur des Alpes suisses et italiennes (1). La vallée de l'Aude et quelques parties des Basses-Pyrénées laisseraient seules quelque chose à désirer; sur tous les autres points, il reste bien peu de perfectionnements à obtenir (1).

La région de moyenne irrigation comprend des vallées qui s'élargissent à l'issue des gorges que nous venons de désigner, et qui présentent de vastes espaces en surface plane, très-favorables à l'irrigation, mais sur lesquelles l'eau ne peut être convenablement conduite, qu'à l'aide de canaux d'une certaine étendue, traversant un grand nombre d'héritages, quelquefois plusieurs communes. Ces canaux ne peuvent être exécutés que sur des plans et des devis bien étudiés; ils exigent des travaux d'art difficiles et entraînent des dépenses considérables. Ici l'association de plusieurs propriétaires, de diverses communes devient donc indispensable, à moins que les départements ne prennent les travaux à leur charge.

Cette région d'irrigation moyenne comprend, dans le Roussillon, les

(1) On peut les comparer sous tous les rapports aux vallées piémontaises de petite irrigation, telles que la vallée du Chisson, canton de Pignerol ; la vallée de la Doire, de Suze, aux environs de Turin ; celle de la Sture, depuis son origine jusqu'aux rives du Pô; celle d'Aoste, du Saint-Bernard à Ivrée; les hautes vallées de Bielle et de Varallo.

vastes plaines qui s'étendent entre Prades, Saint-Paul-de-Fenouillède, Lille, Arles et la mer.

Dans l'Aude, les belles vallées de Lagrace, Carcassonne et Narbonne.

Dans l'Ariége, les bassins de Mirepoix, Varilles, Pamiers, Saverdun, Saint-Léziers, Prat et Saint-Girons.

Dans la Haute-Garonne, les plaines de Valentine, Saint-Gaudens, Saint-Martory, Caseres, Montesquieu-Volvestre, Rieux, Auterivi, Villefranche.

Dans les Hautes-Pyrénées, les vallées de Nestier, de Labarthe-de-Rivière, de Castelnau-Maquoac sur le Gers, de Trie et de Galan sur les Baises.

Dans les Basses-Pyrénées, les vallées à travers lesquelles les ingénieurs ont tracé les projets de canaux que nous avons déjà indiqués; plus celles de Castetis à Ramous, de Loubieng à Orthez, d'Asasp à Oloron, d'Oloron à Peyrehorade, de Tardets à Sauveterre, d'Ostabat à Hastingues, de Labastide à Urt et d'Ustarit à Bayonne.

Dans les Landes, enfin, la plaine de l'Adour entre Aire et Dax, celle de Luy entre Mant et Dax, celle du Midou, de Mont-Quellem à Mont-de-Marsan et à Tartas.

On peut se convaincre en remontant aux pages 25 à 38 de ce travail que cette zone intermédiaire est celle sur laquelle le plus grand nombre de canaux ont été tracés. Elle est incontestablement la plus favorable à une irrigation immédiate un peu étendue; elle doit, dans un avenir prochain, en recevoir les premiers bienfaits.

La troisième zone, celle de grande irrigation, nécessite des canaux de 40 à 100 kilomètres dirigés à travers deux ou plusieurs départements; elle comprend la plaine de l'Ariége, de Varilles à Pinsaguel près de Toulouse, la plaine de la Garonne, de Saint-Martory à Moissac. Le département du Gers tout entier, la vallée de l'Adour, des Hautes-Pyrénées à Dax (Landes), celle du Gave, d'Orthez à Peyrehorade : vastes régions où l'arrosage produirait d'immenses résultats, mais dans lesquelles les eaux des Pyrénées ne peuvent être conduites qu'à l'aide de canaux très-considérables, d'une exécution difficile, dispendieuse, car ils égaleraient en importance le Naviglio-Grande et les plus considérables roggias de la Lombardie.

Épuisons d'abord la question des canaux d'irrigation moyenne, nous nous occuperons ensuite des canaux de grande irrigation.

VIII

DE L'EXÉCUTION DES CANAUX DE MOYENNE IRRIGATION.

Il résulte des tentatives infructueuses faites pendant ces dernières années dans la zone de moyenne irrigation, qu'on y rencontre des causes générales d'insuccès et de mécomptes qu'il serait urgent d'écarter... Quel est le système le plus propre à les vaincre? doit-on avoir recours à l'industrie privée, à l'association des communes, à l'administration départementale ou à l'État?...

Il est facile à certains hommes de débarrasser l'administration des plus grosses difficultés, en la poussant dans la voie de l'égoïsme. Les irrigations sont une spéculation, un procédé de fertilisation qui tourne au profit de celui qui en reçoit le bienfait, disent-ils; il faut donc en abandonner complétement l'entreprise à l'intelligence individuelle; tant pis pour les propriétaires qui ne connaissent pas leurs intérêts, ou qui ne savent pas réunir leurs efforts et leurs capitaux quand il s'agit de réaliser des spéculations excellentes : l'état, l'administration départementale n'ont rien à voir à ces questions restreintes, ils ne doivent pas prendre un centime dans leur budget, pour améliorer la position de ceux qui ne savent pas l'améliorer eux-mêmes.

Ayons une logique moins tranchée quand l'augmentation de la fortune privée doit influer sur l'augmentation de la prospérité publique, nous ne demanderions pas mieux assurément que de voir l'association privée en état de produire, sans appui du gouvernement, tous les bienfaits que nous attendons de l'arrosage des terres : mais de graves considérations ne nous permettent pas d'avoir pleine confiance en elle, du moins dans la région des Pyrénées. Le principe de l'association, si puissant en Angleterre et en Amérique, n'est pas encore naturalisé parmi nous, principalement dans le midi; il peut s'y développer plus tard; nous en avons la ferme espérance; mais le meilleur encouragement à lui donner, c'est l'exemple. Or, la ruine de M. Marc, entrepreneur du canal de la Broquère, les accidents survenus à la dérivation des eaux de la Neste, les mécomptes du canal de Lagouin sont peu propres à favoriser l'esprit d'association; il nous paraît urgent de calmer les incertitudes en prenant une bonne revanche de ces désillusions; il faut montrer des canaux d'une certaine étendue fonctionnant avec régularité et justifiant toutes les espérances qu'on fondait sur eux, si l'on veut que l'industrie privée se charge, à ses risques et périls, de répéter l'expérience.

N'oublions pas de rappeler que les premiers canaux italiens et roussillonais ont été créés par les seigneurs et les gouvernements de Lombardie et de Majorque; les entreprises particulières ne sont venues qu'à la suite des succès éclatants sanctionnés par l'expérience des siècles. Pourquoi ne pas procéder en France selon le même ordre de choses? Nous n'avons plus de ducs et de marquis pour exécuter ces grands canaux à travers une province; mais nous avons des administrations départementales et un gouvernement central.

Il est une classe de travaux d'utilité publique qui devrait servir de base au classement des canaux d'irrigation. Le canal d'arrosage n'est autre chose qu'une voie de transport hydraulique, un moyen de voiturer l'eau à bon marché de la rivière qui la produit, sur le champ qui la consomme. Aussi, les Romains, ces hommes pratiques et logiciens par excellence, faisaient-ils de leurs canaux une espèce de chemin: *Via, actus, iter, aquæductus*, disait la loi des Douze-Tables. *l'aquæductus* transportait une denrée particulière, l'eau.

Nous possédons une classification de chemins analogues; nous avons les *chemins vicinaux, les chemins de grande communication et départementaux.* Nous *avons enfin les routes impériales.* Pourquoi ne pas appliquer la même division aux canaux d'arrosage et avoir *les canaux de petite irrigation*, à l'usage de quelque particulier ou de la commune; *les canaux de moyenne irrigation* à l'usage des cantons ou de plusieurs cantons; *les canaux de grande irrigation* à l'usage d'un département ou de plusieurs départements.

Cette nomenclature, loin d'être arbitraire et de pure fantaisie, indiquerait, tout comme la division des chemins, la nature des intérêts que ces canaux desserviraient et la nature des pouvoirs auxquels il appartiendrait de les exécuter.

Si l'association individuelle et celle des communes ont de graves obstacles à vaincre dans la création des canaux de moyenne et de grande irrigation, c'est qu'elles ont toujours des ressources restreintes, difficiles à renouveler en cas d'épuisement imprévu, et qu'elles ont néanmoins des dépenses à faire de prime abord, notamment pour se procurer un personnel d'ingénieurs toujours fort difficile à organiser. Si les dépenses dépassent les devis, l'entreprise court risque d'être abandonnée faute de ressources ; il peut même arriver que le travail une fois terminé, mis en exploitation, des accidents graves, les suites d'une inondation, exigent des appels de fonds qu'une compagnie, une association sont hors d'état de réaliser.

Les syndicats éprouvent une autre difficulté ; c'est que les obligations de leurs membres sont volontaires ; il suffit du refus d'un propriétaire ou d'une commune pour arrêter l'entreprise ; aucun texte de loi ne pouvant contraindre le récalcitrant à subir les conséquences du concordat qu'il repousse.

Les départements et l'État ne rencontrent aucun de ces embarras ; et d'abord chaque département est en possession d'un service hydraulique plus ou moins complet, mais qui, dans tous les cas, peut être employé sans frais particuliers à faire des études. L'administration n'a pas à redouter le mauvais vouloir d'un propriétaire, il suffit que le canal soit déclaré d'utilité publique, pour que les ingénieurs tracent la ligne à travers les héritages sauf à payer plus tard l'indemnité allouée par le jury d'expropriation.

Quant aux voies et moyens d'exécution enfin, les départements et l'État ont dans les centimes additionnels et dans l'emprunt des ressources qui leur permettent de parer à toutes les éventualités et d'éviter les retards dont nous avons fait connaître les funestes conséquences... qu'on y songe bien ! le retard est, en matière de travaux publics productifs, un des accidents les plus regrettables, il prolonge la perte du produit attendu, celle de l'intérêt du capital engagé, il décourage les populations... On peut, sans trop d'inconvénient, suspendre l'achèvement d'un travail d'amélioration ou d'embellissement, et laisser aux années qui se succèdent le soin de terminer l'œuvre avec les économies réalisées.

Il en est tout différemment en fait de chemins de fer et de canaux de navigation ou d'irrigation : on ne saurait arriver trop vite au résultat final : l'emprunt, s'il est nécessaire, doit permettre d'exécuter les travaux de cette nature dans l'espace de deux à trois ans au plus.

Le canal de *Roggia-Muzza*, dans les provinces de Milan et Lodi a 38 kilomètres de longueur, sur 35 de large ; il fut terminé en moins de trois ans, bien qu'on fût en 1220. Le canal de *la Martesana* a 43 kilomètres de longueur sur 12 mètres de large ; il fut exécuté de 1460 à 1463. Le *canal de Caluso*, commencé par le maréchal de Cossé-Brissac en 1559, était achevé en 1560 et cependant, il a 28 kilomètres de longueur et 7 mètres de large.

C'est en France surtout qu'il est nécessaire d'arriver promptement à l'exécution complète d'une entreprise : l'enthousiasme qui préside à la conception d'un projet, nous fait triompher au début de tous les obstacles, de toutes les dépenses; mais nous sommes prompts à nous décourager, et le moindre retard nous fait désespérer du succès et maudire même notre première tentative.

C'est avec intention que nous avons parlé des obstacles imprévus que peut rencontrer tout travail hydraulique, pendant ou après son exécution :

Le voisinage d'un fleuve souvent impétueux, toujours exposé aux inondations, amène des accidents et des mécomptes.

L'histoire de la création des canaux italiens nous en offre plus d'un exemple, et cependant il serait difficile de désirer des ingénieurs plus habiles et plus expérimentés que ceux auxquels le Piémont et la Lombardie doivent le réseau de leurs irrigations.

Le *canal d'Ivrée*, ouvert en 1468 par Yolande de France, dut être abandonné en 1564, par suite de l'ensablement complet de son lit; il ne fut réouvert à nouveau qu'en 1651.

Le canal *del Rotto* (Piémont), commencé en 1400 par Jean de Monferrat, avait sa première prise d'eau à Saluggia; elle dut être remontée quelques kilomètres plus haut, sur le territoire de Mazze.

A peine le canal *du Naviglio-Grande* (Milanais) était-il commencé, vers 1177, qu'une crue extraordinaire du Tessin changea le lit du fleuve, ensabla l'entrée du canal, et occasionna des dépenses énormes. L'inondation de 1705 fut encore plus désastreuse; elle causa des dégâts estimés 300,000 fr, somme qui répondait à celle d'un million d'aujourd'hui. Mais il s'agissait du plus grand canal d'irrigation connu, et les entrepreneurs, n'étaient autres que les villes du Milanais; elles s'imposèrent une taxe, et le dommage fut réparé à l'avantage de tous et sans charges trop lourdes pour personne. Pense-t-on qu'une compagnie ou une association de communes rurales eussent été en position de parer à de pareils désastres? Non, elles auraient passé des années à discuter, à chercher des ressources : les dégâts seraient devenus plus considérables, et le canal aurait été probablement abandonné... nous n'en avons que trop d'exemples en France. Le canal de l'Ariége, celui de Saint-Martory, sont en suspens depuis 18 ans, faute de compagnie sérieuse; le canal de la Broquère est dans la même situation depuis 22 ans, celui de Lagouin entre dans la même phase.

C'est justement pour éviter ces retards, causés par le manque de ressources que nous voudrions voir les départements se charger de l'exécution des canaux de moyenne irrigation.

On ne manquera pas d'objecter à notre comparaison des routes avec les canaux, que les premières peuvent être faites aux frais du budget fourni par tout le monde, parce qu'elles sont à l'usage de tout le monde, qu'elles n'enrichissent personne en particulier, mais la population toute entière, tandis que les canaux sont principalement utiles à ceux dont ils améliorent les propriétés.

Mais qu'on y prenne garde ! la dépense dans laquelle nous voudrions engager les départements, n'est pas une dépense purement onéreuse. Les irrigations produisant une augmentation de revenus, il a toujours été reconnu que le propriétaire favorisé devait payer une redevance proportionnée aux bénéfices qu'il réalise.

Dans notre système, les départements se mettent à la place des entrepreneurs, ils vendent les eaux. Le Piémont et la Lombardie offrent, à cet égard, tout les exemples d'administration, de fermage qu'on puisse désirer ; plusieurs canaux de cette contrée appartiennent à des individus ou à des compagnies qui en cèdent l'eau aux propriétaires riverains. Mais les canaux de grande irrigation appartiennent à l'État, qui trouve dans leur exploitation une source de revenus considérables. L'opération est même si bonne, que le Piémont a racheté une foule de canaux qui formaient des propriétés particulières, afin d'augmenter cette branche du budget des recettes.

Le canal de Calusso, exécuté par Cossé-Brissac vers 1559, était devenu la propriété du seigneur de Mantoue, puis du comte de Valperga ; il fut racheté en 1746, par le gouvernement piémontais qui le paya 167,210 livres, prix calculé sur un revenu de 4 pour cent.

Il en a été ainsi des principaux canaux, dérivés de la Doire ; ajoutons que cette opération du gouvernement italien, est aussi favorable au trésor qu'à la bonne administration des canaux ; ils sont mieux entretenus, et fournissent aux propriétaires un volume d'eau plus régulier et plus abondant (1).

---

(1) La comptabilité du canal de *Caluso* donnera une idée du rapport du produit annuel d'un canal avec les frais d'entretien et les capitaux employés à son exécution.

Ce canal représente, en capital de terrain, d'ouvrage d'art et de terrasse-

L'adjudication des divers canaux royaux produisait 410,800 francs en 1837, elle s'élève aujourd'hui à près de 500,000, et l'on sait que les eaux d'irrigations se louent à des prix extrêmement bas, puisqu'ils varient de 1 fr. à 21.

Quand nous admirons ces beaux résultats économiques, n'oublions pas que les Piémontais et les Lombards possédèrent, à toutes les époques, des ingénieurs hydrauliques extrêmement habiles... Les ducs de Milan, les rois de Piémont, les Autrichiens eux-mêmes, se sont également préoccupés de cette question importante. Avant de créer des canaux, ils ont cherché à former un corps d'ingénieurs spéciaux ; et c'est là un point capital sur lequel nous voudrions appeler toute l'attention de l'administration française.

L'école Polytechnique donne assurément d'excellentes leçons scientifiques. Les hommes qui sortent de là, possèdent toutes les connaissances théoriques nécessaires aux diverses fonctions qu'ils doivent remplir comme ingénieurs des ponts et-chaussées, constructeurs de navires, ingénieurs des mines, artilleurs, ingénieurs militaires. Mais ils n'ont pas encore l'indispensable consécration de l'expérience ; la plupart vont chercher ce complément d'études dans les écoles pratiques des mines, de l'état-major, de l'artillerie.

Ne serait-il pas logique d'établir une école hydraulique d'application en faveur des ingénieurs qui sont destinés à exécuter les travaux les plus difficiles les plus chanceux de tous ? La force de la poudre et le tir du canon sont à peu près les mêmes dans tous les pays et en toute circonstance ; la surface du sol est également partout la même, pour l'officier d'état-major qui se borne à poser des camps, à construire des redoutes. Pour l'ingénieur hydraulique au contraire, les terrains changent de nature à chaque pas. Avant de tracer un canal, il doit faire l'étude la plus approfondie des couches de gravier et de sable, de calcaire et de marne, de roches compactes et de roches roulées ; il doit connaître à fond non-seulement la puissance de l'eau au point de vue théorique, mais toutes les combinaisons qui viennent en modifier ou augmenter la violence : chutes d'avalanches et fontes de neiges, entraî-

ments, 829,300 fr., somme qui produirait, à 4 p. ₀/₀, 33,168 fr. d'intérêt ; les frais annuels s'élèvent à 12,000 fr. Total : 45,168 fr. Le canal devrait, par conséquent, produire cette somme pour que l'État ne fut pas en perte..... Au lieu de cela, il procure, en concessions d'eau, 27,000 fr. ; en moulins, usines et arrosages du domaine royal de Mandria, 30,000 fr. Total : 57,000 fr.

nement des sables, des graviers, affouillements de terrain, etc.....
Cependant vous ne permettez pas à un élève de l'école polytechnique
de tirer un coup de canon avant de s'être exercé deux ans à Metz, et
vous laisserez son camarade entreprendre le canal le plus considérable, sans avoir remué une pelletée de terre, ou assisté aux caprices
d'une inondation ; vous permettrez qu'il s'expose à commettre des
erreurs graves, à dépenser inutilement des fonds considérables ?
Nous ne sommes pas les seuls à reconnaître cette lacune.

En 1847, quand on voulut entreprendre dans la Haute-Garonne le
canal de Saint-Martory, M. le Préfet dut avouer qu'on n'avait pu rien
commencer, à cause des difficultés qu'on éprouvait à trouver un
personnel d'ingénieurs capables.

Nous avons vu dans la même année le conseil général des Pyrénées-Orientales demander la création d'une école générale d'irrigation, dont le siége serait fixé dans ce département.

Il serait plus avantageux peut-être d'envoyer les élèves de cette
école, dont nous réclamons aussi la prompte organisation, compléter
leurs études dans le Piémont et dans la Lombardie.

Le gouvernement français entretient à Athènes et à Rome une école
des Beaux-Arts, institution qui obtient toutes nos sympathies assurément, car elle est digne du culte que toute grande nation doit
consacrer aux plus nobles manifestations de l'intelligence ; mais
école incontestablement inférieure en utilité à celle qui nous occupe
puisqu'elle serait appelée à augmenter, dans une mesure notable, la
richesse agricole, fondement de toute prospérité, de toute grandeur
nationale.

Après avoir émis ce vœu, revenons à l'exécution des canaux...
dans notre système, l'administration départementale devrait donc
prendre à sa charge, la confection des canaux de moyenne irrigation
toutes les fois qu'il ne se présenterait pas des entrepreneurs ou des
compagnies offrant toutes les garanties désirables ; nous préférons
même l'entreprise départementale, à l'entreprise directe de l'État,
pour des raisons que nous allons faire connaître.

Le conseil général, le préfet et les administrations départementales,
étant sur les lieux, sont incontestablement plus à même que l'administration supérieure, d'apprécier les besoins des localités, la meilleure direction à donner aux canaux ; de se rendre compte des difficultés de l'exécution et des dépenses qu'elle doit occasionner les
travaux une fois terminés. Il en est de même de la surveillance à

exercer, des baux à ferme à passer, etc. Ces entreprises toutes locales rentrent d'ailleurs, de la manière la plus logique, dans la classe des affaires qu'une sage décentralisation doit confier à l'administration départementale. On ne saurait raisonnablement exiger que l'État entre dans les détails infinis de ces sortes d'opérations... Le département, d'ailleurs, aurait des moyens d'alléger ses charges, que l'administration supérieure ne saurait employer : il pourrait, dans l'exécution des canaux, combiner certaines prestations en nature, avec l'affectation de centimes additionels. Le travail achevé, s'il y avait bénéfice sur la vente des eaux, ce bénéfice augmenterait son budget des recettes.

Dans toute hypothèse, le grand avantage de l'exécution des canaux par les départements, sur leur exécution par les compagnies et même par l'État, c'est d'éviter l'épuisement des ressources et l'abandon des entreprises commencées. Si les compagnies sont exposées à voir les cas imprévus absorber prématurément tous leurs fonds, le gouvernement lui-même, peut être contraint par des nécessités supérieures, tels que troubles politiques, guerres, famines, crises commerciales, à détourner les crédits des travaux publics pour leurs donner une destination plus urgente :

Appuyons nos considérations sur des chiffres.

Le canal de Labroquère devait coûter 200,000 fr., et irriguer 1,500 hectares au moins, et peut-être 2,000, c'était donc une augmentation certaine de revenu territorial de 75,000 fr., nous prenons la moyenne déjà posée de 50 fr. par hectare. Le malheureux entrepreneur se ruine et le travail est abandonné... Supposons que le département eût été chargé de l'entreprise, les premiers 200,000 fr. étant épuisés, il faisait un emprunt de la même somme, et avec 400,000 fr. il procurait une augmentation de revenu de 75,000 à la plaine de Valentinie. Or, en vendant les eaux à 25 fr. par hectare seulement, il s'assurait un revenu de 37,500 qui lui permettait de servir l'intérêt de 400,000 fr. soit 20,000 fr.; restait 17,500 pour amortir le capital; et certes dans une semblable position il aurait trouvé de nombreuses compagnies qui lui auraient remboursé les 400,000 fr. pour se substituer à tous ces droits. Les propriétaires eux-mêmes, n'auraient pas manqué de racheter leur redevance de 37,500, en remboursant les 400,000 à bref délai.

Que serait-il arrivé ? C'est que le canal terminé il y a vingt ans, aurait donné dans cette période de temps au département entrepreneur, le capital de 400,000 une fois remboursé, 350,000 de bénéfice net, et aux propriétaires utilisant les eaux, 1,500,000 fr.

En présence des pertes incalculables qu'amènent l'inexécution des canaux pas les entrepreneurs, et la lenteur de leur achèvement par l'État, nous dirons aux départements : hâtez-vous de prendre en main la direction de la plus belle, de la plus productive des entreprises, de celle qui vous intéresse le plus directement et qui rentre le mieux dans l'esprit de la décentralisation. L'État ne demandera pas mieux que de vous laisser tous les soins de ces sortes d'opérations.

Département de la Haute-Garonne, chargez-vous de l'achèvement du canal de Labroquère qui doit doubler les revenus de la plaine de Valentinie :

Département des Basses-Pyrénées, chargez-vous de terminer le canal de Lagouin, sauf à rembourser aux communes à mesure qu'il produira du revenu, les 193,000 fr. qu'elles y ont dépensé. Qu'il en soit de même du canal de Lorbieu (Aude), de celui de Varilles (Ariége), de ceux d'Acous et de Précillon, d'Artix et de Louvie-Juzon (Basses-Pyrénées).

IX

DE L'EXÉCUTION DES TRAVAUX DE GRANDE IRRIGATION

Puisque nous trouvons de si grands avantages à confier l'exécution des canaux de moyenne irrigation à l'administration départementale, pourquoi n'étendrait-on pas ce système à ceux de grande irrigation ?

On rencontrerait sur ce point des embarras faciles à comprendre.

Les canaux de grande irrigation traversent plusieurs départements ; il serait extrêmement difficile, pour ne pas dire impossible, dans l'état de notre législation, d'engager deux, trois départements dans la confection et l'exploitation en commun du même canal... qu'en résulterait-il ?... d'abord lenteur extrême à faire approuver un plan par trois Conseils généraux, lenteur plus grande encore à les mettre d'accord sur la part de dépenses afférentes à chacun d'eux, sur la surveillance à exercer, sur la distribution des eaux, sur les réparations à faire, etc... ce serait retomber dans tous les inconvénients des syndicats de communes, considérablement aggravés !

L'État chargé de l'administration générale, propriétaire d'ailleurs des cours d'eau navigables et flottables qui doivent alimenter les grands canaux peut seul, par le vote d'une loi, disposer de ces eaux, arrêter la direction du canal pour le plus grand bénéfice des départements traversés ; il doit les consulter assurément ; mais sans faire dépendre l'entreprise des objections et des oppositions diverses qu'elle pourrait rencontrer ; son devoir est de conserver la haute direction des canaux de grande irrigation, comme celle des routes impériales et des chemins de fer.

Nous ne pousserons pas les conséquences de ce principe, jusqu'à combattre toute participation des départements à la dépense ; nous approuvons au contraire toute combinaison qui les appellerait à prendre à leur charge une partie du canal qui les intéresserait.

Examinons les projets de canaux de grande irrigation qui ont été conçus dans ces derniers temps, et suivons les péripéties qu'ils ont traversées.

Une des artères les plus intéressantes de la troisième zone est celle de la basse Ariége.

Dès la création du service hydraulique en 1850, M. Raynal, ingénieur en chef de la Haute-Garonne, de l'Ariége et du Tarn, avait étudié l'irrigation de la plaine de l'Ariége, entre Saverdun et Pinsaguel. Le canal qu'il projetait de creuser, devait arroser 10,000 hectares avec une prise d'eau de 5 mètres établie à Saverdun ; le canal principal avait 35 kilomètres de développement, il alimentait 21 rigoles secondaires et traversait 13 communes. La dépense était portée à 600,000 fr., pour le canal, à 570,000 fr. pour les rigoles ; la plus value des terres devait être de 1,500 fr. par hectare et l'augmentation de la valeur du sol de 12 millions pour l'Ariége, et de 6 millions pour la Haute-Garonne.

Dans son rapport de 1851, M. le Préfet de Toulouse proposait de laisser le canal principal à la charge de l'Etat, attendu qu'en faisant passer toutes les terres au premier degré, l'irrigation amènerait une élévation dans l'impôt et dans les frais de mutations qui compenserait les sacrifices du trésor.

Le projet fut très-favorablement accueilli dans la Haute-Garonne. Le Conseil général pensait même que ce canal devait avoir la priorité sur celui de Saint-Martory, vu qu'il n'offrait ni les mêmes dépenses, ni les mêmes difficultés d'exécution. Le canal de Saint-Martory, en effet, ne commençait à arroser les terres qu'à 7 ou 8 kilomètres en aval de la prise d'eau... le canal de Saverdun, au contraire, fonctionnait dès le premier kilomètre.

Cependant des préjugés populaires ne tardèrent pas à mettre des entraves à son exécution, on prétendait que les irrigations produisaient des brouillards et une humidité préjudiciables à la santé publique. D'un autre côté, la décision du Conseil d'Etat se faisait attendre. MM. d'Espaignol, Marseille et Espinasse, gérants de la banque de report, à Toulouse, avaient demandé la concession de ce canal, en 1856, et ouvert parmi les riverains les cahiers de souscription et d'abonnement à l'arrosage; mais M. le Ministre de l'Agriculture suspendait toute solution, jusqu'à plus ample information. Voici d'ailleurs quelles étaient les conditions, que M. l'ingénieur en chef proposait d'offrir aux concessionnaires : 1° concession faite de gré à gré; 2° canal principal construit par l'Etat et cédé à la compagnie, sans garantie d'intérêt, ou bien en lui accordant une subvention de 500,000 fr. et en lui assurant un minimum d'intérêt de 4 p. 100 pour vingt ans; 3° tous les travaux seraient exécutés par la compagnie, de manière à conduire l'eau à l'entrée de chaque parcelle ; elle recevrait une redevance annuelle de 30 fr. par hectare; le rachat ne pourrait avoir lieu qu'après 30 ans.

Le projet fut enfin soumis à une enquête ; mais il y eut de nouveaux retards; en 1862, M. le Préfet rappelait avec regret que « des hésitations fâcheuses avaient arrêté l'essor des souscriptions. » Il en était réduit à former des vœux, « pour que la vérité parvînt à se faire jour, même aux yeux des plus incrédules, et que ce beau projet devînt enfin une réalité (1). »

Le gouvernement de Louis-Philippe avait prévu les obstacles que rencontrerait l'application sur une grande échelle de la loi de 1845, et les difficultés qu'il y aurait à trouver des compagnies assez fortes pour triompher de la disposition des lieux. Dans cet état de choses il résolut de donner un grand encouragement, un grand exemple : il présenta la loi du 31 mai 1846, qui devait lui permettre d'entreprendre directement l'exécution de vastes canaux destinés à l'arrosage de plus de 200,000 hectares.

Bien que ce projet ait reçu depuis lors des modifications fondamentales, son importance primitive nous engage à reproduire ici les

(1) Rapports de MM. les Préfets de la Haute-Garonne, de 1847 à 1862.

considérations qui furent invoquées à son appui, par **M. Coste**, rapporteur de la Chambre des Pairs, dans la séance du 24 avril 1846.

« La distribution des eaux de la Neste, disait-il, est basée sur un principe, jusqu'à présent rarement appliqué en France. Ce principe consiste à faire servir le superflu de la saison pluviale, aux besoins de la saison sèche ; on se propose ce résultat dans l'intérêt du commerce, de l'agriculture et de l'industrie ; on l'obtient en emmagasinant dans de vastes réservoirs, les eaux, qui, lors des pluies ou de la fonte des neiges, excèdent les besoins des contrées qu'elles parcourent.

« Les eaux qui s'écoulent aujourd'hui, non-seulement toujours inutiles, mais souvent dévastatrices, sont employées à l'alimentation de voies navigables, qui seraient impossibles sans elles, à l'irrigation des terres que dessèche un soleil ardent, à la création de forces motrices puissantes.

« La Neste se forme de torrents qoi descendent des Pyrénées centrales, alimentés par les glaciers qui couronnent les cîmes les plus élevées. Ces torrents sont toujours abondamment pourvus d'eau ; leur abondance est à leur maximum au moment où les chaleurs dessèchent le plus la terre, ces mêmes chaleurs activant la fonte des neiges.

« La Neste est le principal affluent de la Garonne, et plus considérable que la Garonne elle-même au point où elles se réunissent.

Le régime de cette rivière peut se diviser ainsi qu'il suit, 105 jours d'étiage, 115 jours d'eaux moyennes, 145 jours de fortes eaux :

« Son débit varie pendant l'étiage de 10 à 20 mètres cubes par seconde, pendant les eaux moyennes de 20 à 50 mètres, pendant les grosses eaux, de 50 à 80. Ce qui donne un débit moyen de 41 mètres 16 cent. et par jour une masse de 1,298,160 mètres.

« Les trois quarts de ces eaux s'écoulent sans profit pour personne ; et ce ne sont pas les seules ressources dont on puisse disposer.

« A gauche l'Arros et l'Adour, à droite la Garonne, le Salat et plus bas l'Ariége, offrent aussi un énorme volume d'eaux surabondantes, que l'on réunirait aisément à celles de la Neste.

« C'est le plateau de l'Annemczan qui deviendra le centre de la distribution :

« Situé au pied des Pyrénées, entre les deux principaux bassins, l'Adour et la Garonne ; dominé vers le sud par le bassin supérieur de la Neste, il s'approvisionera du trop plein de cette rivière, par une rigole de dérivation qui partira de Sarrancolin.

« Du côté du nord, le plateau de l'Annemezan domine une vaste contrée qui s'étend des rives de la Garonne, à celles de l'Adour ; il peut lui rendre les eaux qu'il aura reçues, en les distribuant dans les nombreux cours d'eau, dont il est lui-même l'origine commune.

« On se fera une idée assez exacte de la forme qu'affecte le plateau, si l'on considère l'avant-bras, un peu relevé vers le coude, comme représentant le contre-fort qui le relie à la chaîne des Pyrénées, la paume de la main sera le plateau de l'Annemezan, les doigts écartés seront les nombreuses ramifications qui s'en détachent ; entre ces ramifications, naissent les vallées qu'il s'agit d'alimenter, et les nombreux cours d'eau qui, à cette heure, sont si souvent à sec. La convergence de toutes ces vallées, de tous ces ruisseaux, vers un même point est une disposition peut-être unique : c'est à elle qu'est due la pensée du projet en discussion... On veut s'en servir pour alimenter :

1° Un canal de navigation et d'irrigation qui sera ouvert entre Saint-Martory et Toulouse, à travers des plaines qui bordent la rive gauche de la Garonne.

2° Le Gers que l'on canalisera depuis son embouchure jusqu'à Auch.

3° La Baïse, dans laquelle on continuera jusqu'à Mirande la navigation arrêtée actuellement à Condom.

« La base commune de ces opérations est la construction dans la montagne de deux vastes réservoirs, pour recueillir les eaux l'un à Oredon, l'autre à l'Annemezan.

« Le premier sera établi sur le lac du même nom, alimenté par les glaciers permanents, entouré de montagnes granitiques, qui forment un cirque, et ne laissent à l'eau qu'une étroite crevasse pour s'écouler ; ce lac n'exige pour être converti en réservoir qu'une digue qui ferme la crevasse, jusqu'à une certaine hauteur ; cette digue est d'autant plus facile à faire, que les matériaux abondent et que les montagnes qui lui serviront de culée sont d'une résistance sans borne. Le relevement des eaux dans le lac, sera de 30 mètres, ce qui produira une réserve de 11 millions de mètres cubes (1). »

____

(1) Ces espérances étaient pleinement justifiées par les bassins artificiels qui alimentent le canal du Languedoc.

Cette eau devait s'écouler dans la Neste, puis par la rigole de Sarancolin vers le plateau de l'Annemezan. « Le réservoir de l'Annemezan en contiendra 17 millions. La rigole dérivée de la Neste qui les lui conduira, sera ouverte sur une assez large section pour donner un jour satisfaction à toutes les contrées qui auront à réclamer une part des eaux des Pyrénées : le débit moyen sera de 15 mètres cubes par seconde : il pourra être porté à 22, en faisant couler la rigole à plein bord.

« Si les besoins du pays l'exigent, on formera aisément de semblables réserves sur le cours supérieur de la Neste et de ses affluents. Des études ont été faites pour reconnaître les lieux où ces ouvrages pourraient être placés; on a trouvé plusieurs points très-favorables; avec 3 millions, sur un seul point, à Genos, on emmagasinerait 30 millions de mètres cubes.

« Pour le moment on se contente, comme nous l'avons vu, de s'assurer un secours de 28 millions de mètres, qui seront distribués au canal (de Saint-Martory), au Gers et à la Baïse, pendant l'étiage; hors de l'étiage, la Neste sera plus que suffisante avec ses seules ressources. Le Gers et la Baïse prennent leur source au plateau de Lannemezan, rien n'est si aisé que leur approvisionnement. Le canal recevra le Sien par la petite rivière de la Louge, qui naît à quelques kilomètres du plateau, et qui lui sera unie par une rigole.

« La construction des réservoirs et de la rigole de dérivation des eaux de la Neste coûtera 6 millions, celle du canal de Saint-Martory à Toulouse 12 millions, la canalisation du Gers 3,400,000, la canalisation de la Baïse 3,400,000, l'amélioration de la Baïse de Nérac à la Garonne 1,200,000. L'ensemble des travaux de la distribution des eaux de la Neste, 26 millions.

« Avec 26 millions ont créé plus de 220 kilomètres de communication par eau, et l'on prépare l'arrosage de quelques milliers d'hectares dans la vallée de la Baïse, d'autant dans celle du Gers, et d'une région presque illimitée dans la Haute-Garonne. Il nous a été démontré que des nivellements très-exacts constatent la possibilité

Le bassin de Lanpy est de 27 hectares 50 ares de surface, et contient 1,672,823 mètres cubes d'eau.

Celui de Saint-Ferréol, contigu aux trois départements de la Haute-Garonne, du Tarn et de l'Aude, a 72 hectares de surface, et renferme 6,374,703 mètres cubes d'eau..... En 1861, leur remplissage complet s'opéra facilement malgré une extrême sécheresse.

pour près de 30,000 hectares de recevoir l'eau du canal de Saint-Martory, seulement à moins d'en accroître notablement le débit, et par conséquent de bâtir de nouveaux réservoirs dans la montagne, il n'y aura d'eau que pour le tiers de cette superficie; nous croyons, au reste, que nulle part, dès que l'on atteint la plaine, la proportion entre les cultures qui ont besoin d'arrosage et celles qui se passent de ce secours ne dépasse cette limite, et nous sommes disposés à penser que l'accroissement de valeur que recueillera 1 hectare de terre par l'irrigation, ne saurait être compté à moins de 2,000 fr.; ainsi nous tenons pour constant que la richesse créée par les travaux projetés peut être, sans difficulté, portée à 30,000,000.

« Une partie des membres de la commission se demandait s'il était bien juste que le gouvernement intervînt ainsi directement dans l'accroissement des fortunes privées; à son avis, cela dépassait de beaucoup les encouragements que toute entreprise d'une utilité certaine mais restreinte a droit d'obtenir de lui. On contestait l'assertion contenue dans l'exposé des motifs, qu'il était nécessaire que le gouvernement fournît un grand exemple en fait d'irrigation; on avait connaissance de plusieurs grandes entreprises de cette nature, tentées avec succès, et de plusieurs autres poursuivies en ce moment sans subvention de l'État. On citait l'exemple du département de Vaucluse, celui de la ville de Marseille qui dépensait plus de 20 millions pour amener sur son territoire les eaux de la Durance (1). La concession toute récente de la branche septentrionale du canal des Alpines ; la concession plus récente encore du canal de Peyrolles, l'une et l'autre moyennant une taxe modérée à payer aux concessionnaires par les arrosants. L'un des membres rappelait le canal de Pierrelate sollicitant en vain un faible secours du trésor public ; un autre communiquait une délibération du conseil général de la Drôme recommandant instamment à M. le Ministre des Travaux publics, le projet du canal de la Bourne qui devait arroser une région de 14,000 hectares.

On s'étonnait enfin que les corps électifs du département de la Haute-Garonne et de la ville de Toulouse, n'offrissent pas un concours énergique en deniers pour des travaux dont ils attendaient de si grands avantages ; l'on demandait si ce n'était pas le cas d'appli-

(1) On sait que l'État ne tarda pas à fournir à la ville de Marseille des subventions considérables pour achever son canal.

quer la loi du 16 septembre 1807 qui réclame une contribution des localités, quand les travaux d'utilité publique doivent leur assurer des avantages de nature à se traduire en argent ; d'autres membres de la commission qui admettaient le principe du projet pensaient qu'il était incomplet ; « ils lui reprochaient d'oublier le bassin de l'Adour. Au point de vue de la fertilisation du pays, comme sous celui de la navigation ; l'Arros et l'Adour avaient, à leur sens, une tout autre importance que le Gers et la Baïse. »

A toutes ces objections il fut répondu « que les contradicteurs du projet tombaient dans une grande erreur. S'ils pensaient que l'eau dût être délivrée gratuitement aux riverains du canal, que l'intention du gouvernement était d'arrêter un tarif aussi rémunérateur que possible, et en proportion avec l'accroissement de valeur qu'il allait créer pour la propriété. »

Quant à l'Adour, poursuivit le rapporteur, « une fois le bassin de l'Annemezan créé, ce château d'eau construit, il suffira d'en élever un autre plus haut à Genos pour se créer une nouvelle réserve de 60 millions de mètres cubes, avec lesquels on sera en mesure de traiter l'Adour et l'Arros aussi libéralement que la Garonne, le Gers et la Baise. »

La Commission adopta donc les projets du gouvernement.

Elle mit seulement trois conditions à son adhésion :

«1° Que le gouvernement entrerait résolument dans l'esprit de l'article 15 relatif au profit à tirer des eaux consacrées à l'irrigation ; qu'il exigerait un prix en proportion avec le service rendu à la propriété ;

« 2° Qu'il se bornerait strictement à la construction du canal de Saint-Martory, et que tous les ouvrages secondaires pour la distribution et l'usage des eaux resteraient, en entier, à la charge des propriétaires ou des localités.

« 3° Que le ministère préparerait l'instruction des travaux sur l'Arros et sur l'Adour qui devaient placer les Hautes-Pyrénées et les Landes sur le même pied que la Haute-Garonne et le Gers.

Tel était le projet du gouvernement en 1846... Malheureusement jamais entreprises n'a subi plus de péripéties, et ne fit éprouver de plus cruels mécomptes aux populations qui en attendaient la réalisation. Examinons d'abord ce qu'est devenue la question du canal de Saint-Martory : l'origine de ce projet remontait à 1818. M. Mescur de Lasplanes proposait alors l'exécution d'un simple canal d'irrigation qui fertiliserait 60,000 hectares, entre Saint-Martory et Grenade ;

nous venons de voir que M. Montel avait considérablement modifié ce projet; il avait donné au canal un double but, celui de la canalisation, celui de l'irrigation, et comme il le dirigeait vers Toulouse au lieu de le pousser jusqu'à Grenade, il réduisait le périmètre de l'arrosage de 60,000 hectares à 30,000.

Le gouvernement essaya de mettre la main à l'œuvre dès 1847; mais M. le Préfet de la Haute-Garonne dut avouer avec regret au conseil général que la difficulté de faire approuver les premiers projets par le Conseil général des ponts-et-chaussées, les entraves et les formalités amenées par l'acquisition des terrains avaient singulièrement retardé la marche des formalités préliminaires. On commençait toutefois à poser les fondations du barrage de dérivation à Saint-Martory, et celles d'un pont aqueduc sur la Louge à l'Avernose. Les plans et les devis étaient d'ailleurs complets pour la traverse de plusieurs communes.

Un million avait été dépense au canal de Saint-Martory et à la dérivation des eaux de la Neste, lorsque la révolution de 1848 arrêta toute allocation de nouveaux crédits. Ce fut en vain que le conseil de la Haute-Garonne réclama la reprise des travaux dans les sessions de 1849, 1850, 1851. Ils restèrent suspendus.

Le projet lui-même subit une transformation complète en 1853. Le succès des chemins de fer enlevait aux canaux de navigation leur primitive importance..... Le gouvernement eut le bon esprit de retirer au canal de Saint-Martory son caractère commercial, pour lui donner une plus grande importance agricole ; il revint au projet de 1848 et destina le canal à arroser 60,000 hectares : les propriétaires devaient payer l'eau de 20 à 30 fr. par hectare dans les vallées de la Garonne, de la Louge, du Touch, de l'Aussonnelle, et de la Save. Déjà 200,000 francs avaient été employés à la prise d'eau de Saint-Martory, les plans et les devis étaient prêts pour une partie du canal et permettaient qu'on se mît de suite à l'œuvre ; l'Assemblée législative vota la somme de 100,000 fr.

« Il est acquis par une suite d'observations qui se poursuivent encore, disait le rapporteur du conseil général de la Haute-Garonne de 1853, que l'on peut emprunter à la Garonne à Saint-Martory, pendant huit à neuf mois de l'année, un volume *de 15 a 20 mètres cubes par seconde et en disposer entièrement sans nuire au service des usines;* or, ce volume suffit pour l'irrigation continue de 30 à 40 mille hectares. Quant aux temps d'étiage, le volume d'eau roulé à Saint-Martory paraît être compris entre 22 et 32 mètres cubes ; c'est-à-dire à peu près la moitié des eaux que donne la Garonne à Toulouse, pendant la même époque. Il semble donc établi que, dans la zone parcourue par le canal de Saint-Martory à Grenade, toutes les terres susceptibles de recevoir les avantages de l'irrigation pourront en profiter. »

L'année suivante (1854), une compagnie demanda la concession du canal, et le Conseil général pressa vivement l'administration supérieure de hâter, autant que possible, l'exécution d'un travail qui devait doubler la production agricole du département; mais la question devait rester en suspend pendant bien des années encore.

En attendant, que se passait-il dans les départements des Hautes-Pyrénées et du Gers au sujet de la dérivation des eaux de la Neste ?

M. Colomès de Juillan, ingénieur en chef des Hautes-Pyrénées, avait fait subir à cette partie de la loi de 1846, des modifications analogues à celles qu'on avait apportées, dans la Haute-Garonne, au canal de Saint-Martory.

« Quant au bassin du plateau de l'Annemezan, auquel nous sommes si directement intéressés, disait M. le Préfet du Gers dans la cession de 1850, p. 277, M. Colomès nous fait connaître, dans son rapport très-lumineux, une modification apportée au premier plan, qui permettrait de l'entreprendre sur des bases moins colossales, et par conséquent, d'éviter une partie de la dépense prévue d'abord... La Neste serait appelée à ne fournir que deux mètres cubes par seconde à la Save, au Gers et à la Baïre, et un mètre seulement aux irrigations du plateau de l'Annemezan et aux déperditions diverses. Ces travaux seraient exécutés cependant de manière à pouvoir recevoir plus tard tous les développements du projet primitif. *Cette diminution de dépense a été favorablement accueillie par le Conseil général des Ponts-et-Chaussées,* elle va être soumise à des enquêtes sur tous les points intéressés ; espérons que cette simplification engagera le gouvernement à hâter l'exécution d'une entreprise dont nous devons nécessairement retirer de grands résultats. »

Il faut bien le reconnaître, M. Montet avait effrayé les riverains de la Neste en les menaçant de leur enlever de 15 à 22 mètres cubes d'eau ; M. Colomès essaye de les tranquilliser en réduisant cette quantité d'eau à 3 mètres qui doivent être immédiatement pris dans la Neste, et non point dans les réservoirs dont la création est renvoyée à une époque indéterminée.

Or, la Neste était parfaitement en mesure de fournir cette quantité restreinte d'eau; car nous avons vu dans le rapport de la Chambre des Pairs du 24 avril 1846, que le débit de cette rivière variait pendant l'étiage de 10 à 20 mètres cubes par seconde, pendant les eaux moyennes, de 20 à 50, pendant les grosses eaux, de 50 à 80 ; ce qui donne un débit moyen de 41 mètres 16 centimètres par seconde. »

En prenant 3 mètres cubes par la rigole de dérivation, pendant l'été, M. Colomès en laissait donc de 7 à 17, ce qui formait un contingent assez convenable pour les riverains de ce cours d'eau. Cette première dérivation de 3 mètres cubes devait coûter de 8 à 900,000 francs, le débit pouvait être élevé à 21 mètres, moyennant une seconde dépense de 800,000 ; M. Colomés prenait l'eau nécessaire à ces 18 mètres cubes nouveaux dans les lacs supérieurs de la vallée d'Aure au moyen de leur décantation par un siphon (1).

Il s'agissait donc, pour rendre les travaux de dérivation complets, d'une dépense d'environ 2 millions, telle d'ailleurs que M. le Ministre des Travaux publics l'avait fixée en 1851 ; or, d'après le rapport fait à la Chambre des Pairs, en 1846, le projet primitif de M. Montet, les réservoirs compris, s'élevait à 6 millions. M. Colomès de Juillan ne pouvait donc espérer faire avec deux, ce qui avait été porté à six. Par conséquent, il ne pouvait être question de la création de réservoirs dans son système.

Malgré cette réduction du premier projet, les eaux provenant de la dérivation de la Neste devaient, d'après le rapport de M. le Préfet du Gers en 1850, arroser environ 10,000 hectares et étaient destinées à

---

(1) Nous venons de voir que le Conseil supérieur des Ponts-et-Chaussées avait donné, en 1849, son approbation à ce nouveau projet de M. Colomès de Juillan.

Cet ingénieur se mit à l'œuvre, et dans son rapport de 1858, il rendait compte en ses termes des travaux exécutés :

La dépense totale autorisée jusqu'à ce jour est de. . . . . .   1,132 576 fr.
Les travaux exécutés s'élèvent à. . . . . ,   854 792
Il ne reste plus à dépenser que. 277 784

La dépense faite en 1857 est de 320,160 fr., les 9/10e des terrassements, et le 2/7e des ouvrages d'art sont achevés.

Les études relatives à l'établissement des rigoles de distribution des eaux sont terminées dans le bassin du Gers et fort avancées dans le bassin de la Baïse.

La dépense que les rigoles nécessiteront n'est pas encore connue. Néanmoins, elle n'atteindra pas le chiffre de dérivation actuellement en cours d'exécution.

amener dans le revenu public une augmentation de 6,600,000 francs au moins. » (Rapport, p. 232.)

En 1859, les espérances données par M. l'Ingénieur en chef des Hautes-Pyrénées étaient si grandioses, que le Conseil général du Gers crut nécessaire de modérer le zèle excessif de ce fonctionnaire, au sujet des irrigations dont il voulait couvrir la plus grande partie du département; c'est ce qui résulte d'un rapport de la troisième commission et du débat auquel il donna lieu (1).

M. le Préfet du Gers approuvait pleinement la manière de voir de la commission, car, dans son rapport de 1860, il cherchait à modérer à son tour l'ardeur du service hydraulique; il l'engageait à ne pas consacrer toute l'eau provenant de la Neste à l'irrigation, «mais à la verser immédiatement dans les deux Baïses, le Gers et la Save, afin de donner

---

(1) M. l'Ingénieur hydraulique avait envoyé des agents étudier les hautes vallées du Gers et des Baïses, afin de préparer les nivellements et la direction des canaux d'irrigation; ces agents n'avaient pas reçu d'instructions bien précises; toute latitude leur était laissée dans ce travail. Ils en profitaient pour étendre les irrigations jusque sur les coteaux. Or, les proportions de ces projets s'éloignaient de toutes les prévisions antérieures; le Conseil général du Gers craignait que l'étude et le tracé de ce système général de canaux d'irrigation n'occupât MM. les Ingénieurs pendant des années, et que l'introduction des eaux de la Neste dans les cours d'eau naturels, n'en fût considérablement retardée; le Conseil éprouvait même une autre crainte.

« La loi de 1846, disait le rapporteur, avait pour but de donner de l'eau au département du Gers dans toute son étendue, et de fournir à la canalisation de la Baïse, même à celle du Gers qui n'était pas abandonnée. Eh bien, Messieurs, si les hautes vallées de nos rivières sont arrosées dans toute leur largeur, les mètres cubes d'eau que l'on doit prendre à la Neste seront complétement absorbés avant d'arriver à Seissan et à l'Isle-de-Noé. Toute la partie du centre et du Nord du département sera, par conséquent, privée des bienfaits de la distribution de ces eaux si impatiemment attendues.

« Les considérations les plus puissantes vous engagent donc à signaler les dangers des projets d'irrigation trop étendus. Ces projets étaient dignes, nous le reconnaissons, de séduire MM. les Ingénieurs; mais comme tout se rédui pour nous à une question d'application réalisable, nous devons chercher à ramener la dérivation des eaux de la Neste à sa simplicité primitive, c'est-à-dire à la distribution de ses eaux dans les deux Baïses, la Save et le Gers.

Le Conseil général approuva ces considérations et réclama l'introduction immédiate de l'eau de la Neste dans le lit des rivières où l'industrie privée pourrait la prendre à l'aide de bâtardeaux et de rigoles, en attendant que les canaux d'un intérêt plus général fussent exécutés.

au département un volume d'eau qu'il attend depuis longues années et que les intérêts de l'hygiène réclament aussi impérieusement que ceux de l'agriculture et de l'industrie; sauf à donner plus tard, au fur et à mesure que l'expérience aura fourni des résultats et que le volume d'eau disponible sera augmenté, toute l'extension possible aux irrigations dans les terres en pente des vallées des deux Baïses, du Gers, de la Save et de la Gimone.

M. le Préfet pensait d'ailleurs, que cette question était à la veille de recevoir *une solution*. M. l'Ingénieur en chef Colomès de Juillan avait présenté, dans les premiers jours d'août, l'avant-projet à exécuter. Il résultait de ce travail *qu'au premier moment, le débit des eaux de la Neste serait égal à sept mètres cubes par seconde*, et que, dans son plus grand développement, il pourrait être porté à 14 (1). »

(1) Il est curieux de lire les détails précis dans lesquels M. l'Ingénieur en chef croit devoir entrer... Rien n'est plus propre à prouver combien il se croyait sûr de donner au premier moment aux vallées du Gers la quantité d'eau déjà mentionnée.

« Chacun de ces 14 mètres cubes dérivés ne doit pas fournir un arrosement suffisant à plus de 1,500 hectares ; mais on peut compter que le 1/3 seulement de la surface arrosable sera, dans un bon aménagement agricole, livré, chaque année, à l'irrigation et que, dès lors, chaque mètre cube débité suffira à l'arrosement de 4,500 hectares.

« Dans les cinq vallées du Gers, des trois Baïses et du Boués, et là seulement, se trouvent de vastes revers propres aux grandes irrigations, les terrains plats et à pente douce ne forment, sur les crêtes et les revers, que 44,000 hectares et n'exigent, pour être arrosés, qu'un débit de 10 mètres cubes par seconde.

« Les quatre autres mètres cubes par seconde recevront une autre destination très-utile.

M. Colomès de Juillan constate « que les cruelles sécheresses auxquelles nos contrées sont en proie, chaque année, leur enlèvent à la fois, dans la chaude saison, l'eau des puits et des sources, et, par suite, tout courant dans les ruisseaux ; qu'en même temps, les moulins établis sur les cours d'eau sont réduits à un chômage absolu. Il faut alors recourir aux moulins à vent dont l'insuffisance oblige presque toujours les propriétaires à transporter leurs grains à des grandes distances pour les faire moudre sur les cours d'eau dotés d'une puissance motrice infaillible.

« Assurer la pérennité du courant dans les bassins des trois Baïses, du Gers, du Boués, de la Gimone, de la Gesse et de la Save, ce serait rendre d'importants services, soit à la salubrité publique, soit à l'hygiène et à l'industrie domestique, alors même que les eaux ne pourraient être utilisées pour l'irrigation.

« Trois mètres cubes par seconde suffiraient pour arriver à ce résultat.

En attendant, on allait immédiatement procurer au département du Gers un débit de 4 mètres cubes, et pour preuve voici la distribution qu'en faisait M. Colomès, et que confirmait un arrêté ministériel en 1861 ;

Save proprement dite. . . . . . 500 litres.	}	
Gesse, son affluent. 500	} 1,000 litres.	
Gimone.	500	
Gers.	1,000	
Baïse d'avant. . . . . 400 litres.	}	
Baïsolle. 400	} 1,200	
Baïse-Darré 400	}	
Boués	300	
Total.	4,000	

Les autres 3,000 litres du premier débit qui allait être dérivé et les sept autres que promettait l'avenir, seraient réservés pour l'irrigation. Il restait donc bien clairement établi en 1860 qu'on allait *recevoir immédiatement* 4 mètres cubes d'eau, pour la saison caniculaire sans préjudice *des dix autres qui arriveraient dans un avenir plus éloigné.* Et ces dix autres proviendraient probablement des réservoirs qu'on se proposait de créer (1).

Mais hélas, le rapport de M. Colomès de 1860, et le règlement mi-

Si l'on dotait également les huit bassins abordables par les eaux de la Neste, chacun prendrait sur ces trois mètres cubes 375 litres par seconde. La question de salubrité et d'hygiène serait assurément satisfaite avec un écoulement moins abondant; mais pour calmer toutes les souffrances domestiques, il faut aussi épargner aux populations les déplacements auxquels les condamne aujourd'hui le chômage des moulins. On obtient ce résultat en donnant aux moulins établis sur les lits-mère une force motrice suffisante en toute saison. Or, avec les chutes réalisées d'ordinaire dans les moulins de la Gascogne, le débit de 375 litres suffit au mouvement permanent des usines. »

« Voilà l'emploi le plus utile qu'il est possible de donner à trois des quatres mètres cubes par seconde qui resteraient après une convenable satisfaction d'arrosage donnée à toute la superficie irrigable. »

(1) Comment douter de cette solution ? Le rapport de M. le Préfet des Hautes-Pyrénées était d'accord à cet égard avec celui du Gers ; il assurait que 1,247,580 fr. avaient été dépensés à la rigole de dérivation, qu'il ne restait plus que 5,000 fr. à employer au perfectionnement des travaux pour étancher, bétonner certaines parties défectueuses. Les eaux devaient irriguer 3,000 hectares dans les Hautes-Pyrénées avant de descendre dans les vallées du Gers.

nistériel de 1861, pour la distribution des eaux, aboutirent à un étrange résultat. Voilà qu'en 1862, l'Ingénieur en chef des Hautes-Pyrénées, successeur de M. Colomès de Juillan, ne tenant aucun compte des promesses de son prédécesseur, déclare dans son rapport à M. le Préfet du Gers, «qu'il ne faut pas compter quant à présent sur une alimentation du Gers pendant les mois d'août, de septembre et d'octobre, mais seulement pendant toute la durée de la fonte des neiges, c'est-à-dire pendant les mois de mai, de juin et une partie de juillet... » Et M. l'Ingénieur en chef renvoie tout arrosage d'été, à l'époque très-incertaine où l'on aura créé de vastes réservoirs dans la montagne.

Que M. l'Ingénieur en chef nous permette de le dire : Ces réservoirs ne sont jamais entrés dans les projets de M. Colomès de Juillan, concernant les 4 mètres cubes à introduire tout d'abord dans les vallées du Gers, plans approuvés par le Conseil supérieur des ponts-et-chaussées ; ces réservoirs n'étaient destinés qu'à compléter le débit de 21 mètres cubes. Or, offrir ces 4 mètres cubes pendant l'hiver et le printemps au plateau de l'Annemezan et au Gers, ressemblait assez à une dérision ; ces deux contrées sont alors abondamment, quelque fois trop abondamment arrosées..... Il y pleut beaucoup à cette époque, et la couche imperméable du sous-sol empêchant l'eau pluviale de pénétrer dans la terre, l'oblige à courir à la surface. La seule saison où le secours de la Neste est utile, indispensable, sont les trois mois d'été ; et l'on peut déclarer, sans crainte d'être démenti, que l'envoi d'un certain volume d'eau, dans les autres mois, serait plus préjudiciable qu'utile, s'il était supprimé pendant la canicule ; car il ne servirait qu'à rendre la sécheresse plus sensible aux usines et aux terres habituées à une plus grande abondance d'eau.

Eh ! quoi, M. Colomès de Juillan promettait l'irrigation immédiate de 15,000 hectares, devant produire une augmentation de revenu de 6,600,000 fr., et plus tard les ingénieurs hydrauliques concluent à l'impossibilité de toute irrigation !...

Si les réservoirs dont on déclare aujourd'hui l'exécution indispensable avant de pouvoir donner une goutte d'eau en été, eussent été la base du système en cours d'exécution, les ingénieurs seraient-ils pardonnables d'avoir employé seize ans à construire une rigole condamnée à rester à sec, et de n'avoir pas donné un coup de bêche pour creuser les bassins ? C'était par eux qu'il fallait commencer, et non par la rigole. Qui donc a soulevé ces difficultés imprévues ? d'où vient l'impossibilité de donner au Gers cette eau, si souvent, si solennellement promise?

Pour expliquer cette étrange anomalie, nous devons peut-être remonter à quelques délibérations du Conseil général de la Haute-Garonne!... et d'abord n'oublions pas de constater que ce Conseil adopta complétement et sans réserve le projet de dérivation des eaux de la Neste, depuis 1846 jusqu'en 1857. Il ne pouvait exister en effet d'approbation plus explicite que le vote qui suivit un rapport de 1857 ainsi conçu :

« La Garonne à Saint-Martory, et *une dérivation des eaux de la Neste amenées de Sarrancolin sur le plateau de l'Annemezan*, devaient fournir, suivant le projet de M. Montet, les eaux alimentaires du canal de Saint-Martory. L'une de ces ressources, celle de la Neste qui supposait l'exécution d'un réservoir de 60 millions de mètres cubes d'eau à l'Annemezan, ne sera pas de longtemps réalisable, et ne pourra même l'être qu'en partie, *par suite de la concession d'eau déjà faite au département du Gers et des Hautes-Pyrénées.* » Suivaient des considérations que nous rapportons plus loin, mais qui ne contiennent pas une seule réserve à l'endroit du volume d'eau de la Neste, promis au Gers et aux Hautes-Pyrénées ; on y trouve au contraire l'assurance que la Garonne peut répondre à tous les intérêts du canal de Saint-Martory et des usines placées sur le cours de la Garonne.

Mais voilà qu'en 1855, le Conseil d'arrondissement de Toulouse dénonce la dérivation des eaux de la Neste au profit des Hautes-Pyrénées et du Gers, comme un vol commis au préjudice de la Haute-Garonne, et le Conseil général change complétement de manière de voir.

« Le Conseil général s'est ému à son tour, disait un rapporteur en 1855, des conséquences qu'aurait la dérivation des eaux de la Neste, si contraire aux intérêts de la Haute-Garonne, et surtout à ceux de la ville de Toulouse ; car, si elle s'accomplissait, elle compromettrait l'existence de nombreuses usines, le service des fontaines, la navigation du canal latéral et rendrait même problématique la création du canal de Saint-Martory.

« Le Conseil, considérant que les eaux de la Neste *appartiennent à la Garonne et ne peuvent en être détournées sans avoir préalablement consulté les intérêts* de ce département, unit ses vœux à ceux du Conseil d'arrondissement de Toulouse, pour qu'aucune prise d'eau ne

le propriétaire du champ dans lequel jaillit une source est propriétaire absolu de cette source, qu'il peut la détruire, la détourner de son cours à volonté, à moins qu'elle ne soit nécessaire à l'alimentation des habitants et des animaux d'un village ; à moins encore que des riverains puissent appuyer leur jouissance à l'égard de ces eaux sur la prescription trentenaire, établie par des ouvrages d'art à demeure fixe, apparents et construits sur le fonds même du propriétaire de la source.

Quant à l'usage des eaux alimentaires, revendiqué par les villages inférieurs, il fut reconnu que leur droit ne s'appliquait pas à l'usage de toute l'eau du courant, mais seulement au volume d'eau qui était nécessaire à leur boisson. Pour ce qui regardait les usines, celles-là seules pouvaient réclamer une indemnité qui avaient pris en quelque sorte possession du cours d'eau par des ouvrages apparents depuis trente années, ou par un titre de cession émanant du propriétaire de la source ; les autres moulins devaient être considérés comme jouissant des eaux par pure tolérance du propriétaire de la source ; ils ne pouvaient invoquer aucun droit sur l'eau qui découlait de son fonds... Tels sont, en effet, d'après notre législation, les droits afférents au propriétaire d'une source et ceux qu'on peut revendiquer contre lui. Mais l'État peut aller plus loin, en vertu de la loi de 1841, sur l'expropriation pour cause d'utilité publique : il peut, quand il s'agit de l'alimentation d'une ville ou de tout autre intérêt majeur, exproprier le propriétaire de la source, afin d'en disposer malgré lui ; exproprier également les usines inférieures, malgré la prescription de trente ans. Il n'est fait d'exception qu'en faveur des eaux qui alimentent des agglomérations.

Ces principes ont été mis en application dans différentes circonstances remontant déjà à plusieurs années.

Une ordonnance de Louis-Philippe avait déclaré d'utilité publique l'établissement de fontaines dans la ville de Dijon et autorisé cette ville à acquérir à l'amiable et, s'il y avait lieu, par l'application de la loi du 7 juillet 1833, les terrains, usines et autres propriétés nécessaires à la dérivation de ces eaux. On expropria la source du *Rosoir*, qui fournit 4 à 500 mètres cubes d'eau par vingt-quatre heures. C'était le principal affluent du Suzon. Trois meuniers et le propriétaire d'un verger et d'un réservoir réclamèrent des indemnités à la ville de Dijon. Les premiers une indemnité de 75,000 fr. ; les derniers 15,000 fr. La ville de Dijon refusa de payer, attendu que ces prétendus usagers n'avaient fait *sur le bassin de la source* aucun des travaux exigés par l'art. 642 du Code civil pour pouvoir invoquer la prescription, et un jugement du tribunal du 17 février 1842 condamna les meuniers. La ville du Havre avait également détourné des eaux de source à son bénéfice, et au préjudice de l'usine de M. Saint-Hubin. Ce dernier demande à la ville de rendre les eaux dérivées à leur cours naturel. Là-dessus, jugement du tribunal civil du Havre en date du 26 novembre 1856, qui déclare le sieur Saint-Hubin mal fondé dans sa demande. — Le 16 juillet 1857, arrêt de la Cour de Rouen, qui infirme le jugement du tribunal du Havre et décide que les eaux seront rendues à leur cours naturel.

Le 8 février 1858, arrêt de la cour de Cassation, qui casse celui de la Cour de Rouen et renvoie les parties devant la Cour impériale de Paris.

Enfin, le 15 mai, arrêt de la Cour de Paris, qui confirme le jugement du tribunal du Havre.

Nous pourrions citer bien d'autres ordonnances, notamment un décret impérial du 28 avril 1855, qui autorisa le préfet du Finistère à poursuivre l'expropriation de la source du Kergrach, pour cause d'utilité publique, et quatorze ordonnances ou décrets rendus en Conseil d'État depuis 1837 jusqu'en 1861, lesquels, après avoir déclaré d'utilité publique des travaux de conduite et de distribution d'eaux projetés par différentes villes, autorisent ces villes à acquérir et à dériver ces sources, soit à l'amiable, soit par voie d'expropriation.

Le droit d'autoriser l'expropriation pour cause d'utilité publique ne se borne pas aux eaux de sources, il s'étend même aux cours d'eaux : et d'abord il faut bien le reconnaître : dériver tout une source de son cours naturel équivaut complétement à la suppression du cours d'eau qu'elle alimente.

« Le propriétaire d'un héritage où se trouvent des sources bornant un ruisseau, dit Merlin (V. Cours d'eau, n° 11), peut en détourner le cours pour son utilité même au préjudice de ceux qui sont au-dessous, quoiqu'ils soient en possession immémoriale de cette eau pour arroser leurs terres, à moins toutefois qu'il n'y ait eu sur cet objet quelque convention particulière. » Ce jurisconsulte cite à l'appui de cette opinion plusieurs arrêts du Parlement de Paris, notamment un du 13 août 1644.

Conformément à ce principe, de date assez ancienne, l'État a auto-

risé la ville de Paris à détourner de leurs cours naturel et à consom
mer les eaux de la *Colinance*, du *Mory*, *de la Gorgogne* et du *Clignon*
celles *de la Therouanne* qui avait 2 kilomètres de longueur, celles de
la *Beuvronne* qui en avait 7.

Les jurisconsultes ont été bien loin dans cette question des sources
et des cours d'eau qu'elles alimentent; ils ont prétendu, et l'on cite
plusieurs arrêts rédigés dans ce sens, que les ouvrages des canaux
d'irrigation et des usines, pour donner lieu à la prescription contre le
propriétaire de la source, doivent être pratiqués, ainsi que nous l'a-
vons dit, sur le fonds même de la source.

« Un individu a une source dans son fonds, dit **M.** Troplong (Pres-
criptions, n° 114), il ne s'en est pas servi pendant trente ans parce
qu'il n'avait pas intérêt à l'utiliser; et durant ce temps les eaux livrées à leur courant naturel, ont coulé sur la propriété du voisin qui
s'en est servi pour ses besoins. Mais bientôt le propriétaire de la
source voulant construire un moulin ou transformer son terrain inculte en jardin, arrête les eaux et en prive l'héritage inférieur. La
jouissance que le voisin aura eue pendant trente ans sera-t-elle un
motif pour qu'il oppose au propriétaire de la source qu'il a perdue la
faculté de la retenir?

« Cette question a été résolue par presque tous les auteurs dans le
sens des articles 641, 642 du Code Napoléon... Sans doute, le propriétaire peut acquérir par prescription la jouissance des eaux du fonds
supérieur, mais cette prescription ne s'obtient que par une possession
de trente ans, soutenue de travaux apparents *destinés à faciliter la
chute de l'eau sur son héritage.*

M. de Molombe (Servitudes, n° 80) ajoute : « Le propriétaire inférieur
qui se borne à établir des ouvrages sur son propre fonds ne possède
rien, ni sur le fonds du propriétaire supérieur, ni sur l'eau de la source
qui est sortie de ce fonds libre de toute servitude. »

« C'est maintenant un point hors de toute controverse, dit **M.** Da-
viel (Cours d'eau V-III, n° 775), qu'il faut que ces travaux destinés à
procurer l'usage des eaux au propriétaire inférieur aient été faits par
lui sur le fonds où naît la source, afin qu'il puisse s'en prévaloir par
la prescription. »

Cette opinion est confirmée par Henrion de Pansey, Toullier et par
11 arrêts de la Cour de Cassation.

Or, si le propriétaire confrontant au fonds d'où jaillit la source, est
en position de faire des ouvrages sur ce fonds pour en faciliter l'écou-

lement chez lui, tous les propriétaires inférieurs, échelonnés sur les rives du cours d'eau, sont dans l'impossibilité de l'imiter : d'où il suit qu'aucun de ces derniers propriétaires d'usines, ne peuvent, d'après cette jurisprudence, invoquer la prescription à quelque date que remonte la construction de leurs travaux.

Telle fut la décision du tribunal dans les affaires des sources du Rosoir près de Dijon, et des sources dérivées par le Havre. La ville de Paris pouvait invoquer la même jurisprudence et rejeter les réclamations de tous les usiniers riverains de la Dhuys ; elle a donné un exemple plus généreux, plus équitable, et il est à désirer qu'il soit suivi à l'avenir dans toutes les circonstances analogues.

« Tout intérêt privé, disait M. le Préfet dans son mémoire du 16 juillet 1858, si mince qu'il puisse paraître en présence d'un grand projet d'utilité publique est éminemment respectable; non-seulement il doit être sauvegardé, mais il faut encore aller au devant des appréhensions même mal fondées qu'il peut exciter. »

Et la ville de Paris a désintéressé à l'amiable tous les propriétaires inférieurs du cours de la Dhuys.

Les droits de l'État sont bien plus étendus, plus précis quand il s'agit de la création ou de l'amélioration de canaux, et qu'il est utile d'acheter des sources ou de dériver des cours d'eau. « Le droit de se faire autoriser à les acquérir au besoin par voie d'expropriation pour cause d'utilité publique, disait M. de Royer dans son rapport, ne paraît pas avoir été contesté à l'administration. »

« Dans l'opinion de MM. les Ministres, tout dépend ici encore de la raison d'utilité publique. Une fois l'utilité publique reconnue et déclarée, après les enquêtes dans les formes prescrites par la loi, qu'il s'agisse de l'État ou d'une ville, le droit d'acquérir les eaux nécessaires, soit à l'amiable, soit par la voie de l'expropriation, est la conséquence rationnelle et légitime de cette déclaration. Il faudrait, pour affranchir les sources et les cours d'eau de cette loi générale, une exception qui n'est écrite nulle part. L'importance et le caractère des intérêts que le déplacement des eaux peut compromettre sont d'ailleurs appréciés dans les actes et dans les délibérations qui préparent la déclaration d'utilité publique, et il ne faut pas oublier que ces intérêts rencontrent là les garanties les plus sérieuses d'expérience, d'investigation et d'examen. L'instruction prolongée et approfondie à laquelle ont donné lieu, soit dans le Conseil général des ponts-et-chaussées, soit dans les Conseils du gouvernement de l'Empereur,

faveur des usines antérieures à 1566, attendu qu'à cette époque l'autorisation était donnée avec des garanties de perpétuité particulière et dont la force dure encore.

La seconde en faveur des usines qui ont été vendues comme faisant partie des biens nationaux et auxquelles l'État a affecté une force motrice déterminée : l'usine est passée par conséquent des mains de l'État dans celles d'un particulier avec des garanties toutes spéciales.

La troisième exception existe en faveur d'un établissement dont la création aurait été autorisée moyennant le versement d'un capital : ce capital donné en vue de la possession de l'établissement, devrait être nécessairement remboursé par l'État, sous forme d'indemnité, si la possession venait à cesser (1).

En dehors de ces trois hypothèses, que l'usine ou la prise d'eau ait été établie sans autorisation ou avec autorisation pure et simple, l'usine peut être détruite, la prise d'eau supprimée sans indemnité, attendu que l'autorisation de l'établir avait nécessairement le caractère révocable et précaire, attaché à tous les empiètements faits sur les cours d'eau navigables et flottables.

Cette doctrine est loin d'être nouvelle ; elle était appliquée par le Parlement de Paris dès l'année 1390 ; il considérait les concessions accordées à des particuliers sur les cours d'eau navigables comme faites sous la réserve des droits du public, droits incessibles de leur nature. Le Parlement pensait que le roi qui les accordait et les particuliers qui les acceptaient, les considéraient comme des permissions passagères, subordonnées, dans leurs effets, aux exigences de l'usage et de l'utilité du public.

On nous objectera peut-être que ces principes, cette jurisprudence, concernent les rivières flottables et navigables comme voies de transport seulement, et que l'État ne pourrait exercer des droits aussi étendus sur elles, si elles venaient à perdre ce caractère ou s'il s'agissait d'en détourner les eaux pour les consacrer à l'irrigation.

Qu'on y prenne garde ! si le classement des rivières au nombre des propriétés du domaine public eut tout d'abord pour motifs la création de voies de transport importantes, leur conservation et leur bon entretien, le droit moderne n'a pas tardé à étendre l'emploi des cours d'eau à d'autres usages.

(1) Nadaud de Buffon, t. 1, p. 348.

Le gouvernement de la République, ayant résolu d'améliorer le régime des rivières navigables et de débarrasser leur lit de tous les obstacles qui les gênaient, rendit un arrêté le 19 ventose an VI, pour ordonner aux administrations départementales de dresser un état séparé de toutes les usines, non fondées en titre, qui seraient reconnues dangereuses ou nuisibles, non pas seulement à la navigation, *mais au libre cours des eaux, au desséchement et à l'irrigation des terres*.

Ainsi dès l'an VI, les rivières flottables n'étaient pas mises dans le domaine de l'État, dans l'intérêt de la navigation seulement, mais dans celui *de l'irrigation des terres*.

Et que devait-on faire des usines dangereuses ou nuisibles à la navigation et à l'irrigation des terres? on devait détruire toutes celles qui ne seraient pas pourvues d'une autorisation valable.

Le gouvernement avait mille fois raison d'étendre aux nécessités de l'irrigation les priviléges jusqu'alors appliqués à la navigation seule.

Quels sont le point de départ et le principe fondamental de la loi? c'est que les rivières navigables et flottables sont la propriété de l'État, et que ce caractère leur est donné afin d'en assurer l'usage et la jouissance au public et de ne pas permettre à l'intérêt particulier de contrarier cette jouissance.

« La mer, les rivières, leur rivage, disait le Parlement de Bordeaux dans ses remontrances du 30 juin 1786, ne sont point une véritable propriété dans la main du souverain ; mais plutôt un dépôt qui lui a été confié de la chose commune ou publique, pour la conserver, pour la protéger pour la rendre *plus utile à tous ses sujets*. On ne saurait donc les regarder comme un objet qui fasse partie du domaine. Si le roi jouit des droits utiles que l'eau procure ; c'est pour le prix des dépenses nécessaires à la conservation des fleuves et rivières, et de la protection sans laquelle la navigation ne saurait exister. »

Mais l'usage, l'affectation, la destination du domaine public peuvent éprouver des modifications. Quand, après plusieurs siècles, on reconnaît qu'un volume d'eau jusqu'alors affecté au flottage, serait plus utilement employé à un autre usage également public, l'État, par la voie d'ordonnances, de décrets, de lois, peut modifier, changer la destination du cours d'eau...

Si l'établissement d'un chemin de fer latéral (et c'est ce qui arrive entre Toulouse et Labarthe de Nestes) rend une rivière inutile comme voie de transport, il est assurément incontestable que l'état non-seulement peut, mais doit donner à ce cours d'eau une autre destination : or nous avons surabondamment prouvé qu'on ne saurait l'employer plus utilement qu'à l'arrosage des terres.

Il est enfin hors de doute que l'État est seul juge du meilleur emploi qui peut être fait des divers objets du domaine public ; de même qu'il peut classer un cours d'eau parmi les rivières navigables lorsque le besoin de la navigation l'exige, il est entièrement libre d'enlever ce caractère à un ancien cours d'eau, absolument comme il le fait à l'égard des chemins qu'il classe parmi les routes impériales ou qu'il supprime.

La rivière d'Auron avait été déclarée navigable par arrêt du Conseil du 23 juillet 1783, puis par ordonnance du 22 mars 1831. Cet état de choses n'empêcha pas le gouvernement de 1848 de décider que les eaux de cette rivière seraient détournées de leurs cours, pour alimenter le canal du Berry : les usiniers établis sur l'Auron n'eurent aucune objection à présenter contre ce projet, ils se bornèrent à solliciter des indemnités.

XI

CONCLUSION A L'ÉGARD DE LA DÉRIVATION DES EAUX DE LA NESTE.

Le droit de l'État de dériver les eaux de la Neste, en totalité ou en partie, est donc incontestable ; et quand le conseil supérieur des ponts et chaussées approuva, en 1849, le projet de M. Colomès de Juillan de prendre 4 mètres cubes d'eau dans cette rivière, sans parler de la nécessité de créer des réservoirs dans les hautes vallées, « quand l'Assemblée législative vota 100,000 fr. pour commencer les travaux, » ils mirent les Hautes-Pyrénées et le Gers en possession de ces trois mètres cubes en attendant les quatre qui seraient pris plus tard... Le département de la Haute-Garonne n'a pas le moindre texte de loi à invoquer contre cette disposition de l'eau de la Neste. Les usiniers seuls en possession de prises d'eau antérieures à 1566, ou propriétaires d'usines qu'ils auraient achetées à l'État avec affectation d'une force motrice déterminée, pourraient, non point s'opposer à la dérivation des eaux, mais demander une indemnité si leur usine était mise en chômage : quant aux négociants de bois de construction, aux conducteurs de radeaux, privés du cours d'eau flottable, ils ne pourraient être considérés comme ayant prescrit l'usage de ces eaux, attendu que leur jouissance ne s'appuie sur aucun titre.

Examinons combien serait désastreuse l'application d'un principe contraire... Si le territoire inférieur sur lequel ces cours d'eau coulent depuis l'origine avait des droits absolus à leur possession, il serait impossible d'établir un seul canal soit pour les irrigations, soit pour le service des usines... On ne creuse des canaux, en effet, qu'afin de détourner une certaine quantité d'eau de son cours naturel et lui donner une autre direction, et pour ne citer que les canaux exécutés ou projetés en France : celui de *las Canals* à Perpignan, est un détournement des eaux de *l'Agli* au bénéfice de Perpignan, et au préjudice de Millas et de Rivesaltes. Celui d'*Alaric* et celui de Plaisance, sont des détournements de l'Adour, au bénéfice de Rabastens et au préjudice de Tarbes et de Vic ; *le canal de Saint-Martory* sera-t-il autre chose qu'un détournement d'une partie de la Garonne au préjudice de Martres de Muret, de Portet, et de Toulouse, et au bénéfice des villages de la rive gauche? Le canal de Marseille aurait-il pu s'exécuter si les riverains inférieurs de la Durance avaient, dans leurs réclamations, fait triompher le droit de premier occupant contre le grand principe d'utilité publique.

C'est dans cette dernière question surtout, que nous devons chercher les règles de jurisprudence applicables à la dérivation des eaux de la Neste.

Le canal de Marseille prenait aussi les eaux dans une rivière flottable, et les détournait bien loin de leur cours naturel ; il les empruntait au département de Vaucluse, pour les jeter dans celui des Bouches-du-Rhône, qui devait les absorber entièrement.

Des réclamations entièrement semblables à celles du département de la Haute-Garonne, contre la dérivation des eaux de la Neste, ne manquèrent pas de se produire. Les riverains de la Durance prétendirent avoir droit à la totalité des eaux de cette rivière, leur volume ne suffisait pas à l'alimentation des canaux d'irrigation déjà existants, disaient-ils ; si de nouvelles concessions pouvaient être autorisées, elles ne devaient l'être qu'en faveur des propriétaires riverains, et non au bénéfice de populations situées hors du bassin de cette rivière... Depuis longtemps, enfin, on désirait améliorer les canaux de *Crillon*, de *Châteaurenard*, de *Manosque ;* ces améliorations devaient obtenir la priorité sur les projets du canal de Marseille... Le Conseil général de Vaucluse ne manqua pas d'appuyer ces prétentions et de conclure

t-elle absorbée tout entière par les usines, ces départements auraient le droit de dire : 7 mètres cubes nous ont été promis ; les travaux concernant cette dérivation se trouvent commencés depuis 16 ans, il faut que les promesses se réalisent, et si l'eau absorbée par une partie des usines est indispensable au canal d'irrigation, ces usines devront être supprimées..... mais, hâtons-nous de le dire, non pas sans indemnité comme l'État aurait le droit de le faire d'après les règles de droit que nous venons de rappeler, mais d'après le principe plus équitable que M. le Préfet de la Seine a mis en application dans la dérivation des eaux de la Dhuys, c'est-à-dire en payant une juste indemnité, même à celles qui emploient des chutes d'eau sans titre.

Certes, le plus grand nombre des usines échelonnées entre Labarthe-de-Nestes et Toulouse, continuera à recevoir assez d'eau pour assurer leur service régulier, attendu qu'elles sont en quelque sorte superposées de manière à profiter successivement de la même force motrice ; cette force se renouvelant tous les 250 à 300 mètres, à cause de la pente extrême du terrain ; mais s'il est quelques points, tels que Miramont et Toulouse, où la réunion de ces usines absorbe les deux tiers du fleuve, on ne doit pas hésiter à en exproprier le quart, le tiers, la moitié s'il est nécessaire, pour donner à l'irrigation, objet de première nécessité, les eaux qui lui ont été promises et qui lui sont indispensables.

Qu'on se rassure d'ailleurs sur la portée du mot expropriation ; il ne s'agirait nullement de détruire une industrie locale, digne du plus grand intérêt ; mais seulement de déplacer quelques fabriques, de les transporter à deux ou trois kilomètres en amont ou en aval.

Quel préjudice éprouverait donc l'intérêt public ou privé, à ce que plusieurs des usines de Miramont fussent établies au-dessus de cette localité ou au-dessus de Valentine, à ce que plusieurs de celles de Toulouse fussent remontées entre le faubourg Saint-Pierre et Portet ?

En résumé, la dérivation des eaux de la Neste peut être mise à exécution sans compromettre la prospérité industrielle de la Haute-Garonne, et sept mètres cubes peuvent parfaitement être donnés aux Hautes-Pyrénées et au Gers, comme l'affirme M. Raynal, sans avoir besoin de recourir à la réserve des lacs supérieurs et sans réduire les 15 mètres cubes nécessaires au canal de Saint-Martory.

Ce canal est de première nécessité, et ce n'est pas dans un travail sur l'ensemble des irrigations des départements pyrénéens que nous pourrions contester son importance, ou marchander le volume d'eau qui lui est nécessaire : nul ne fait au contraire des vœux plus ardents que nous pour sa prochaine exécution... Voici d'ailleurs quelle est la situation de cette affaire.

Les projets dressés en 1856, portaient la dépense à 6 millions pour l'arrosage de 36,000 hectares, encore ne devait-il y avoir, au bout de 10 ans, que 12,000 hectares en pleine irrigation : les autres 24,000 le seraient dans la suite.

En 1859, on demandait aux riverains du canal projeté de s'obliger à payer 25 francs par hectare irrigué à 1 litre d'eau par seconde ; on y mettait même pour condition le droit d'arrêter l'eau pendant l'étiage, si les besoins de la navigation ou des usines le réclamaient, restriction qui était de nature à ne pas encourager beaucoup les engagements des riverains. Toutefois, en 1862, on avait recueilli des souscriptions pour 13,571 hectares, chiffre égal à la surface irrigable;... une compagnie se formait. M. le Ministre s'engageait, par une décision en date du 23 mai, à faire exécuter le canal principal aux frais de l'État, entre Saint-Martory et Toulouse; il devait s'assurer aussi, avant d'entreprendre les travaux, le concours de concessionnaires qui s'obligeraient à exécuter les canaux de distribution, et à les entretenir, moyennant une redevance payée par les propriétaires souscripteurs.

Le canal de Saint-Martory à Grenade est donc aujourd'hui dans une assez bonne voie, et nous désirons avec ardeur qu'il ne se passe pas trois ans avant que la plaine de la Garonne, rive gauche, aujourd'hui dévorée par la sécheresse, offre un tableau de fraîcheur et de fertilité semblable à celui de la plaine de Milan et de Lodi. Nous espérons même qu'on s'occupera de prolonger le canal de Grenade jusqu'à Moissac, dans le Tarn-et-Garonne, dût-on prendre à Saint-Martory 4 ou 5 mètres cubes d'eau de plus (1).

---

(1) Il n'est pas hors de propos de faire connaître les pertes que les propriétaires de la Haute-Garonne ont éprouvées par suite des retards apportés à l'exécution de ce canal, pertes qui auraient été facilement évitées, si, dès l'origine, le département s'était chargé de son exécution.

M. de Lasplanes en avait conçu le projet en 1818 et il en étendait les bienfaits à 60,000 hectares. Supposons que le département l'eût entrepris et qu'il eût répandu les eaux en 1823 sur 30,000 hectares seulement. Prenons enfin le chiffre de dépenses fixé en 1858, à 6 millions: 30,000 hectares auraient donné une augmentation annuelle de 1,500,000 fr. ainsi répartis :

XII

PROJET COMPLÉMENTAIRE DES IRRIGATIONS DANS LES PYRÉNÉES.

Nous avons vu le rapporteur de la loi de 1846 remettre à un avenir prochain l'étude des irrigations dans les vallées de l'Adour et de l'Arros.....

En 1858, M. Colomès de Juillan prépara des projets qui devaient donner satisfaction à ce désir, et même dépasser toutes les espérances conçues à cette époque... Il s'agissait de reproduire, sur un autre point des Hautes-Pyrénées, le système de dérivation appliqué à la Neste et d'étendre les bienfaits de l'irrigation aux parties les plus desséchées des Basses-Pyrénées, des Hautes-Pyrénées, et des Landes.

Il existe au nord de Lourdes un plateau presqu'aussi élevé que celui de l'Annemezan et non moins favorable à une vaste distribution d'eaux. M. Colomès proposa de prendre 30 mètres cubes au gave d'Argelès, à l'aide d'une rigole creusée sur la rive droite, en face de cette ville. Une fois conduits sur ce plateau, on distribuait ces 30 mètres cubes dans les divers bassins qui y prennent leur origine, et l'on arrosait ainsi la vallée de *Léchez* (Hautes-Pyrénées) celles de *la Fronde* et *du Luy*, sur une surface de 30,000 hectares. Le Conseil général des Hautes-Pyrénées approuva fortement ce projet dans sa

Pour les propriétaires, (chaque année).	750,000
Pour le département entrepreneur.	750,000
Service de l'intérêt des 6 millions.	300,000
Restait en bénéfice annuel au département.	450,000

Il en résulterait donc que, terminé en 1823, le canal aurait procuré jusqu'à ce jour le bénéfice suivant :

Aux propriétaires fermiers d'eau.	30,000,000
Au département entrepreneur.	18,000,000

Que l'on supprime, si l'on veut, ces 18 millions en les portant au compte des pertes et dépenses imprévues, ce qui serait une concession énorme, la propriété de la rive gauche de la Garonne n'en aurait pas moins réalisé 30 millions de bénéfice en 40 années.

session de 1858, et M. Colomès poursuivit ses études... D'après les plans et les devis plus détaillés qu'il présenta en 1860, il dirigeait les eaux vers le col de *Sarsan*, près de Lourdes, col qui servait de trait-d'union entre la vallée du Gave et les plateaux qu'il s'agissait d'irriguer : il traversait le col de Poueyferré par un tunnel, à 424 mètres au-dessus du niveau de la mer, conduisait les eaux sur le plateau du Ger, et les déversait dans les départements des Basses-Pyrénées et des Landes. Le col d'Ade (437 mètres au-dessus de la mer) était contourné sur une longueur de 26 kilomètres par une branche de canal qui versait de 2 à 3 mètres cubes dans la *plaine d'Ossun*, le *bassin du Mardin* et celui *de Léchez*.

En prenant ainsi 30 mètres cubes au Gave, et quelques suppléments dans les lacs naturels des hautes vallées, on arrosait 100,000 hectares dans les Basses-Pyrénées, les Hautes-Pyrénées et les Landes.

Les dépenses étaient évaluées à 5,386,000 fr., savoir : 3,100,000 fr. pour la partie comprise entre Argelès et le col de Sarsan, 2,286,000 fr. pour la partie comprise entre le col et le plateau de Ger ; il fallait toutefois y ajouter 5,400,000 fr. pour les rigoles. Total : 10,800,000 fr. Mais en portant à 1,000 fr. de capital la plus value de chaque hectare, on obtenait 100 millions de plus value territoriale, c'est-à-dire dix fois le capital employé.

Ce projet fut parfaitement accueilli par le gouvernement en 1862, sous la seule réserve de quelques modifications de détail.

La distribution des eaux du Gave complétait le système de l'irrigation générale des départements pyrénéens; la Haute-Garonne, le Gers, le Lot-et-Garonne, le Tarn-et-Garonne, les Hautes, les Basses-Pyrénées et les Landes étaient enfin appelés à participer aux bienfaits de l'arrosage des terres à l'aide de 66 mètres cubes d'eau, pris dans les profonds bassins de la Neste et du Gave que des lignes de grands coteaux avaient jusqu'à ce jour complétement séparés de ces départements.

Bien que les plans de toutes les parties irrigables de la contrée sous-pyrénéenne ne soient pas tracés, il en a été dressé un assez grand nombre par les ingénieurs officiels pour qu'il nous soit permis de comparer la prospérité que cette contrée pourrait atteindre avec l'infériorité agricole à laquelle elle a été jusqu'à ce jour condamnée. Le tableau que nous en avons fait aux pages 14 et 15, nous dispense de rentrer dans les détails à ce sujet. Bornons-nous à en rappeler le résumé et la conclusion.

Etablir que le nord de l'Italie a augmenté son revenu annuel de 100 millions, par le système de canaux d'irrigations qu'il s'est donné; établir que les Pyrénées peuvent se procurer la même augmentation de revenu et tout au moins celle de 80 millions, n'est-ce pas inspirer aux populations de ces contrées le vif regret de n'avoir pas encore procédé à l'exécution des canaux qui doivent alimenter cette source de richesse! n'est-ce pas allumer en elles le désir ardent de réparer les fautes du passé, et de se mettre enfin au niveau des procédés d'irrigation d'un pays voisin?

Nous serions trop heureux d'avoir contribué à transformer cette pensée en conviction et de l'avoir rendue générale. Mais si l'on veut la réaliser dans un assez bref délai, il faut avoir recours à des moyens énergiques.

Dans l'état actuel des choses, en présence de l'indécision de quelques esprits, ébranlés par l'insuccès de certaines tentatives, les associations syndicales ou autres ne sauraient répondre aux nécessités d'une prompte exécution des canaux; l'intervention directe des départements devient indispensable.

En 1857, lorsque Son E. M. le Ministre des Travaux publics demanda aux départements pyrénéens s'ils consentiraient à se charger de l'acquisition des terrains nécessaires aux chemins de fer, le Conseil général du Gers vota à l'unanimité plus d'un million pour cet objet. Cette somme devait être complétement perdue pour le budget départemental.

Certes, les chemins de fer sont d'une utilité de premier ordre; mais nous avons la conviction qu'après cette classe de travaux publics il n'en est pas de plus importante que les irrigations.

Or, quand on voit un département voter une dépense sèche de un million, pour se procurer l'avantage de posséder une ligne de chemins de fer, nous ne comprendrions pas que chaque département voisin, que ce département lui-même refusât de contracter un emprunt de 4 ou 500,000 fr. pour se procurer, non pas une ligne, mais sept, huit, dix lignes de canaux, répandant la fertilité, la fraîcheur, l'abondance sur tous les points du territoire : nous ne comprendrions pas que les premiers emprunts une fois couverts par les bénéfices réalisés sur la vente des eaux, ces départements n'en contractassent pas un second, un troisième, etc., pour multiplier les canaux, perfectionner les anciens et atteindre enfin le degré de prospérité dont le Piémont et la Lombardie donnent l'exemple.

Ce résultat est en notre *pouvoir ;* pour transformer en réalité toutes ces espérances, nous n'avons qu'à *vouloir :* la nature a fait tout ce qu'il était en elle de faire pour nous assurer le plus haut degré de prospérité agricole : elle nous a donné l'agent fertilisateur, l'eau ; la mine abondante, inépuisable, se renouvelant sans cesse, est là sous nos yeux, sous notre main ! Nous n'avons à faire que quelques efforts d'intelligence et de bras pour la mettre en exploitation. Ne commettons pas plus longtemps le crime de lèse-nature ; ne restons plus indifférents aux sollicitations de nos rivières qui semblent nous prier de mettre un terme à leur course vagabonde, inutile, quelquefois désastreuse, et de leur donner enfin la noble tâche de désaltérer la terre brûlante, de rendre la vie aux plantes, de permettre au sol de nourrir mille habitants là où il n'en contient que quatre cents ; d'enfanter de superbes villes de 150 à 200,000 âmes, dans une région où les chefs-lieux eux-mêmes n'ont pas plus de 4 à 10,000 habitants ! Un pareil résultat se montrant à l'horizon vaut la peine qu'on lui consacre un examen sérieux ; nous appellons sur lui toute l'attention des populations, de l'État, des Conseils généraux surtout.

Il en est un d'ailleurs qui vient d'entrer dans cette voie, c'est celui du département de la Loire. Il a demandé la concession du canal du Forez et l'État s'est empressé de la lui accorder par décret impérial du 26 mais 1863. Le projet des travaux vient d'être approuvé par le Conseil général des Ponts-et-Chaussées et l'on va se mettre à l'œuvre.

Cette vaste entreprise d'irrigation, qui complètera l'amélioration des terrains marécageux et insalubres de la plaine du Forez, dont le dessèchement se poursuit en ce moment avec activité, n'embrasse pas, dans son périmètre arrosable, moins de 26,000 hectares ; il exigera une dépense de 4 millions et demi, dont un tiers sera payé par l'État et les deux autres par le département concessionnaire.

Aucune concession de cette nature n'avait encore été accordée en France à un département; que l'initiative prise par le Conseil général de la Loire donne de bons résultats, comme nous ne le mettons pas en doute, et notre théorie, passant ainsi dans les faits, hâtera considérablement l'exécution des irrigations sur la surface entière de la France.

PERCEMENT DES PYRÉNÉES

I

Après avoir examiné les irrigations, base de la production agricole dans les départements pyrénéens, il est naturel de passer à l'étude des voies de communication qui facilitent l'exportation des produits et leur donnent toute la valeur qu'ils sont susceptibles d'acquérir.

Depuis quelques années, une activité prodigieuse est imprimée à tous les moyens internationaux de communications. On jette des ponts sur le Rhin, on traverse le Jura, on perce les Alpes ; nos ports de mer sont mis en rapports réguliers avec l'Amérique et avec l'Orient.

Au milieu de ces travaux de la paix, de cette impulsion civilisatrice, qui sera le cachet et la gloire du dix-neuvième siècle, l'Empereur devait naturellement porter ses regards sur la frontière qui jusqu'à ce jour a été la plus négligée ; voici à quelle occasion la situation tout à fait anormale des départements pyrénéens lui a été plus particulièrement révélée.

Dans un de ses derniers voyages à Biarritz, Napoléon III visita la vallée pittoresque, et l'établissement thermal de Cambo. Le maire de cette ville lui montra un pont nouvellement construit sur la Nive. L'Empereur examina cet ouvrage d'art, et demanda où conduisait la route qu'il desservait.

— Sire, nulle part, répondit monsieur le Maire de Cambo.

L'Empereur dans ses nombreux voyages, n'avait pas encore vu de pont sans route ; il demanda le motif de cette anomalie.

— Sire, le Génie s'oppose à la construction de toute voie au delà de la rivière, afin que notre frontière reste inaccessible du côté de l'Espagne.

L'Empereur voulut savoir si le Génie étendait la même sollicitude à d'autres points ; il lui fut répondu que toutes les vallées pyrénéennes étaient dans la même situation ; que partout les routes s'arrêtaient à 40 ou 50 kilomètres en-deçà de la ligne séparative, et que l'Espagne était inabordable.

L'Empereur ne répondit pas, mais il réfléchit. Cette prévoyance exagérée dut le surprendre ; car sa généralisation ne tendrait à rien moins qu'à replacer les nations dans l'isolement où elles étaient au moyen âge. Ce principe hors de saison n'a que trop longtemps prévalu ; il était réservé à la haute pénétration de Napoléon III de le faire disparaître. Il saisit le Conseil supérieur des ponts et chaussées de l'importante question des voies pyrénéennes ; nous allons montrer la solution qu'elle a reçue.

Notre travail a pour but de remplir un devoir de reconnaissance envers l'Empereur, au nom des populations méridionales, et de préparer le commerce et l'industrie à retirer de cette glorieuse entreprise tous les avantages qui peuvent en être les conséquences... Pour remplir cette tâche, nous allons successivement examiner quel était l'état de la viabilité dans les Pyrénées au moment où l'Empereur s'est occupé de la mettre en rapport avec l'activité croissante des relations des deux peuples :

— Quelles études sont faites, quels travaux sont exécutés au moment où nous écrivons ?

— Quels sont enfin les produits agricoles et manufacturiers, les richesses naturelles des deux versants qui doivent alimenter le transit sur ces voies de transport ?

II

PARALLÈLE DES ALPES ET DES PYRÉNÉES.

Quand on examine les nombreuses et belles voies de communication qui franchissent les Alpes, et mettent la Suisse, l'Allemagne et la France en communication avec l'Italie ; quand on reporte ensuite ses regards sur les Pyrénées, et qu'on les trouve inabordables, cet état de choses inspire un profond sentiment de tristesse et de regret

Les Alpes, plus hautes que les Pyrénées, couvertes de neiges plus persistantes, forment, depuis le Tyrol jusqu'à la Méditerranée, un arc de cercle de 600 kilomètres, elles sont traversées par onze routes carrossables : celle de Bellune à Inspruk par le col Ampezo.

Celle d'Inspruk à Trente et à Vérone par le lac de Garda.

Celle d'Inspruk à Sondrio et au lac de Côme qui franchit le col de Bormio à 2,870 mètres au dessus du niveau de la mer.

Celle du Splugen qui conduit de la vallée du Rhin à Milan, par les bords de l'Adda et du lac de Côme.

Celle du San-Bernardino qui va également des sources du Rhin à Novarre, par le lac Majeur et la vallée du Tessin.

Celle du Saint-Gothard qui met la vallée de la Reuss en communication avec les mêmes vallées piémontaises.

La magnifique voie du Simplon qui descend du Valais vers le lac Majeur (le célèbre passage du Saint-Bernard, le plus ancien de tous, n'offre encore qu'une bonne voie muletière, mais le Piémont et le canton du Valais s'occupent de le rendre carrossable.)

La route du Mont-Cenis, création napoléonienne comme le Simplon, qui conduit de nos nouveaux départements de la Savoie à Suze et à Turin.

Celle du mont Genèvre qui suit une direction à peu près parallèle ;

Celle du col de Tende qui joint Turin à Nice ;

Celle de la Corniche qui va du département des Alpes-Maritimes à Gênes.

Une autre voie allant de Grenoble à Aoste vient aussi d'être classée route impériale, par le décret du mois d'août 1860. Ainsi, chaque vallée suisse ou française est mise en communication directe et facile avec une grande vallée italienne ; les relations, l'échange des produits des trois pays, sont favorisés par une foule d'artères carrossables, qui relient les chemins de fer d'Allemagne, de France, de Suisse et de la haute Italie. Quelle différence dans les Pyrénées !

Sur 482 kilomètres d'étendue, cette chaîne n'est accessible au roulage que sur trois points ; les bords du golfe de Gascogne, où les montagnes ne sont que de simples coteaux (route de Bayonne à Tolosa) ; la vallée du Bastan, où les premiers contreforts sont aisément accessibles (ligne de Bayonne à Pampelune) ; le col du Pertus, dont la situation est encore plus favorable (ligne de Perpignan à Barcelonne).

Dans toutes les autres vallées, sur une distance de 360 kilomètres, la chaîne se trouve dans l'état où Dieu la créa, et telle que le moyen-âge nous l'a transmise ; les grands et riches bassins des Gaves, de l'Adour, de la Garonne, du Salat, de l'Ariége, sont privés de toute communication avec le versant espagnol.

La Restauration et le gouvernement de Juillet avaient bien fait quelques tentatives dans le but d'améliorer cet état de choses ; ils exécutèrent quelques kilomètres de routes carrossables vers la frontière, dans les vallées les plus faciles : entre Perpignan et Plats-de-Mollo (vallée de Tech) ; entre Perpignan, Mont-Louis et Puycerda ; entre Carcassonne et le même point, par Quillan et Quérigut ; entre Saint-Béat (Haute-Garonne) et la vallée d'Aran ; enfin entre Oloron et Urdos (Basses-Pyrénées). Mais l'indifférence de l'Espagne, les troubles politiques de ce malheureux pays, rendaient ces travaux à peu près infructueux, en les privant de toute issue vers l'Aragon et vers la Catalogne. Ces provinces n'offraient que des sentiers à peine accessibles pendant six mois de l'année à des mulets légèrement chargés.

La question a fait un grand pas chez nos voisins ; une quinzaine d'années de paix et d'activité commerciale ont appelé l'attention des Espagnols sur les voies de transport ; ils s'en occupent maintenant avec une ardeur sérieuse, comme nous en donnerons les preuves dans le cours de cet ouvrage.

III

SITUATION COMMERCIALE DES DÉPARTEMENTS PYRÉNÉENS.

L'absence de toute voie de communication entre la France et l'Espagne à travers les Pyrénées a placé jusqu'à ce jour les départements sous-pyrénéens dans la situation la plus fâcheuse et les a retenus dans un état d'infériorité déplorable en égard à celui de la plupart des autres contrées de l'Europe. Aussi la population n'a-t-elle dû qu'à l'excès du travail et à la persistance de l'économie d'éviter une décadence complète. Si nous comparons le bien-être général des habitants de l'Ariége, de l'Aude, du Gers, de la Haute-Garonne, des Hautes et Basses-Pyrénées, avec ce qu'il était il y a cinquante ans, on ne peut, il est vrai, se dispenser de reconnaître une amélioration sensible ; mais quand on établit la comparaison avec les progrès industriels et commerciaux réalisés dans les pays voisins, on est effrayé de la distance qui les sépare : les regrets que nous inspirait la situation de l'agriculture deviennent encore plus vifs, lorsque nous considérons celle du commerce et de l'industrie. Toutes les branches de l'activité humaine se tiennent, se lient ; l'une d'elles ne peut souffrir sans faire éprouver aux autres le contre-coup de son malaise.

Le corps humain pourrait-il vivre, se développer avec un seul organe ? non ; c'est à l'action normale, à l'harmonieux agencement de tous qu'il doit sa force et sa puissance.

Le corps social est soumis aux mêmes lois... Dans quelles contrées du globe l'agriculture est-elle particulièrement florissante ? dans celles où le commerce et l'industrie ont acquis un haut degré de prospérité, où les trois branches de la richesse publique se mêlent et se prêtent un mutuel appui. Tout le monde a nommé les bords du Rhin, la Belgique, la Flandre, l'Angleterre.

Or, si l'absence d'irrigations contribue à causer dans les Pyrénées les souffrances de l'agriculture, celles du commerce et de l'industrie, ont pour cause première la situation topographique de ces départements soit par rapport à la France, soit par rapport à l'Espagne ; en effet, acculés à une chaîne de montagnes infranchissable, ils ne peuvent faire arriver leurs produits en vin, en céréales, en bestiaux, sur les grands marchés de Paris, de Marseille, d'Angleterre, d'Allemagne, que tout à fait en dernière ligne, lorsque le Bordelais et l'ouest de la France ont épuisé leurs vins ; le haut Languedoc et la Loire, leurs céréales ; le Limousin et l'Auvergne, leur bétail. Les productions des Pyrénées sont en quelque sorte un pis-aller que l'on daigne acheter quand on n'en trouve pas d'autres. Encore faut-il qu'elles subissent des frais de transport et d'intermédiaires ruineux. Rien ne saurait changer ces conséquences topographiques par rapport au nord ; la Haute-Garonne, les Hautes-Pyrénées et le Gers

seront toujours de ce côté sur un arrière-plan commercial. Reste
l'Espagne, à l'égard de laquelle ces départements devaient être sur
le premier, et voilà que la barrière des Pyrénées les jette dans une
situation encore plus défavorable.

Qui dit commerce, dit *transaction*. Quel transit pourrait exister dans
un pays ouvert au nord, mais complétement fermé au sud? On y
arrive assez facilement d'un côté, mais ne pouvant sortir de l'autre,
les négociants se gardent bien d'y aller, et le pays reste dans un
isolement funeste. Cet état de choses, loin d'éprouver quelque amélioration jusqu'à ce jour, n'a cessé d'empirer. Il y a cent ans,
il y a des siècles, lorsque les routes carrossables n'existaient pas,
lorsque tous les transports se faisaient à dos de bête de somme, on
parvenait à introduire en Espagne et à rapporter en France, à travers
les montagnes, un contingent de produits qui entretenaient une certaine activité relative dans ces contrées... Saint-Béat, dans la Haute-
Garonne, Arreau, dans la vallée d'Aure, furent des centres d'affaires
où se formèrent des fortunes considérables; leur influence s'étendait
jusqu'à Toulouse, Bayonne et Bordeaux.

Depuis que de larges routes ont été ouvertes le long de l'Océan et
de la Méditerranée, les sentiers de la haute chaîne ont été complètement délaissés, le commerce s'est transporté tout entier à Perpignan
et à Bayonne. Les chemins de fer, très-avancés du côté de la France
même dans le nord de l'Espagne, sont-ils appelés à modifier cet état
de choses? Nous devons craindre un résultat tout contraire. S'il produisent de très-grands bienfaits au point de vue général, ils n'auront
pas moins pour conséquence de laisser dans l'isolement les vallées
des Pyrénées centrales, vallées si intéressantes cependant par leur
grande population et les ressources énormes qu'elles possèdent en
bois, marbres, mines et eaux minérales.

Jettons un coup d'œil sur les chemins de fer et sur les résultats
qu'ils doivent amener dans les relations entre le versant français et
le versant espagnol.

IV

CHEMINS DE FER FRANÇAIS ET ESPAGNOLS.

Perpignan et Bayonne sont réunis par la ligne ferrée qui traverse
Narbonne, Carcassonne, Toulouse, Agen et *Bordeaux.* Tous les pro-

duits arrivant du reste de la France, et se dirigeant vers l'Espagne, tombent nécessairement dans cette grande artère transversale, et sont transportés vers les deux extrémités de la chaîne... En Espagne, le problème se résout dans un sens identique : le réseau des chemins de fer du nord embrasse déjà la plaine de l'Ebre, il va de Pampelune à Barcelone, en traversant Tudele, Saragosse, Llérida ; cette ligne saisit par conséquent tous les produits qui arrivent du sud de l'Espagne et les conduit vers Perpignan et vers Bayonne.

La Compagnie des chemins de fer du midi marche assez rapidement vers l'exécution de toutes les lignes comprises dans la concession de 1857. Celle de Mont-de-Marsan à Tarbes remonte jusqu'à Bagnères-de-Bigorre depuis deux ans ; celle de Toulouse à Foix, par Saint-Simont et Papiers, est ouverte depuis la même époque. Pau est relié, depuis le mois de décembre 1862, au chemin de fer des Landes par l'embranchement de Ramoux (26 kilom. de longueur). La grande ligne de Toulouse à Bayonne, qui suit la base des montagnes, est ouverte entre Toulouse et Montréjeau depuis août 1862, et entre Bayonne et Pau depuis décembre 1863. Voici quel est l'état des travaux sur les sections qui restent à terminer.

Le chemin de fer de Perpignan à Port-Vendres (32 kilom. de développement), qui devait être exécuté par l'Etat d'après le mode consacré par la loi de 1842, a été tracé par la direction suivante.

En partant de la gare de Perpignan, il passe sous l'aqueduc de la ville, côtoie, sur la gauche, la route d'Espagne, se dirige entre Elne et Palo, aboutit à un kilomètre de Saint-André, suit le pied des Albères jusqu'à Argelès, et arrive à Collioure. C'est entre cette dernière ville et Port-Vendres qu'auront lieu les travaux les plus importants.

On a dû vaincre, dans l'étude de la gare de Port-Vendres, des difficultés, qui ont retardé l'approbation des projets. Il fallait trouver, sur un des coteaux rocheux, presque abruptes, baignés par la mer, un emplacement rectiligne et horizontal, qui satisfît à la double condition d'être relié au port, et de se prêter à un prolongement futur sur l'Espagne.

Après de nombreuses recherches on est parvenu à résoudre ce problème, en conservant à toute la ligne une pente qui n'excède pas 5 millimètres par mètres.

De Port-Vendres le tracé longe le littoral sur 11 kilomètres de longueur, et aboutit au col de Balitres qui sera franchi par un souterrain de 1,500 mètres, débouchant en Espagne à 6 kilom. de Rosas.

De la frontière française à Figuères le trajet n'est que de 25 kilomètres. La ligne de fer espagnole est terminée et en pleine exploitation depuis Barcelone jusqu'à Tordera, sur une longueur de 70 kilomètres. — Les études sont faites de Tordera à Figuères, sur une longueur de 65 kil., et les travaux sont en cours d'exécution entre Tordera et Girone, sur 35 kil.

Indépendamment de cette ligne, la Catalogne en possède une seconde qui se dirige de Girone sur Barcelone en passant par Granollers.

La Compagnie du midi attache une si grande importance au prompt raccordement de son réseau avec celui du nord de l'Espagne, qu'elle a demandé à l'Etat de se charger de la construction de la ligne de Perpignan à Port-Vendres, moyennant la somme de neuf millions.

Après de longues études, le tracé entre Montréjeau et Tarbes a été définitivement arrêté ; le chemin de fer, laissé à la charge de l'Etat sur cette section, atteindra le sommet du plateau de l'Annemezan, sans tunnel, ni grande tranchée : la gare de cette dernière ville sera placée à 1 kilomètre au sud ; la voie descendra de ce point sur Tournay, d'où elle arrivera à Tarbes, en franchissant les coteaux qui séparent l'Aros de l'Adour par des tunnels assez étendus. Dix kilomètres de terrassements et des travaux d'art ont été adjugés et sont en cours d'exécution entre Montréjeau et Nestier ; notamment le pont sur la Garonne dont on pose les dernières pierres ; 10 autres kilomètres, comprenant tous les tunnels entre Tarbes et Tournay sont également adjugés et en cours d'exécution. Il ne reste que 27 kil. à donner en adjudication ; trois millions viennent d'être alloués à cet effet en janvier 1864. Malgré les travaux exceptionnellement difficiles et dispendieux qui restent à exécuter entre Tournay et l'Annemezan, il est permis de croire que les ingénieurs auront triomphé de tous les obstacles d'ici à 1868.

Tarbes ne tardera pas à être relié à la grande ligne de Bordeaux à Cette, par un autre embranchement, celui d'Agen à Andrest ; cette ligne, de 66 kilomètres d'étendue, se détache du chemin de fer d'Agen à 3 kilomètres au-dessus de cette ville ; il traverse la Garonne sur un pont en maçonnerie, de 19 arches, et s'engage dans la vallée du Gers qu'il remonte jusqu'à Auch, sans tunnels ni viaducs. La pente n'excède 5 millimètres par mètre que sur un point où elle est de 8. Le pont de la Garonne qui coûtera 1,500,000 est très-avancé ; la ligne sera ouverte jusqu'à Auch à la fin de 1864, et l'on ne peut douter, pour peu qu'on attache d'importance aux délais fixés par la loi, que la section d'Auch à Tarbes ne soit ouverte le 1er août 1865, terme de rigueur arrêté dans la concession...

Il est également probable que l'embranchement de Saint-Martory à Saint-Girons, dont les travaux sont poussés avec ardeur, sera ouvert à la même date, bien qu'il n'ait pas été compris dans la concession de 1857, et que le délai fixé par elle ne puisse le concerner.

Pas un coup de bêche n'a encore été donné entre Tarbes et Pau ; on s'est borné à terminer le tracé qui doit passer à Lourdes, au grand avantage de la belle vallée de Bétarram, de celle d'Argelès, et des établissements thermaux de Saint-Sauveur et de Cauterets qui se trouveront à 18 kilomètres seulement de la gare de Lourdes. Les travaux de cette ligne, qui sont également à la charge de l'État, ne tarderont pas à être entrepris ; un crédit de trois millions leur a été affecté en janvier 1854.

La ligne très-importante, la ligne internationale de Bayonne à Irum, est dans un état bien plus avancé que la ligne similaire de Perpignan à Port-Vendres. Le tracé part de la gare du Saint-Esprit, passe sous ce faubourg par un tunnel de 171 mètres. Il traverse l'Adour sur un pont métallique de 280 mètres, s'engage, à Mousseroles, sous un tunnel de 218, atteint la Nive qu'il traverse sur un pont de 82 mètres suivi d'un viaduc métallique de 80. Arrivé à la Négresse près de Biarritz, il entre sous un nouveau tunnel, franchit la Nivelle à Saint-Jean-de-Luz, sur un pont de trois arches, s'engage sous le plateau des Redoutes, près de la frontière dans un tunnel de 405 mètres, débouche à Handaye où se trouvera la gare internationale, et franchit enfin la Bidassoa entre Handaye et Irum, sur un pont construit à frais communs par la Compagnie du midi et la Compagnie du nord de l'Espagne. Sur tous les points les pentes ne dépassent pas 10 millimètres.

Cette tête de ligne des chemins français est à peu près terminée. Elle sera livrée à la circulation dans l'été de 1864.

La traversée des Pyrénées, du côté de l'Espagne, est dans la même situation. Tous les tunnels sont terminés, entre Irum et Saint-Sébastien ; le dernier a été ouvert d'outre en outre le 10 février dernier. En partant d'Irum, le chemin de fer franchit la montagne Deazurga par un souterrain, et la vallée Dormaist-guy par un viaduc métallique formé de cinq arches de 60 mètres d'ouverture chaque, et de 38 mètres de hauteur. Partout les terrassements s'achèvent, les matériaux sont à pied d'œuvre. L'inauguration de cette voie sera faite, assure-t-on, au mois d'août 1864.

Alors la ligne de Bayonne à Madrid n'aura plus de solution de continuité ; car la lacune de 82 kilomètres qui comprenait la traversée du Guadarama, entre Valladolid et Madrid, a été livrée à la circulation, pendant l'année 1863. On parcourt donc en ce moment 610 kilomètres sans interruption : au mois d'août 1864 Paris ne sera plus qu'à 38 heures de Madrid.

Certes, l'ouverture des chemins de fer, aux deux bouts des Pyrénées, et la mise en activité de toutes les parties du réseau pyrénéen, un des plus complets de France, ne peuvent manquer de développer dans de grandes proportions le commerce, l'industrie, l'agriculture elle-même, dans l'ensemble de cette région. Néanmoins, toutes ces voies, n'ayant d'autre issue vers l'Espagne que Bayonne et Perpignan, ne sauraient satisfaire tous les intérêts qui nous préoccupent. En effet, si les départements du centre des Pyrénées essaient d'écouler leurs produits par ces lignes, ils feront un détour immense, et subiront par conséquent des frais considérables. Par l'anomalie de cette situation, il arrivera que les points des deux États les plus rapprochés, ceux qui sont adossés les uns aux autres, se trouveront, commercialement parlant, rejetés à de très-grandes distances. Saint-Girons, Saint-Gaudens, Bagnères-de-Luchon, Arreau, Bagnères-de-Bigorre, Argelès, Oloron, placés à 30 ou 40 kilomètres de la Catalogne et de l'Aragon, ne pourront introduire leurs denrées dans ces provinces qu'après leur avoir fait parcourir 4 à 500 kilomètres. Ils seront plus éloignés de *Venasque* et de *Bielsa*, que Bordeaux ne le sera de Valladolid.

V

ROUTES CARROSSABLES EXÉCUTÉES A TRAVERS LES PYRÉNÉES.

Rassurons-nous cependant ; le gouvernement de l'Empereur apprécie la gravité d'une semblable situation, il s'occupe avec activité d'en prévenir les conséquences.

Les populations pyrénéennes garderont longtemps le souvenir du voyage de Napoléon III à Saint-Sauveur. Son génie, qui saisit d'un regard les plus difficiles problèmes, et qui, d'un mot, résout les plus grandes difficultés, a compris que des voies ferrées diagonales ne pouvaient remplacer les voies de terre directes. La prochaine ouverture du chemin de fer de Turin à Chambéry ne l'a pas empêché de décréter l'amélioration des routes des Alpes : appliquant le même principe aux Pyrénées, il a décidé la confection d'un double réseau ; le premier, coupant en écharpe les contreforts qui se détachent de la grande chaîne et courent du sud au nord, reliera les divers établissements thermaux, par la ligne la plus directe, et facilitera, vers les chemins de fer, l'écoulement des produits naturels ; l'autre, franchissant la haute chaîne, mettra les vallées françaises en communication avec les vallées espagnoles, et reliera sur plusieurs points le réseau des chemins de fer français au réseau espagnol.

<h1 style="text-align:center">VI</h1>

ROUTES THERMALES.

Depuis bien des années toutes les vallées pyrénéennes un peu importantes, notamment celles qui courent du sud au nord, étaient en possession de routes impériales, départementales, ou de grande communication, en excellent état : ces routes partaient des villes situées au pied des Pyrénées, sur la grande ligne de Bayonne à Toulouse, de Toulouse à Perpignan, et remontaient les vallées jusqu'aux pieds de la haute chaîne, en suivant la direction des cours d'eau qui les arrosent.

Les Pyrénées étaient donc parfaitement desservies sur ce point. Voyageurs et marchandises circulaient avec facilité du sud au nord, du nord au sud, et pénétraient ainsi dans toutes les parties habitées et cultivées de ces montagnes (1).

Mais on éprouvait d'insurmontables difficultés quand, parvenu au centre ou à l'extrémité méridionale d'une de ces vallées, on voulait

---

(1) Il en était bien différemment en Espagne ; de toutes les vallées pyrénéennes de la Navarre, de l'Aragon et de la Catalogne, pas une n'avait une route carrossable ; toutes les villes situées au nord de Girone, de Llérida, de Huesca, de Tudela, de Pampelune, n'étaient abordables qu'à dos de mulet, à l'exception de celles qui se trouvaient sur la grande route de Girone à Perpignan.

passer dans la voisine : aucune route, aucun chemin de mulet n'existait dans cette direction et l'on était obligé de faire des détours de 10,15 fois le trajet réel pour redescendre à la grande route de Bayonne à Perpignan et reprendre, par le nord, la route longitudinale de la vallée qu'on désirait atteindre.

Cauterets par exemple est à 6 kilomètres des Eaux-Bonnes, à vol d'oiseau : ne pouvant franchir la montagne qui sépare ces deux villes thermales, les voyageurs étaient obligés de descendre à Lourdes, d'aller à Pau et de remonter de Pau aux Eaux-Bonnes, ce qui formait un trajet de 69 kilomètres : cet état de choses se reproduisait sur toute l'étendue de la chaîne.

Ce fut pour faire cesser de si graves inconvénients qu'on s'occupa, il y a déjà quelques années, à la fin du règne de Louis-Philippe, d'ouvrir quelques sections de routes transversales, c'est-à-dire allant de l'est à l'ouest et mettant en communication directe l'extrémité, la tête des vallées. On exécuta la route de Saint-Paul-de-Fenouillède à Foix par Quillan, Belesta et Lavelanet; celle de Bagnères-de-Luchon à Bagnères-de-Bigorre par Arreau : celle de Mauléon à Saint-Jean-Pied-de-Port par Musculdy et Larceveaux : mais ces trois sections de routes, assez imparfaitement construites d'ailleurs, étaient séparées entre elles par de très-longues lacunes. Le réseau complémentaire, entrepris en 1859 par ordre de l'Empereur, a pour but de les supprimer. Les projets consistent à améliorer notablement les sections déjà exécutées et à construire à neuf les routes suivantes :

Celle d'Escouloubre (Aude) à Saint-Béat (Haute-Garonne) à travers le département de l'Ariége.

Celle de Bagnères-de-Bigorre à Baréges par Le Tour-Mallet.

Celle d'Argelès aux Eaux-Bonnes.

Celle d'Aroust à Aramits (vallée de Baretons) par La Pegna-Descot et Saint-Christaux.

Donnons quelques détails sur les tracés et sur la situation des travaux.

Dans l'Ariége il n'existe que des projets : le Conseil général a demandé, dans sa session de 1861, la création de trois sections de routes formant la ligne d'Escouloubre à Saint-Béat : la première aura son point de départ à Ax (Ariége) passera par Ascou, traversera le col de Paillère, le canton de Quérigut, atteindra Carcannières, Ussou et Escouloubre (dans l'Aude).

La seconde fera communiquer Aulus avec Vicdessos qui se trouve déjà en communication avec Ax par une route départementale et la route impériale qui dessert toutes les stations thermales du bassin de l'Ariége, sauf celle de Foncirque, où l'on aboutit aisément et par l'Aude et par l'Ariége.

La troisième, partant de Castillon, passera à Saint-Lary, à Portet, franchira le col de Menthe, et descendra à Saint-Béat, Haute-Garonne. La section de Castillon à Portet est déjà faite depuis plusieurs années ; mais il reste à ouvrir, partie dans l'Ariége, partie dans la Haute-Garonne, la section de Portel à Saint-Béat ; l'exécution est très-difficile, et cependant très-peu de fonds départementaux y sont affectés.

Hâtons-nous d'ajouter que la grande route de la vallée du Salat (Ariége) se trouve déjà reliée à Saint-Béat par une voie moins directe, il est vrai, mais en parfait état de viabilité. C'est une route départementale de la Haute-Garonne qui part de Montsaunès près de Saint-Martory, remonte à Aspect et atteint Saint-Béat.

De Luchon à Bagnères-de-Bigorre, la route est ouverte aux diligences depuis dix ans ; elle ne doit recevoir que des rectifications et quelqu'élargissement. Ces travaux d'amélioration ont été poussés avec assez d'activité entre Arreau (vallée d'Aure) et Bagnères-de-Bigorre. L'imposante traversée du col d'Aspin est dans un état parfait de viabilité comme largeur, établissement de parapets et régularité de pentes.

De Bagnères-de-Bigorre à Baréges, les travaux sont également poussés assez activement ; des voitures très-légères, il est vrai, ont pu franchir le col du *Tour-Malet* en 1863, la route ne peut tarder à offrir à la circulation toutes les garanties de sécurité désirables.

D'*Argelès* aux *Eaux-Bonnes*, la route a 32 kilomètres de longueur avec des pentes de 2 à 5 pour cent. D'Argelès à Arrens, le travail est facile et la voie à peu près terminée ; mais des Eaux-Bonnes au col de *Torte*, les difficultés sont immenses, et la ligne est à peine tracée. Cette partie de la route sera une des plus belles et des plus imposantes des Pyrénées ; malheureusement, il reste 200,000 fr. à dépenser pour terminer les travaux, et le Conseil général des Basses-Pyrénées s'est déclaré hors d'état de trouver ces ressources dans son budget ; il a prié le gouvernement de prendre cette dépense à sa charge ; la réponse n'est pas encore connue. Faisons des vœux pour que la situation du budget de l'État permette à M. le Ministre de l'Intérieur de faire promptement terminer une route conçue par l'Empereur, et qui doit décupler les relations entre les Eaux-Bonnes, les Eaux-Chaudes, Cauterets, Saint-Sauveur et Baréges.

Alors on ira d'Escouloubre dans l'Aude à Aramis dans les Basses-Pyrénées sans quitter la route thermale.

Les deux extrémités de cette artère, vers Perpignan et vers Bayonne, sont depuis longtemps ouvertes à la circulation. Une route conduit, à travers d'assez hautes montagnes, de Perpignan à Tarascon (Ariége) ; elle traverse le Fenouillède, descend dans la profonde gorge de Quillan, et rejoint la route d'Ax aux Cabanes, en passant par Belcaire. De Tarascon enfin, une route conduit à Castillon (Ariége), en traversant Saurat, Massat et Saint-Girons.

A l'autre bout de la chaîne, des routes, faites depuis plusieurs années, traversent Tardets, Mauléon, franchissent la haute montagne de Musculdy, et atteignent Saint-Jean-Pied-de-Port et Bayonne.

Outre l'avantage de mettre tous les établissements thermaux en communication directe, cette ligne offrira celui d'exploiter les riches forêts, les mines, les carrières de marbre et les ardoisières qui se trouvent sur son parcours... Mieux encore ! elle aura un caractère stratégique, auquel le Génie militaire attache une sérieuse importance. Parallèle à la chaîne, et placée à 10 ou 12 kilomètres des crêtes, elle est, pour ainsi dire, enchâssée dans des vallées latérales, très-accidentées, hérissées de rochers, couvertes de forêts, et serait, dans le cas d'une invasion de notre territoire, fortifiée et défendue avec facilité... Si la route impériale de Perpignan à Bayonne, par Carcassonne, Toulouse et Auch, venait à tomber au pouvoir de l'ennemi, notre armée conserverait encore une artère de communication qui relierait Bayonne et Perpignan, en desservant les forts les plus avancés, tels que Villefranche, Mont-Louis, Urdos et Saint-Jean-Pied-de-Port.

Au point de vue pittoresque enfin, aucune ligne au monde n'égalera la beauté des points de vue, la variété des aspects de cette artère montagneuse qui n'a pas moins de 440 kilomètres à vol d'oiseau ; elle offrira aux touristes l'occasion de suivre toute la chaîne parallèlement aux glaciers et aux pics qui forment la frontière des deux États, et d'assister aux phénomènes atmosphériques les plus saisissants, aux surprises les plus inattendues.

Récapitulons le tracé de cette route thermale, en nommant les

(1) Ou bien encore par Perpignan, Millas, Ille, Villefranche, Olette, Mont-Louis, *Puycerda, Envells, L'Hospitalet,* Ax.

points principaux qu'elle traverse : Perpignan, Rivesaltes, Saint-Paul-
de-Fenouillède, Caudies, Quillan, *Escouloubre*, *Carcannières*, *La-
paillère*, *Ascou*, Ax (1), Ussat, Tarascon, Saurat, Massat, Saint-
Girons, Castillon, *Portet*, *Saint-Lary*, Saint-Béat, Cierp, Bagnères-
de-Luchon, Arreau, le Col-d'Aspin, Sainte-Marie, le *Tour-Malet*,
Baréges, Luz, Saint-Sauveur, Pierrefite, Argelès, Auçun, *Arrens*,
Saint-Christau, *Assasp*, *Issor*, Aramis, Montory, Tardets, Mauléon,
Musculdy, Saint-Just, Larceveaux, Saint-Jean-le-Vieux, Saint-Jean-
Pied-de-Port, Hélette, Louhousoua, Cambo, Ustaritz, Bayonne.

VII

ROUTES TRANSPYRÉNÉENNES ET INTERNATIONALES.

De même que *les routes thermales* sont destinées à mettre en communication directe les diverses vallées françaises en franchissant les
chaînes de montagnes secondaires qui les séparent, de même, les
routes *internationales* sont appelées à mettre en rapport les vallées
françaises avec les vallées espagnoles, en traversant la haute chaîne
qui forme la délimitation des deux États. Quand ces lignes projetées
seront ouvertes à la circulation, la France et l'Espagne se trouveront
presque aussi bien dotées de routes sur cette frontière, que le sont
l'Allemagne, la France, la Suisse et l'Italie sur celle des Alpes ; on ne
se borne pas en effet à exécuter toutes celles qui furent décrétées
par Napoléon Ier, en décembre 1811 (2), on en trace de nouvelles, et
les ouvriers sont à l'œuvre.

(1) Tous les mots en italiques indiquent les points où la route n'est pas encore ouverte.

(2) Il n'est pas inutile de rappeler ici les termes de ce fameux décret de 1811,
qui, malheureusement, ne reçut jamais un commencement d'exécution.

Routes de 2e classe :

N° 23. — De Paris à Toulouse et en Espagne par Foix, Tarascon, Cabannes,
Ax, l'Hospitalet, Col-de-Puymaurin, Puycerda (c'est celle qu'on termine en ce
moment). Voyez p. 106.

N° 24. — De Paris à Barréges et en Espagne par Rabastens, Tarbes, Lourdes,
Argelès, Pierrefite, Luz, Barréges.

Routes de 3e classe :

N° 134. — De Perpignan à Port-Vendres, par Elne, Argelès, Collioure.

Voici quelle est leur direction, et en quel état se trouvent les travaux, tant du côté de l'Espagne que du côté de la France.

La Catalogne a déjà ouvert, de Girone à Olot, une excellente route : encore 20 kilomètres de prolongement, elle atteindra notre port de *Prats-de-Mollo...* Celle qui doit relier la ville assez industrielle de Vich avec notre frontière est déjà tracée ; elle remonte la vallée du *Ter* ; 37 kilomètres sont déjà terminés, et mettent *Ripoll* en communication avec la première ville. On espère que les 55 kilomètres qui séparent *Ripoll* de *Puycerda*, en franchissant le col de *Tosa*, seront achevés dans trois ans ; on travaille avec activité à combler cette lacune.

La province de *Llérida* songe également à diriger une route de sa capitale vers *Puycerda*, en longeant la *Segre*, à travers la *Seu-d'Urgel* ; mais les travaux ne sont pas encore entrepris sur ce point.

Nous sommes plus avancés sur le versant français. 40 kilomètres séparaient *Puycerda* des bains d'*Ax* (Ariége). Depuis que l'Empereur a donné l'impulsion aux voies pyrénéennes, on a poussé très-activement les travaux sur cette section. La route traverse aujourd'hui *Merens, Lespitalet* à 20 kilomètres au sud-est d'Ax ; dans les Pyrénées-Orientales elle est ouverte depuis *Bourg-Madame* jusqu'à Porte, il n'en reste donc que 18 kilomètres à construire pour franchir, sur les deux versants, le col de *Puymaurin*. Tout faisait espérer, il y a trois ans, que cette lacune serait comblée en ce moment ; par malheur, des nécessités financières ont fait suspendre les crédits affectés à cette route impériale et les travaux du col ne sont pas encore mis en adjudication ; mais dès que les fonds nécessaires seront alloués, il suffira de deux à trois ans pour combler cette lacune. Faisons

---

N° 135. — De Perpignan en Espagne par le Boulou, Ceret, Arles, Prats-de-Mollo.

N° 136. — De Perpignan à Mont-Louis, à Livia et en Espagne par Puycerda, Ille, Vinça, Prades, Villefranche, Olette.

N° 138. — D'Alby en Espagne par Carcassonne, Prixe, Limoux, Alet, Couiza, Quillan, Rodome, Quérigut, Formiguère et Mont-Louis.

N° 139. — D'Auch en Espagne, par Seissan, Castelnau-de-Magnoac, Mauléon, l'Annemezan, Labarthe, Sarrancolin, Arreau, Ancizan. (Voir p. 108).

N° 153. — De Bordeaux en Espagne, par Saut-de-Navailles, Orthez, Sauveterre, Saint-Palais, Ostabat, Saint-Jean-Pied-de-Port, Roncevaux.

N° 154. — De Bordeaux à Paris et en Espagne par Oloron, Pau, Gan, Herrère-le-Bas, Oloron, la vallée d'Aspe, Sarrance, Bedous, Urdos (elle va être terminée). (Voir p. 111).

des vœux pour que cette entreprise ne soit pas exposée à de plus longs retards ; car elle est appelée à modifier entièrement les conditions commerciales du département de l'Ariége qui sera mis par ce moyen en communication directe avec Ripoll et Barcelonne, par la vallée du *Ter*, plus tard avec *Llérida*, par celle de la *Segre*. La présence des neiges sur le col interdira cette route au roulage pendant trois à quatre mois de l'année ; car il est constaté que dans tout la chaîne des Pyrénées les neiges restent :

pendant 1 mois à 650 mètres de hauteur,
        2 à 930
        3 à 1170
        4 à 1370
        5 à 1530
        6 à 1650
        7 à 1750
        8 à 1830

Elles recouvrent par conséquent le col de *Puymaurin*, durant huit mois ; mais il sera facile de le désencombrer pendant les deux premiers et les deux derniers, en rejetant la neige sur les côtés, comme on le pratique dans les routes des Alpes.

Le département de l'Aude se propose de pousser la route de Quillan dans la même direction, par Roquefort, Quérigut, et Mont-Louis, d'où elle atteindra Puycerda et l'Espagne. Puycerda deviendra dèslors un point des plus fréquentés ; car il formera la jonction de trois routes venant de France, et de deux routes venant d'Espagne : celle de Perpignan à Mont-Louis ; celle de Carcassonne à Quillan et *Quérigut;* celle de Foix à Ax et *Puymaurin;* celle de Gironne à Olot ; celle de Vich à Ripoll et à *Rivas.*

Il n'est pas question de tracer en ce moment une route carrossable entre Saint-Girons et *Talarn*, par le *Col-de-Salau* et *la Noguera-Paillassera.* Cette ligne serait assez éloignée cependant de celle de *Puycerda* pour attirer un transit important ; elle desservirait, sur les deux versants, des contrées assez riches pour justifier pleinement son exécution ; aussi appelons-nous sur elle l'attention du gouvernement.

La vallée d'*Aran* (Catalogne), située tout entière sur le versant français, est trop pauvre, pour entreprendre le percement de la plus haute partie des Pyrénées ; notre Génie militaire ne saurait d'ailleurs favoriser la création d'une voie dont les deux rampes appartiendraient à l'Espagne. Nos moyens naturels de défense en seraient trop affaiblis. Aussi a-t-il fait renoncer le gouvernement français à tout projet de diriger vers ce point le chemin de fer central, attendu que le tunnel qu'on y percerait aurait ses deux issues dans le territoire espagnol : toutefois la vallée d'Aran, qui finit par reconnaître l'avantage inappréciable des bonnes voies de communication, songe à améliorer le chemin de mulets qui la traverse du Pont-du-Roi à Viella ; certaines parties sont même aujourd'hui accessibles aux chars du pays, et l'on peut arriver en voiture, avec quelque difficulté il est vrai, jusqu'au village de Bossost.

Dans la vallée de Luchon la route d'Espagne est achevée jusqu'à l'hospice, 4 kilom. de plus la conduiront à la hauteur de 1,400 mètres, point où l'on doit percer un tunnel de 2,400 mètres. Si ce travail n'est pas immédiatement exécuté, on devra faire une dernière section de route de 2 kilomètres, pour atteindre le sommet du port. N'oublions pas d'ajouter que la province d'Aragon s'occupe activement de relier *Barbastro* à cette frontière par une belle voie. Elle est divisée en quatre sections : les deux premières sont adjugées et en cours d'exécution, la troisième a dû être mise en adjudication à la fin de 1860, la dernière en 1862. La distance, entre Montréjeau et Barbastro, têtes de lignes des chemins de fer français et des rails-ways espagnols, est de 160 kilomètres.

Dans les Hautes-Pyrénées, on s'occupe plus activement peut-être, de terminer la route centrale, grande artère de Paris à Sarragosse et Madrid, commencée par M. d'Étigny, vers 1760 ; cet intendant de la province, courageux et persévérant, l'avait terminée jusqu'à Saint-Lary au fond de la vallée d'Aure (1). Le gouvernement de l'Empereur, reprenant l'exécution d'un projet interrompu pendant 100 ans, en a ordonné le prompt achèvement.

On a commencé par améliorer la partie anciennement construite ; cette section laissait beaucoup à désirer, depuis Heches jusqu'à Saint-Lary, à cause des rampes et du peu de largeur de la voie. De grands travaux de redressement ont été entrepris à Heches, à Escalères, à Sarrancolin, à Cadeac, à Guchen, et sont à peu près terminés.

Quant au prolongement vers l'Espagne, les tracés sont faits jusqu'à l'extrémité du territoire français, et dans de si bonnes conditions que

____

(1) Elle a toujours porté la désignation de route d'Auch en Espagne.

les rampes n'auront que cinq pour cent jusqu'à la hauteur de 1,700 mètres, et huit pour cent de ce point au sommet du port. C'est à peu près la pente du Mont-Cenis...

La route carrossable sera poussée jusqu'au point où devra être ouvert le tunnel, à 22 kilomètres au-dessus de Saint-Lary.

La section comprise entre ce village et Tramesayques est déjà terminée, 77,000 fr. ont été alloués en 1863 pour la pousser jusqu'à la hauteur du tunnel projeté; il est à regretter que la faiblesse de cette allocation ne permette pas de donner aux travaux toute l'impulsion désirable.

Quant au tunnel, comme sa confection pourrait être considérablement retardée, on s'occupe de le suppléer provisoirement par un chemin d'intérêt commun en faveur duquel les communes de la vallée d'Aure ont voté la somme de 30,000.

C'est pour mettre la voie en rapport avec ce classement, que l'ancien chemin de mulets a été, au-dessus de Tramesaygues, élargi, amélioré, et ramené aux conditions de pente appliquées aux routes thermales; aussi, est-il accessible aux chars du pays, depuis ce village, jusqu'à 4 kilomètres en deçà de la frontière.

En Espagne, les communes de la vallée de la Cinquette s'occupent de le prolonger sur leur territoire. Un ingénieur de Tarbes a été chargé par elles d'en faire le tracé; elles veulent s'imposer extraordinairement, dans le but de le terminer dans un assez bref délai. Elles ont même entamé ce travail en ouvrant un assez bon sentier sur une étendue de cinq kilomètres.

Les circonstances sont on ne peut plus favorables pour nos chemins transpyrénéens; l'Espagne porte à l'exécution des siens l'ardeur la plus louable. L'Aragon vient d'emprunter huit millions de francs afin de terminer les routes de la province; celles qui se dirigent de Sarragosse sur les Pyrénées recevront une bonne partie du produit de l'emprunt, et certes, la route de Barbastro à la vallée d'Aure peut compter sur une allocation notable. Cette ligne fut, à toutes les époques, la plus commerçante des Pyrénées après celle d'Oloron à Jaca: placée au centre même de la frontière, elle répond, plus que tout autre, aux besoins du bassin sous-pyrénéen français et à ceux de la vallée de l'Èbre. Travaillons avec ardeur sur notre versant; nous sommes sûrs que l'Espagne nous imitera sur le sien.

La voie de Tarbes en Aragon par *Gavarni* est également en cours d'exécution; l'ancienne route remontait jusqu'à Saint-Sauveur seulement. Ses pentes et sa largeur étaient d'ailleurs dans des conditions assez défavorables entre Pierrefite et cet établissement thermal. Elle est déjà redressée, élargie sur presque tous les points, et ramenée à 5 ou 6 pour cent de pente; on en a entrepris depuis trois ans le prolongement vers *Gavarni*. L'Empereur a inauguré les travaux en faisant construire sur le Gave un pont déjà célèbre, et tout aussi hardi qu'élégant. Il n'a pas moins de 67 mètres d'élévation au-dessus du Gave, et de 47 mètres d'ouverture. Le bandeau de la voûte et le couronnement sont en pierre de taille, les tympans se composent de pierres variées de couleurs comme les cubes d'une mosaïque. De ce point de départ, la route nouvelle est déjà ouverte jusqu'au village de Gèdre, et activement poussée entre ce village et le cirque de Gavarni. Ici la voie aura 7 à 8 pour cent de pente jusqu'au point où l'on se propose de percer un tunnel ; en attendant, on continuera jusqu'au sommet du port, une voie charretière à 10 et 11 pour cent de pente, qui permettra au commerce d'attendre l'ouverture, peut-être un peu retardée, du souterrain.

On étudie un autre passage allant de Cauterets aux bains de *Panticose* dans la vallée de *Tenne*, ligne qui conduira à Jaca et à Sarragosse (1).

La route projetée aura 17 kilomètres en France : elle partira de l'établissement de la *Raillère*, desservira les bains du *Grand-Pré*, s'enfoncera dans la gorge sauvage du *Géret*, passera au-dessus des cascades du *Ceriset* et du *Pont-d'Espagne* ; puis, laissant à gauche le lac de

---

(1) Panticose est un gros village du haut Aragon, bâti sur le versant de la montagne de *Paternelle* et du port de *La Peyre de Saint-Martin*. Sa situation est plus élevée que celle de Cauterets, mais l'exposition du sud lui procure un climat plus tempéré. On peut le comparer à celui de Lourdes et d'Argelès.

Ville d'eaux thermales, comme Cauterets, Panticose est très-fréquentée par les Aragonais de la classe moyenne; ils arrivent en voiture jusqu'à 5 kilomètres en dessous de Biesca ; de là, ils achèvent de monter à Panticose à dos de mulet. Trois ou quatre heures suffisent à cette ascension. Cet établissement ne tardera pas à recevoir un grand nombre de baigneurs de la classe riche, car la route sera bientôt carrossable jusqu'à Panticose, grâce aux efforts de la vallée et du propriétaire des bains.

Cette ville et Cauterets, identiques par leur situation, à l'égard du port qui sépare les deux États, se ressemblent également, comme rendez-vous d'étrangers pendant la belle saison. On peut juger combien les deux villes ont intérêt à la confection d'un chemin qui leur permettra de faire plus facilement échange de baigneurs et d'eaux minérales. Cet échange s'opère aujourd'hui, avec de grandes difficultés, à pied et à dos de mulet.

Gaube, elle traversera les pâturages du *Marcadeou,* couverts de troupeaux pendant cinq mois de l'année, et s'élèvera jusqu'au port de *La Peyre.*

Le projet des Ponts et Chaussées se borne momentanément à faire une route facilement accessible aux mulets et aux chars à bœufs du pays. Cette ligne, il faut bien le reconnaître, est infiniment moins importante que les précédentes : nous espérons toutefois, que les ingénieurs songeront aux éventualités de l'avenir, et qu'ils ménageront des courbes et des pentes assez douces, pour qu'on n'ait qu'à élargir la voie, lorsqu'on voudra la rendre accessible au roulage.

Les considérations qui portent à relier *Cauterets* à *Panticose* militent également en faveur d'un projet qui joindrait les Eaux-Chaudes à la même ville espagnole par Gabas. Cette ligne offrirait plus de facilités d'exécution que la première. D'après des études préliminaires, elle pourrait être établie à 5/100 de pente, avec une dépense de 700,000 fr. Mais il n'existe pas de devis régulier à cet égard. Nous espérons que l'économie qu'elle présente, et les avantages immenses qu'elle offrirait à la vallée d'Ossau et aux arrondissements de Pau, d'Orthez et d'Oloron engageront l'État et le Conseil général des Basses-Pyrénées, à s'occuper de la mettre à l'étude et d'en presser la construction.

Arrivons enfin à la plus historique, à la plus intéressante des routes transpyrénéennes, celle de Pau à Sarragosse par Jaca..... L'ancienne route s'arrêtait à Bédous, on la poussa dans ces dernières années jusqu'au village d'Urdos. Depuis le voyage de l'Empereur et de l'Impératrice dans les Pyrénées, en 1859, on a repris les travaux avec une très-grande activité, sous l'habile direction de l'ingénieur en chef que M. de Lesseps a mis récemment à la tête du canal de Suez. 15 kilomètres séparaient Urdos du *Sumport;* 7 kilomètres ont été ouverts à la circulation il y a trois ans, et conduisent aux Forges; 8 restent à terminer pour arriver à la frontière. 200,000 fr. furent alloués dans ce but en 1860, une seconde adjudication des travaux fut faite en 1861, mais on a dû résilier le marché en 1862; si bien que la route est au point où elle se trouvait à cette dernière date, mais on est au moment d'y consacrer des ressources qui en permettront l'ouverture jusqu'à la frontière, d'ici à deux ans.

L'inauguration de la voie, du côté de l'Espagne, suivra de près celle de notre versant. Douze ans ont été nécessaires pour ouvrir la section de Sarragosse à Jaca ; elle est aujourd'hui suivie par les diligences. Il ne reste que 30 kilomètres à faire pour atteindre le *Sumport*. 150,000 fr. ont été affectés à ces travaux, en 1860. Lors du dernier voyage du général Prim à Jaca, il fit espérer aux Aragonais la *prochaine* exécution de ces 30 kilomètres ; mais la réalisation n'a pas suivi l'engagement, et la section de la frontière à Jaca est encore à l'état de lacune... Toutefois, comme elle doit avoir sa part de l'emprunt de huit millions, on peut espérer qu'elle sera bientôt terminée.

Cette route offre un intérêt particulier ; elle remplace une ancienne voie romaine, la seule que les conquérants de l'Espagne et des Gaules eussent tracée à travers les Pyrénées centrales. Ponts, empierrements, bornes miliaires, tout y a été retrouvé, tout, jusqu'au nom du décemvir Vernus, qui l'avait restaurée deux fois (1).

Les Aragonais et les Béarnais n'ont pas été moins attentifs à l'entretenir pendant le moyen âge ; les montagnards de la vallée, à peu près libres, de *Campfranc*, ont encore l'obligation et le privilége de réparer la partie de la route qui s'étend de leur territoire aux Forges et d'en enlever la neige, afin de maintenir le passage libre ; ils perçoivent, en revanche, un franc de rétribution par monture ; la circulation des hommes est gratuite. L'ouverture de la voie carrossable supprimera d'antiques usages que les historiens trouvent pleins d'intérêt, mais que le commerce estime tout aussi gênants qu'onéreux.

L'importance séculaire de cette route la désignait naturellement à la préférence du gouvernement de l'Empereur, dans ses projets de construction d'un réseau *transpyrénéen*. L'échange des laines et du drap, du vin et des bestiaux, des mules et des céréales, autrefois très-considérable sur ce point, avait développé une grande prospérité dans les villes d'Oloron et de Jaca. L'ouverture de routes nouvelles, aux deux extrémités des Pyrénées, portait une grave atteinte à cette situation, en donnant au commerce une direction inusitée. L'établissement d'une bonne voie carrossable dans les vallées d'*Aspe* et de *Campfranc* rendra aux transactions leur direction ancienne, et aux populations les avantages dont elles jouissaient depuis vingt siècles.

, Alors Oloron sera à quinze heures de Jaca, et Pau à vingt-cinq heures de Sarragosse.

Les Basses-Pyrénées ne tarderont pas, d'ailleurs, à posséder une autre voie de communication avec l'Espagne : celle de Saint-Jean-Pied-de-Port à Pampelune. 4 kilomètres sont déjà faits entre Saint-

(1) Une inscription gravée sur le rocher d'Escot a perpétué ce souvenir.

Jean et Arneguy, 4 autres conduiront à *Roncevaux*... La Navarre travaille à la section de 40 kilomètres qui relie ce village célèbre à Pampelune. 50,000 fr. ont été votés à cet effet par la junte de Navarre.

Voilà donc trois routes importantes, dont les travaux sont poussés avec assez d'activité, et dont l'ouverture aura lieu d'ici à deux ou trois ans : l'une de Foix à Puycerda, l'autre de la vallée d'Aure à Barbartro, la troisième d'Oloron à Jaca ; ces artères vont procurer incontestablement aux vallées pyrénéennes de grandes facilités de relations, et doubler les conditions de leur prospérité. Le commerce de la riche vallée de l'Èbre, qui devait tourner la chaîne entière, par Bayonne ou Perpignan, pour pénétrer en France, transportera désormais une partie de ses produits par Ax, Arreau et Urdos, en attendant qu'il les transporte aussi par Bagnères-de-Luchon, Gavarni, Cauterets et Gabas.

Au milieu de ces projets divers, nous laisserons chaque département, chaque vallée, prôner les avantages de celui-ci, combattre ceux-là, et loin de soutenir exclusivement tels ou tels, nous nous empresserons de les recommander tous à la sollicitude réparatrice du gouvernement. Ce n'est pas trop d'une route par grande vallée ; et nous déclarons que la Garonne, le Salat, la Neste et les Gaves ont des droits égaux à posséder des voies directes de communication avec l'Espagne. C'est un mauvais calcul, soyons-en sûrs, que de suivre les penchants de cet égoïsme étroit qui porte à ne favoriser qu'un intérêt en dépréciant les autres. N'oublions pas que nous sommes tous solidaires. La richesse d'une contrée réagit toujours sur les voisines, toutes les fois que les entraves sont levées à l'intérieur et les industries également protégées.

VIII

CHEMIN DE FER A TRAVERS LES PYRÉNÉES CENTRALES.

On ne s'est pas borné à percer les Pyrénées par des routes carrossables ; il a été question, mais d'une manière assez superficielle, il est vrai, de tracer un chemin de fer de France en Espagne, à travers les Pyrénées centrales. Le percement d'un tunnel presque aussi long et dispendieux que celui du mont Cenis ne nous paraît pas avoir des chances d'exécution prochaine ; les artères de Bayonne et de Perpignan peuvent répondre, pendant de longues années, aux besoins de la grande circulation internationale, tandis que les routes carrossables dont nous venons de nous occuper satisfairont les intérêts du commerce des vallées centrales ; toutefois, on ne saurait dire ce que l'avenir réserve de prospérité aux chemins de fer, et, dans la possibilité de l'exécution d'un embranchement partant d'Auch, de Toulouse ou de Tarbes et allant à Sarragosse, nous devons faire connaître les projets qui ont été conçus à cet égard. Quatre lignes ont été étudiées : celle du *Col-de-Salau* ou *Mont-Géou*, entre la vallée du Salat et celle de la Noguera Paillassera conduirait par Saint-Girons et par Urgel à Llérida. Le tunnel central aurait 6,100 mètres de longueur, et s'ouvrirait à 1,165 mètres au-dessus du niveau de la mer, c'est-à-dire à une hauteur où la neige séjourne à peine. Les pentes seraient très-douces, principalement sur le versant espagnol. Cette ligne, étudiée d'abord par M. Ferrère, paraît offrir, d'après le contrôle des ingénieurs français, de très-bonnes conditions d'exécution et de produit ; aussi a-t-on demandé, soit dans l'arrondissement de *Saint-Girons*, soit dans la province de *Catalogne*, par des pétitions très-sérieuses, l'établissement de cette voie ferrée, qui relierait *Toulouse*, centre des chemins de fer du Midi, à *Llérida*, ville traversée par celui de *Barcelone* à *Pampelune*.

Un second projet, mieux accueilli par le commerce de Toulouse, fait partir le chemin de Saint-Gaudens, il monte à Bagnères-de-Luchon, atteint le pied de Maladeta, près du *Port-de-la-Glère*, s'engage dans un tunnel de 2,400 mètres, placé à une hauteur de 1,400, débouche dans la vallée espagnole de Lessera et descend à Barbastro par une pente de 7/100ᵉ à peine. Là, il joint l'embranchement du chemin de fer qui doit remonter de la vallée de l'Èbre jusqu'à cette ville ; il conduirait directement de *Toulouse* à *Sarragosse* et à *Madrid*.

Dans les Hautes-Pyrénées, on a étudié deux lignes : l'une par la vallée d'Aure, l'autre par Gavarni ; la première paraît offrir les difficultés les moins sérieuses. A la hauteur de 17,000 mètres, un tunnel de 2,600 percerait la chaîne et conduirait également à Barbastro.

Le chemin de Gavarni serait dans des conditions un peu moins avantageuses. Quoi qu'il en soit, dans les quatre tracés, un tunnel est également indispensable ; quant aux difficultés de l'exécution, aux dépenses qu'elle doit entraîner, les études sont dans un état trop préliminaire pour qu'on puisse indiquer des chiffres et des résultats positifs.

Dans tous les cas, une seule voie ferrée doit franchir les Pyrénées ; et comme les vallées de Luchon, d'Aure et de Gavarni sont les plus centrales, il est hors de doute que le gouvernement fixera son choix sur l'une d'elles ; on peut même ajouter que la voie de la vallée d'Aure aurait, au point de vue général, l'avantage d'aboutir à l'angle culminant du réseau pyrénéen, le plateau de l'Annemezan, et de descendre de là vers les quatre vallées principales de la Garonne, du Gers, du Gave et de l'Adour.

La province d'Aragon paraît attacher une grande importance à l'exécution de l'un de ces projets. Elle demande avec instances que le gouvernement concède cette ligne à une compagnie. Récemment encore les députés aux Cortès ont adressé à la reine une pétition collective dans ce but ; mais jusqu'ici, toutes les démarches sont restées infructueuses.

Les ingénieurs, à l'avis desquels nous ne saurions trop nous rattacher à cet endroit, désireraient que le gouvernement français fît terminer, de concert avec le gouvernement espagnol, les études définitives du tracé du chemin de fer ; que la ligne fût officiellement adoptée, et qu'on poussât les rails aussi avant que possible dans les deux vallées correspondantes. Arrivé au point où devraient commencer les travaux difficiles, dispendieux, et le percement du tunnel, on s'arrêterait, et on réunirait les deux têtes de voies par une belle route à ciel ouvert, avec des rampes bien ménagées, comme celles du mont Cenis.

AGRICULTURE,

INDUSTRIE, COMMERCE.

Supposons les diverses routes du *Salat*, de *la Glère*, d'*Aure*, de *Gavarni*, d'*Urdos* ouvertes à notre commerce (et nous avons la conviction qu'elles ne tarderont pas à l'être, car l'Empereur a pris l'initiative de cette tardive réparation), quelles seront les conséquences agricoles, industrielles et commerciales qu'en éprouveront les départements méridionaux?

On a souvent accusé l'Espagne d'être pauvre et de n'avoir que peu de chose à vendre et à demander à ses voisins. Cette accusation, fort exagérée autrefois, devient injuste aujourd'hui. L'Espagne possède, avec l'Italie, la plus grande, la plus inépuisable de toutes les richesses : un sol d'une merveilleuse fertilité. Si de funestes circonstances politiques ont arrêté sa production pendant soixante ans, il suffit du retour de la tranquillité, du réveil de la confiance, pour qu'elle retrouve la prospérité qui étonna jadis le monde. Or, elle est près de ressaisir ces éléments de grandeur et de richesse. L'ardeur qu'elle met à se donner des chemins de fer, des routes carrossables, témoigne de son impatient désir de retrouver le rang qu'elle a perdu.

I

AGRICULTURE.

On nous dira peut-être que les produits de l'Espagne du nord sont en général ceux de la France du midi, et nous entendons des gens se demander si l'introduction de ses blés, de ses vins dans les départements méridionaux ne sera pas plus nuisible qu'avantageuse à leur agriculture !

Il est vrai que le blé ne coûte que 12 francs l'hectolitre à Llérida, que le vin était sans valeur dans l'Aragon, la Navarre et la Catalogne avant l'apparition de l'oïdium, et qu'il ne vaut pas plus de 15 francs l'hectolitre dans ces provinces, malgré la persistance de cette maladie.

Mais remarquons d'abord, à l'égard du blé, que l'ouverture des chemins de fer et les demandes du commerce en ont déjà fait hausser le prix, et qu'il ne tardera pas à se mettre au niveau de nos mercuriales. En fin de compte, les céréales espagnoles étant toujours destinées à pénétrer en France par les deux grandes voies de *Perpignan* et de *Bayonne*, et à venir faire concurrence aux nôtres, il s'agit de savoir si les départements sous-pyrénéens ne trouveront pas certains avantages à recevoir une partie du transit à travers leur territoire ?

Il suffit, croyons-nous, de poser la question pour la résoudre.

Il n'est pas jusqu'à l'introduction des vins qui ne puisse être une source de bénéfices pour la Haute-Garonne, les Landes et le Gers.

Et d'abord, rien de moins similaire que les vins d'Espagne et les vins du sud-ouest de la France. Les premiers sont noirs, épais, lourds et complétement impropres à être consommés en nature. Pour les rendre vendables dans les grands marchés du nord, il faut qu'ils subissent des coupages, et ce sont précisément les vins blancs et clairs du Gers qui sont les plus propres à leur donner les qualités qui leur manquent. Les négociants du Béarn et de Bordeaux, savent quelles sont les préparations auxquelles ils doivent les soumettre, avant de les livrer aux consommateurs.

Or, si ces vins ne pénètrent en France que par Bayonne et Perpignan, le monopole de la manipulation en appartiendra aux commerçants du Languedoc et de Bordeaux ; si les Pyrénées deviennent accessibles par le centre, au contraire, les départements que nous venons de nommer pourront en recevoir directement une partie, et se livrer, à leur égard, à des coupages doublement avantageux.

Loin de redouter l'introduction des vins d'Espagne sur quelques points, on doit donc la considérer comme une source de bénéfices agricoles et commerciaux.

L'Espagne du nord produit aussi en abondance de l'huile d'olive. Sa culture remonte de l'Èbre vers les Pyrénées jusqu'à la zone de 650 mètres au-dessus du niveau de la mer. Cette denrée s'y vend à vil prix : 50 centimes le litre. Il ne faut pas oublier que les meilleures huiles, celles de Provence, d'Italie, entrent dans le commerce après avoir subi certains mélanges d'huiles de plantes oléagineuses. Or, ces plantes réussissent parfaitement dans les Hautes et Basses-Pyrénées, dans la Haute-Garonne, l'Aude, les Landes et le Gers. Si leur culture s'y propage lentement, c'est faute de débouchés. Les fermiers du nord de la France ont conservé jusqu'à ce jour le mono-

pole de cette culture ; quand les huiles d'Espagne pénétreront aisément dans les départements méridionaux, les agronomes ne man-
queront pas de cultiver des plantes oléagineuses dont le produit sera
très-avantageusement employé à couper certain's huiles brutes de
Catalogne et d'Aragon.

Nous avons parlé de la nécessité de favoriser les progrès de l'agriculture par le commerce et par l'industrie : voilà deux branches importantes d'activité qui seraient ouvertes aux départements sous-
pyrénéens, si l'Espagne leur était accessible par le centre de la
chaîne.

N'oublions pas la source la plus considérable de leurs bénéfices.
Ils pourraient expédier en Espagne de la volaille, des œufs, du bétail
de trait et de boucherie, des mules enfin, seule branche de commerce
qui soit maintenant en activité.

L'importance de l'élève du bétail mérite qu'on s'y arrête.

Le blé est cultivé avec assez d'avantage dans les parties inférieures
des bassins de la Garonne, de l'Aude et du Gers, au nord d'une ligne
qui suit *Vic-Fezensac, Auch, Lombez, Carbonne, Sainte-Gabelle* et
Limoux ; mais au midi de cette zone, les céréales ne sont qu'une production exceptionnelle et forcée ; l'élévation des frais de culture, la
faiblesse du produit rendent le bénéfice net illusoire. La vigne et les
prairies naturelles, au contraire, y donnent un rendement beaucoup
plus élevé... A mesure qu'on se rapproche des montagnes, la supériorité de la prairie est tellement évidente que la culture du blé est à
peu près abandonnée ; les pâturages et les maïs couvrent la surface
du sol tout entière. Pour dernière preuve, enfin, sur tous les points
de cette contrée, la terre à vigne, à nature de terrain égale, se vend
un tiers de plus que la terre à blé, et la terre à prairie plus du double.

Or, comme le premier principe agricole est de s'attacher à la denrée la mieux appropriée au sol et au climat ; le progrès de l'économie
rurale conduira nécessairement la population du bassin sous-pyrénéen à restreindre considérablement la culture des céréales, et à développer d'autant celle de la vigne et surtout celle des prairies naturelles, qu'un bon système d'irrigation permettrait d'appliquer sur
d'immenses proportions.

On se demandera peut-être pour quel motif un assolement aussi
élémentaire, basé sur l'expérience, sur l'étude du sol, et dont nous
avons fait ressortir les principaux avantages dans la première partie
de ce travail, n'a pas déjà fait substituer la prairie naturelle aux cé-

réales sur une très-grande partie de la surface ? La raison en est dans l'absence d'irrigations, comme nous l'avons déjà dit, et dans l'absence de voies de transport, et, par conséquent, de commerce. Les propriétaires ne pouvant, jusqu'à ce jour, exporter leurs denrées qu'en subissant des frais qui ne leur permettaient par de soutenir la concurrence de celles des autres provinces, se bornaient à obtenir de leurs champs les produits nécessaires à leur consommation personnelle..... Toute exploitation, dans les bassins dont nous nous occupons, n'eût-elle que trois hectares d'étendue, était une espèce de spécimen d'agriculture universelle : on y cultivait, en dépit d'un sol rebelle, le lin pour se vêtir, le blé, la vigne, le maïs, le jardinage, les légumes pour se nourrir, le colza pour s'éclairer ; on y élevait les porcs, la volaille, les bêtes à laine et le bétail, afin de répondre aux divers besoins du ménage. De là, un morcellement non-seulement de propriété, mais de culture, qui fût une des causes les plus sérieuses de l'infériorité de l'agronomie sous-pyrénéenne.

La création récente des chemins de grande et de petite communication ne pouvait manquer d'améliorer cet état de choses regrettable ; la facilité croissante de vendre et d'acheter toutes sortes d'objets à prix modéré dans les villes et les villages, constamment bien pourvus, commence à combattre cette ancienne routine. Le propriétaire ne sentant plus à sa porte la pénurie, la famine qui venaient le visiter autrefois tous les huit ou dix ans, renonce à son ombrageuse prévoyance d'autrefois, et s'occupe de soumettre ses assolements aux convenances du sol et des influences climatériques... En étudiant le mouvement très-prononcé qui se fait dans cette partie de l'économie agricole, on peut prévoir l'époque très-rapprochée où la vigne et la prairie auront reconquis le sol que les céréales avaient envahi. Les avantages de ce principe sont déjà reconnus ; les agriculteurs travaillent à généraliser son application.

L'ouverture des routes transpyrénéennes ne peut manquer de développer aussi la culture des prairies naturelles, en ouvrant dans la Péninsule un vaste débouché au bétail. L'Espagne, en effet, verra croître ses besoins à l'endroit des bêtes de trait et de boucherie, en proportion des progrès de son industrie et du bien-être général de ses habitants. Sur ce point, le midi de la France n'aura aucune concurrence à craindre ; car l'Espagne, pays à vin et à céréales, trouve à peine, sous un climat brûlant, le fourrage nécessaire à la nourriture de ses animaux de trait. Elle ne songera jamais à produire la viande de boucherie qui lui sera nécessaire. Les départements pyrénéens, naturellement chargés de la lui fournir, le feront dans des conditions d'autant plus favorables, que ce produit se transporte lui-même à certaine distance et qu'il n'aura pas de frais de roulage à subir ; tandis que le bétail des pays éloignés ne pourra pénétrer dans la Péninsule, soit par les voies ferrées, soit par mer, qu'avec des dépenses considérables.

Voici quelle est aujourd'hui la production des départements pyrénéens en céréales, vins, animaux, fourrage et autres denrées :

II

PRODUCTION AGRICOLE.

Pyrénées-Orientales.

PRODUITS.	HECTARES ensemencés.	HECTOLITRES produits, déduction faite de la semence.	CONSOMMATION locale.	PRIX MOYEN par unité.	
				fr.	c.
Froment.	16006	150831	251514	19	05
Epautre.	5640	40706	60680	9	30
Seigle.	15592	94194	96462	8	07
Orge..	1055	9978	8205	11	41
Avoine..	2231	21979	21716	11	82
Maïs et Millet. . . .	2155	27130	28030	12	05
Pommes de terre. .	4109	192720	198233	2	83
Sarrasin	235	1309	1251	9	25
Légumes.	2794	21370	29571	17	60
Oliviers.	5705	7521	8558		
		Quintaux.			
Prairies naturelles .	9240	144905	153373	5	
— artificielles.	5558	128760	155581	5	
Vignes.	35403	Hectolitres.		Valeur totale.	
Vin.		301035	205684	3250803	
Eau-de-vie.		12000	1000	588450	
		Pieds d'arbres.	Kilos de soie produits.		
Mûriers.		44100	6100	17080	
		Têtes.			
Bêtes à corne. . . .		21223			
— à laine. . . .		379492			
Chevaux..		8479			
Mules.		5267			
Anes.		6854			
Porcs.		28283			
Chèvres..		21235			

Valeur totale des animaux 10206700

Aude.

PRODUITS.	HECTARES ensemencés.	HECTOLITRES produits, déduction faite de la semence.	CONSOMMATION locale.	PRIX MOYEN par unité.	
				fr.	c.
Froment.	69062	664420	618102	18	40
Epautre.	3068	21535	22180	13	05
Seigle.	13778	123219	146018	11	05
Orge.	2804	26379	17752	11	51
Avoine.	21415	272058	220894	14	94
Maïs et Millet. . . .	18443	262315	248320	14	65
Sarrasin.	521	5605	7751	8	70
Pommes de terre. .	7990	312792	320632	2	75
Légumes.	3739	25476	40741	16	45
Oliviers.	1203	1400	1400		
		Quintaux.			
Prairies naturelles .	8328	222280	155254	5	40
— artificielles.	19904	540661	436461	5	45
Vignes.	52817			Valeur totale.	
Vin.		1011433	396953	782596	
Eau-de-vie.		84024	549	5467848	
		Pieds d'arbres.	Kilos de soie produits.		
Mûriers.	44	41062	5872	16280	
		Têtes.			
Bêtes à corne. . . .		28454		3668633	
— à laine. . . .		612409		5174739	
Chevaux.		19843		2664195	
Mules.		14044			
Anes.		5818			
Porcs.		27415		952982	
Chèvres.		11611		150951	
Valeur totale des animaux 15712400					

Ariége.

Froment.	29931	268452	232092	17	45
Méteil.	4422	40596	57350	13	85
Seigle.	16456	153536	198889	11	40
Orge.	642	5718	5909	9	»
Avoine.	8301	90301	83501	6	95
Maïs.	16545	238165	247305	9	55
Pommes de terre. .	19989	1820 20	1781787	2	25
Sarrasin.	5436	65157	59949	7	45
Légumes.	3422	14086	22350	16	50
		Quintaux.			
Prairies naturelles .	37992	706742	716801	4	70
— artificielles.	5748	121315	121133	4	60

Ariége (Suite).

PRODUITS.	HECTARES ensemencés.	HECTOLITRES produits, déduction faite de la semence.	CONSOMMATION locale.	PRIX MOYEN par unité.	
		Hecto'itres.		fr.	c.
Vignes.	10465				
Vin.		166827	156143	11	55
		Têtes		Valeur totale.	
Bêtes à corne. . . .		80140		6296544	
— à laine. . . .		379033		3152177	
Chevaux..		10339		1154860	
Mules.		2973		290589	
Anesses		7523		234962	
Porcs.		50425		1627415	
Valeur totale des animaux 12756547					

Haute-Garonne.

PRODUITS.	HECTARES ensemencés.	HECTOLITRES produits, déduction faite de la semence.	CONSOMMATION locale.	Par unité.	
Froment.	130520	1087885	880751	18	60
Méteil.	7354	58314	98966	13	75
Seigle.	17577	168203	133481	12	60
Orge.	1362	17844	13918	10	55
Avoine.	15368	172578	121208	8	30
Maïs.	49051	616631	465148	10	»
Pommes de terre. .	10269	435871	442748	2	85
Sarrasin.	2823	28393	28997	6	55
Légumes.	9619	74138	59381	15	85
		Quintaux.			
Prairies naturelles .	34303	722756	665840	5	80
— artificielles.	21827	534915	477650	4	30
Vignes.	45406	Hectolitres.			
Vin.		604732	442977	12	55
Eau-de-vie.		760	1590	60	»
		Têtes.		Valeur totale.	
Bêtes à corne. . . .		109691		2589410	
— à laine. . . .		354112		2740345	
Chevaux.		16145		2424398	
Porcs.		76444		1831081	
Valeur totale des animaux 9585234					

Gers.

PRODUITS.	HECTARES ensemencés.	HECTOLITRES produits, déduction faite de la semence.	CONSOMMATION locale.	Par unité.	
Froment.	144666	1197538	961715	15	15
Méteil.	1831	16625	16554	12	10
Seigle.	4632	42024	36403	10	45
Orge.	2102	20381	18692	8	55

Gers (Suite).

PRODUITS.	HECTARES ensemencés.	HECTOLITRES produits, déduction faite de la semence	CONSOMMATION locale.	PRIX MOYEN par unité.	
				fr.	c.
Avoine.	15249	174882	128697	6	50
Maïs.	31536	321568	274281	8	65
Pommes de terre. .	3589	116306	133481	2	35
Légumes.	9294	79260	74295	13	15
		Quintaux.			
Prairies naturelles .	59021	1430295	1382820	4	70
— artificielles.	9393	177055	166006	3	50
Vignes.	95951	Hectolitres.			
Vin.		1128820	725897	7	70
Eau-de-vie.		42584	648	42	»
		Têtes.		Valeur totale.	
Bêtes à corne. . . .		129172		11509907	
— à laine. . . .		301730		1690574	
Chevaux.		18773		2378775	
Mules.		3397		353989	
Porcs.		52892		1187489	
			Valeur totale des animaux	17120734	

Hautes-Pyrénées.

PRODUITS.	HECTARES ensemencés.	HECTOLITRES produits, déduction faite de la semence	CONSOMMATION locale.	PRIX MOYEN par unité.	
Froment	22812	246522	311296	17	20
Méteil.	7378	92074	143073	13	75
Seigle.	8179	100225	143488	11	75
Orge.	3115	39036	56500	10	10
Avoine.	4617	53321	40737	8	55
Maïs.	18478	357609	390654	9	90
Pommes de terre. .	5569	338832	368642	2	50
Sarrasin.	1675	20616	29473	7	75
Légumes.	1440	11560	9101	16	50
		Quintaux.			
Prairies naturelles .	47662	1911505	1513165	3	95
— artificielles.	2661	66188	52770	3	45
Vignes.	14824	Hectolitres.			
Vin.		268776	194370	10	45
Eau-de-vie.		2192	1024	47	35
		Têtes.		Valeur totale.	
Bêtes à corne. . . .		87318		6151203	
— à laine. . . .		277256		1670898	
Chevaux..		14377		1519877	
Mules.		3120		134171	
Anes.		8668		182715	
Porcs.		54450		1265727	
			Valeur totale des animaux	10924491	

Basses-Pyrénées.

PRODUITS.	HECTARES ensemencés.	HECTOLITRES produits, déduction faite de la semence.	CONSOMMATION locale.	PRIX MOYEN par unité.	
				fr.	c.
Froment.	55814	478101	641212	16	20
Orge.	2410	29547	36979	10	50
Avoine.	1847	22778	35078	8	70
Maïs.	71238	1141508	1410166	9	40
Pommes de terre. .	2685	117862	159340	2	30
		Quintaux.			
Prairies naturelles .	67530	1208261	1299512	4	15
— artificielles.	2697	73928	134341		
Vignes.	23435	Hectolitres.			
Vin.		235011	299440	11	55
Eau-de-vie.		45	6197	56	45
		Têtes.		Valeur totale.	
Bêtes à corne. . . .		140597		11191508	
— à laine. . . .		431211		3380695	
Chevaux.		25304		2412630	
Porcs.		75697		3700761	

Valeur totale des animaux 20685594

Landes.

Froment.	28526	203413	196068	15	20
Avoine.	992	7889	6706	7	75
Maïs et Millet. . . .	72082	693894	724766	8	10
Seigle.	42881	305628	320276	10	35
Pommes de terre. .	1642	39704	40177	2	60
Légumes secs. . . .	791	7680	9053	12	60
		Quintaux.			
Prairies naturelles .	26015	431150	431150	4	80
— artificielles.	1073	19633	19071	3	95
Vignes.	19918	Hectolitres.			
Vin.		386402	369574	8	85
Eau-de-vie.		11100	2106	45	»
		Têtes.		Valeur totale.	
Bêtes à corne. . . .		68228		6378558	
— à laine. . . .		463628		2194492	
Chevaux.		23035		1582799	
Porcs.		51651		2298306	

Valeur totale des animaux 12454155

Il résulte de ces tableaux que les principales productions agricoles des départements pyrénéens donnent les résultats suivants : le blé produit 4,297,162 hectolitres ; les départements sont placés à cet égard dans l'ordre suivant : 1° le Gers, 2° la Haute-Garonne, 3° l'Aude, 4° les Basses-Pyrénées, 5° l'Ariége, 6° les Landes, 8° les Pyrénées-Orientales.

Le seigle donne 987,029 hect. les départements sont dans l'ordre suivant : 1° Les Landes, 2° le Gers, 3° la Haute-Garonne, 4° l'Aude, 5° les Basses-Pyrénées, 6° les Pyrénées-Orientales, 7° les Hautes-Pyrénées.

L'avoine produit 815,786 hect. dans l'ordre suivant : 1° le Gers, 2° la Haute-Garonne, 3° l'Aude, 4° les Hautes-Pyrénées, 5° les Basses-Pyrénées, 6° les Pyrénées-Orientales, 7° les Landes.

Le maïs donne 3,214,767 hect. dans l'ordre suivant : 1° les Basses-Pyrénées, 2° les Landes, 3° les Hautes-Pyrénées, 4° le Gers, 5° l'Aude, 6° l'Ariége, 7° la Haute-Garonne, 8° les Pyrénées-Orientales.

Les vignes produisent 3,872,001 de vin : 1° le Gers, 2° l'Aude, 3° la Haute-Garonne, 4° les Landes, 5° les Basses-Pyrénées, 6° les Hautes-Pyrénées, 7° l'Ariége. — Plus 516,007 hect. d'eau-de-vie : 1° les Landes, 2° l'Aude, 3° le Gers, 4° Hautes-Pyrénées, 5° la Haute-Garonne, 6° Basses-Pyrénées.

Les prairies produisent 6,776,948 quintaux, les départements étant ainsi disposés : 1° les Hautes-Pyrénées, 2° le Gers, 3° les Basses-Pyrénées, 4° la Haute-Garonne, 5° l'Ariége, 6° les Landes, 7° l'Aude, 8° les Pyrénées-Orientales. — Les prairies artificielles, 1,661,455 quint : 1° l'Aude, 2° la Haute-Garonne, 3° le Gers, 4° les Pyrénées-Orientales, 5° l'Ariége, 6° les Basses-Pyrénées, 7° les Hautes-Pyrénées, 8° les Landes.

Les animaux enfin représentent un capital d'environ 109,445,855 dans l'ordre suivant : 1° les Basses-Pyrénées, 2° le Gers, 3° l'Aude, 4° l'Ariége, 5° les Landes, 6° les Hautes-Pyrénées, 7° les Pyrénées-Orientales, 8° la Haute-Garonne.

On voit d'après ce tableau, que le Gers occupe le premier rang par l'importance de ses produits agricoles.

I

INDUSTRIE.

De l'agriculture passons à l'industrie.

Les bassins de l'Aude et de la Garonne ne comptent pas au nombre des grands pays industriels... Toutefois, au milieu de cette zone méridionale, presque exclusivement agricole, les hautes vallées, profitant de nombreux gisements de minerai que la nature leur a donnés, des belles forêts et des inappréciables chutes d'eau qui leur procurent, sur tous les points, des moteurs d'une puissance énorme, ont développé un mouvement industriel qui acquiert chaque jour une prospérité plus prononcée. Ne nous bornons pas à des généralités, précisons les faits.

Mais avant d'entreprendre l'inventaire des richesses industrielles, exploitées de nos jours, examinons avec soin ce qu'elles étaient à la fin du dernier siècle. Cette comparaison du passé avec le présent ne peut manquer de donner des enseignements précieux.

II

RICHESSES MINÉRALES DES PYRÉNÉES EN 1785.

Le grand ouvrage du baron Diétrick, membre de l'Académie des Sciences, nous fournit sur ce point tous les documents que nous pouvons désirer. Ce fut en 1785 que M. Diétrick remplit dans les Pyrénées sa mission scientifique, et voici le résumé rapide de son important travail (1).

COMTÉ DE FOIX.

Le comté de Foix possédait 12 cours d'eaux aurifères (2), 3 mines argentifères, 27 mines de fer, 2 mines de plomb, 4 mines de cuivre, 5 de pyrite martiale, 3 d'alun, 2 d'ocre, 1 de manganèse.

(1) *Description des gîtes de minerai, des forges et des salines des Pyrénées*. Paris, 1786.

(3) En 1748, M. Réaumur avait publié un mémoire fort intéressant sur les rivières aurifères du royaume, et notamment sur l'Ariége. M. Guétard en avait publié un autre sur le même sujet en 1761.

M. Diétrick commence son ouvrage en désignant les divers cours d'eau qui roulent des paillettes ou *paillons* d'or, et décrit les opérations auxquelles se livraient encore les *orpailleurs* : il paraît que l'or n'était pas roulé par les torrents des hautes vallées, mais par les ruisseaux qui prennent leur source et coulent hors des grandes montagnes, dans les terrains tertiaires des simples coteaux. On remarquait parmi les plus abondants :

L'*Ariége* (Auriger), qu'on appelait encore *Oriége;* le ruisseau de *Paillès;* celui de la *Béouse*, près de la Bastide-de-Ceron, le *Taliol*, le *Pitron*, également près de la Bastide, le *Lordas*, *l'Arize* près de Durban, et le *ruisseau de Saint-Martin*. On recueillait également des sables aurifères dans les ruisseaux de *Soueix*, près de Saint-Girons, dans *le Vert*, au-dessus de la même ville, mais surtout dans *le Salat*, entre Bonrepaux et Roquefort. Les femmes étaient particulièrement employées à ce travail, notamment sur le *Salat;* mais cette industrie, bien plus active aux époques antérieures, perdait chaque jour de son importance. De 1750 à 1761, on n'avait apporté au bureau de Pamiers que 80 marcs d'or ; plus anciennement la monnaie de Toulouse recevait jusqu'à 200 marcs d'or par an des orpailleurs de l'Ariége.

En revanche, la préparation du fer offrait un haut degré de prospérité : en énumérant les divers points du comté de Foix sur lesquels le minerai paraissait presque à la surface, et où il était exploité, on reste convaincu que le groupe tout entier de ses montagnes forme une immense masse de fer. On n'ignore pas d'ailleurs que le minerai de l'Ariége est de la plus belle qualité, et qu'il se détache presque toujours en roche sous la bêche des mineurs.

D'après le procès-verbal de la réformation des bois de M. Froidoure, dans le 17e siècle, le comté de Foix, le Cousserans et le marquisat de Mirepoix ne possédaient pas moins de 44 forges et de 8 martinets.

En 1785 plusieurs mines étaient encore en exploitation dans le comté de Foix et chaque mine avait sa forge.

La forge de la *Vallée-de-Merens*, près de *l'Espitalet*, prenait le minerai au *Puy-de-Merens*, dans la Cerdagne française, et dans la *Vallée-de-Carol*. Elle était fermée en 1785, faute de combustible, les forêts voisines ayant été épuisées. Il est inutile de dire que le charbon de terre n'était pas en usage alors dans les Pyrénées. On ne connaissait que le charbon de bois, emploi qui constitue une des particularités des forges à la catalane.

La forge *d'Orlus* et celle *d'Orgez*, situées dans la vallée d'Orlus, à l'est d'Ax étaient principalement alimentées par la mine de *Pinette*, située à six heures de marche, en amont de la forge; — par la *mine de la Morteze* — par celles d'*Engaudue* — par celle du *Pic-de-la-Graüllière* placées dans le même rayon.

La forge de *Migenes*, près du port de Pallier dans le Donnezan, recevait le minerai de la mine du *Port-de-Pallier* dans la vallée d'Ascou près d'Ax, — de la mine de *Vic-de-Sos*, — de celles d'*Escaron* près d'Olette, — de celle de *Pradès* de Conflans; elle ne travaillait que pendant cinq mois à cause de la rigueur de l'hiver, du manque d'eau et de la difficulté des chemins.

La forge de *Castelet-de-Perles*, au nord d'Ax, ainsi que celle d'*Urg*, dans le village de Vebres, près de Lordat tiraient une partie de leur minerai à l'état de truffe de la mine de *Causson*.

Les trois forges de Gudane, sur l'Aston, préparaient le minerai, des mines de *Bouan* de la montagne de *Saint-Jal*, — de celle de *Saint-Pierre, du Pech-de-Ferrière*, près d'Albiès, — de la mine de *Lusenac*, sur la route de Gudanes à Ax, — de celle de *Combès-d'Ensignan*, sur la frontière de l'Andore..... anciennement elles en recevaient aussi de la mine de *l'Arcat*, située au sud de Gudanes; ainsi que du *Pech-de-Gudane*, mine exploitée avant celle de Vic-de-Sos. M. Diétrick pensait que les filons y étaient considérables encore, bien que des éboulements eussent fait abandonner les galeries (1).

Les forges de *Saint-Paul-de-Jarrat* et de *Celles*, au nord-ouest de Tarascon, étaient alimentées par les mines de *Fontet* (vallée de Fontet), — par celles de *Freychine*, — du camp de la *Fontet*, — de *Saint-Jean-de-Guillous*, — de *Belmont* sur le Belmont.

La forge de *Castelet-Dalens*, au nord-est de Tarascon, était alimentée par une mine toute voisine.

La forge de *Niaux*, au sud-ouest de Tarascon, sur le Vic-de-Sos, tirait son minerai de la mine de *Miglos*, — de celle de *Carbon*, au midi d'Axiat, — de celles de la *Ramaillère* et de la *Houlette*, à demi lieue d'Axiat : une mine ouverte à Norgeat avait été abandonnée après quelques temps d'exploitation.

La haute vallée de Vic-de-Sos possédait cinq forges : la *forge Neuve*, la *forge de Vexanelle*, celle de *Prades*, celle de *Guiller* et celle de *Si-*

(1) La vallée d'Andore (Catalogne), possédait aussi des forges à Serrat, à Ordine, à Encamp. Elles étaient alimentées par les mines d'Encamp et de la Combe d'Ensignan.

gnier : elles recevaient le minerai des célèbres mines de Rancié, commune de Sem, les plus considérables des Pyrénées, et qui déjà, depuis longtemps, fournissaient une partie de la matière première à 48 forges de la contrée. Le même gisement se prolongeait dans la montagne voisine de *Lercoul*.

Les forges de *Rabat*, de *Surriat*, de *las Esquerances*, de *la Mouline*, prenaient une partie de leur minerai à la montagne de *Saurat*, à la montagne de *Saraute*, à la mine de *la Fontaine* et à celle de *Gaillardet*.

La forge de *Cabirole*, à l'est de Foix, la forge *Destaniel*, au sud de la Bastide, de Seran, la forge de *Tournée*, près de Durban, préparaient le minerai de plusieurs des mines désignées plus haut. On constatait enfin la présence du fer dans le ruisseau d'Arnave, au sud de *Saint-Paul-de-Jarrat*, et dans la grotte du *Mas-d'Azil*, mais il n'y était pas exploité.

Quant aux autres métaux, on trouvait de l'ocre brune dans le ruisseau de *Laigourque*, montagne de *Staniole*. Du sel dans la fontaine de *Camarade*. Du charbon de terre au nord-ouest du *Mas-d'Azil*, et dans la vallée de *Granqule*, même contrée ; à *Monsas* et au *Boulou*, dans la paroisse de ce nom.

Des filons de plomb se montraient à *Caussou* dans le Lordadet ; on avait autrefois exploité la même matière à *Axiat*, mais les galeries étaient depuis longtemps abandonnées ; le cuivre avait été longtemps exploité à *Méras*, surtout à *Atiels*, paroisse de Larbout ; on avait depuis longues années renoncé à toute extraction ; la mine de *Lugeat*, de la même matière, était encore en exploitation en 1669.

Le territoire de *Vaychies*, au nord-ouest d'Ax, possédait une mine de vitriol et d'alun dans la montagne du *Laurier* ; le même gisement paraissait aussi dans la montagne de *Perles*, toute voisine de la précédente.

Quant aux mines d'or et d'argent que l'opinion publique fixait au *Pic-de-Tabe* ou de *Saint-Barthélemy*, le baron Diétrich les estimait fort problématiques.

En 1785, la seule mine de Rancié n'occupait pas moins de 300 mineurs de tout âge ; les hommes gagnaient de 16 à 18 sols par jour, et les enfants 10 : le quintal de minerai de 150 livres était vendu 5 sols 6 deniers aux habitants de la vallée, et 7 sols 6 deniers aux forges des vallées voisines. Les mineurs dépensaient jusqu'à vingt quintaux de poudre par an et quatre à cinq francs d'huile, pour extraire quatre quintaux de 150 livres. Prises dans leur ensemble, les forges du comté de Foix produisaient 5,550,000 livres de fer ; elles employaient à cette fabrication 295,200 sacs de charbon de bois ; le sac de cinq pieds cubes pesant 70 livres. Chaque livre de fer forgé dépensait de 3 à 5 livres de charbon. Ces 5,550,000 livres de fer procuraient au comté 777,000 francs de revenu ; tous les fers qui se consommaient au-dessous de Foix payaient 6 livres 6 deniers à la régie.

L'industrie du fer constituait la richesse du comté de Foix, M. Tronçon-du-Coudray avait publié, en 1775, un mémoire dans lequel il établissait que la préparation à la catalane était de beaucoup supérieure à tous les autres procédés usités en France ; elle constituait une économie de trois quarts sur les premiers frais d'établissement, une économie de moitié sur celle du charbon ; cette méthode avait aussi l'avantage de produire, avec une dépense égale, deux qualités de fer dont l'une était propre à remplacer l'acier.

COUSSERANS,

Aujourd'hui département de la Haute-Garonne.

En 1785, cette partie des Pyrénées ne renfermait pas moins de 66 mines :

Savoir, 9 mines de fer, 16 de plomb, 18 de cuivre, 4 de minerai argentifère, 3 d'arsenic, 4 de pyrite martiale, 6 de zinc, 1 d'ocre, 3 carrières de marbre, 2 ruisseaux aurifères.

A cette époque le minerai de fer d'*Aguecerre*, dans la montagne de Corre, était fondu à la forge *Derce* et à celle d'*Aulus*, construites en 1783 ; elles ne travaillaient l'une et l'autre que pendant très-peu de mois de l'année. La mine du *Picot*, vallée d'Ustou, était exploitée avant 1710, mais la forge qui la desservait restait en chômage depuis cette époque. La mine de *Pouech-de-Guaf*, près de la rivière de Garbet, fut autrefois exploitée sur une grande échelle. Celle de la *Scala-de-Larouillas*, sur le ruisseau du Garbet, paraîssait également assez riche, bien qu'elle ne fût plus exploitée.

Deux forges étaient en mouvement sur le Garbet à 1,400 mètres au sud du village d'*Oust ;* une autre à *Alos* sur le Souladat, au-dessous d'Alos ; une quatrième à *Canadèle*, au levant de Massat ; on espérait pouvoir l'alimenter avec la mine du *Col-du-Four*, qui fût autrefois exploitée ; mais les galeries s'obstruèrent, et l'on dut les abandonner. A 3,600 mètres au sud-est de Massat existait aussi la forge de l'*Espartins* qui ne travaillait que pendant trois ou quatre mois. On trou-

vait enfin des gisements de fer à la *Cassagne*, dans une gorge, en remontant le vallon de Subérorte, — à la montagne de *Ferrasse*, entre
le Caichouet et la Peyregoude : mais on ne l'exploitait plus dès 1775;
on en trouvait près du même lieu au *Pouch-de-Besolle*, au sud du
Massat, — à Piouselle, au sud-ouest (abandonné depuis 1780), —
à Bajen, toujours au sud-ouest de Massat, — enfin à *Orgibet*, dans
la vallée de Lalongue, au sud-ouest de Saint-Girons.

Quant aux autres métaux, voici quels étaient les gisements en
exploitation, ou simplement constatés :

La paroisse d'Aulus renfermait la mine de plomb argentifère des
Argentères; elle avait été exploitée autrefois, mais ne l'était plus
en 1785. La mine de la *Corre* ou *Quorre*, à cent toises de celle-ci,
était infiniment plus riche, il en était de même du filon de la *Sou-
quette;* le baron Diétrich le considérait comme un des plus importants
des Pyrénées. Il est constant que le plomb et le zinc étaient retirés
autrefois en grande quantité du *Trou-des-Yeux*, au-dessus de la *Scala-
de-Larouillas*. Il en fut de même à *La-Sangle-du-bois-des-charbon-
niers;* — dans les bois d'*Aubac*, — à la *Playets-de-Lasines* ou *Cap-de-
Vesch*..... La montagne de Carboire, dans la vallée de Saint-Liziers;
Dustou renfermait de beaux filons de plomb, ainsi que le lieu appelé *Laoque-du-Bouis*. On trouvait le même métal à *Lescalatorte*, au-
dessous du château de Lagarde, dans la vallée de Soueix, — à *Mi-
mort*, au couchant du village de Conflans-de-Bemmajou, près de
Soueix (cette mine était exploitée en 1785), — à *Bourdaloue*, près
de Lurbat, au nord-ouest de Massat (les travaux en étaient abandonnés en 1785) ; — au *Col-de-Boulogne*, où le plomb était tellement
abondant que de simples maraudeurs parvenaient à l'extraire ; —
il en existait à *Léon*, 2,000 mètres, à l'ouest du col de Boulogne, —
aux *Aciés*, près de Pierre-Roussette, paroisse de Portet; — à *Coule-
doux*, et dans la montagne de la *Pallerasse*.

La présence du cuivre était constatée au-dessous de la rivière
d'*Arce*, canton d'*Enfer*, à l'endroit appelé les *Raspes*. — Au *Puech-
de-Guaff* où le filon traversait la rivière d'Arce et se perdait dans la
montagne *de Pic-Rouge* où il paraissait avoir été jadis entamé ; — à
la fontaine, sur le puech de Guaff, — aux *Jalumes*, en face de la Bré-
cherie, au-dessus de la rivière de Parvis, — dans la montagne des
Escanarades, au lieu dit *Commartis;* on trouvait d'anciens puits,
sur un second point éloigné de 500 mètres; — à *Serol*, dans le vallon de Fouilles; — à la Coumette, dans la montagne *Dichedez*, près

de Jourdy, sur la rivière l'Escorse; — à Sancet, sur la montagne de *Sahucette*, dans la vallée de Soueix; — à *Mède* et à *Aunac*, dans la commune de Soueix; — à *Langlade*, commune Dorgibet, où l'on avait commencé de travailler au milieu du dix-huitième siècle.

On rencontrait la pyrite martiale à *Escarol*, territoire de Foussenac, près du Col-du-Four ; — à la montagne de *Langlade*, — à celle de *Basetz*, vallon de Fouillet.

La litharge était exploitée dans la vallée de *Conflans-de-Salau*.

Le quartz existait à la *Rauquanté*, au-dessous des Forges-d'Alos.

L'arsenic aux *Playets-de-Lasmes*, ou *Lavetz*, près du *Cap-de-Vesch*.

On trouvait enfin de belles carrières de marbre, au *Pont-de-la-Taule*, sur la rive droite du Salat, dans la vallée de Conflans-de-Salau; — à la *Marbouillère*, non loin du Pont-de-Taule, au-dessous du château de Mirabal — on tirait du marbre blanc de *Fonsorbe*, à l'entrée du vallon de Leschint, dans la vallée de Soueix.

Malheureusement toutes ces richesses avaient toujours été mal exploitées, attaquées avec négligence, et le nouveau concessionnaire de toutes les mines du Cousserans, M. le marquis de Villepinte, ne paraîssait pas très-propre à en améliorer le régime.

COMMINGES ET QUATRE-VALLÉES.

Cette partie des Pyrénées, un peu moins riche en minerai de fer que le comté de Foix, ne lui cédait en rien à l'endroit des autres métaux ; en effet, si l'on n'y trouvait que 9 mines de fer, il y en avait 18 de plomb, 16 de cuivre, 10 de métaux argentifères, 7 de pyrite martiale, 3 de zinc, 2 de cobalt, 1 de cristal de roche, 1 de pyrite arsénicale, 1 de grenat, 1 de charbon et 7 carrières de marbre.

Le village d'*Arbas*, au sud-est de Saint-Martory, possédait une forge destinée d'abord à exploiter le fer des environs ; mais le minerai se trouva de mauvaise qualité, et l'on dut en faire porter de Vic-de-Sos. Les mines les moins défectueuses des environs d'Arbas étaient celles du *Col-de-Larrieu* et du *Territoire-de-Juset*. On avait également construit des forges entre Saint-Béat et Fos, du côté de Melles, pour exploiter les gisements qui se montraient dans le voisinage ; mais on fut obligé de les abandonner à cause de la mauvaise qualité du fer. On avait établi également, en 1725, des forges à *Hèches*, dans la vallée d'Aure, pour exploiter une mine de fer ouverte dans les environs, à plus de 400 pieds de profondeur ; les travaux furent mal dirigés, l'eau envahit le puits, on dut l'abandonner après dix-huit mois d'exploitation.

Le plomb était anciennement retiré des montagnes d'*Arcoulas-san*; mais les galeries étaient obstruées en 1785... Il en était ainsi de celle d'*Uls*, au sommet du Pic-de-Mèles et de celle de *Combe-de-Ger* ou *Gière*... Argut-Dessus, près de Saint-Béat, possèdait également des gisements de plomb ; ils furent exploités au milieu du dix-huitième siècle, et presque aussitôt abandonnés. La reine Jeanne d'Albret avait fait travailler à la mine du même métal dans le village de *Lège*, près de Cierp. Le plomb argentifère paraissait aussi à *Montauban*, près de Luchon; — à la montagne de *Carbelouse*, dans la vallée du Lys ; — à la montagne de la *Pique*, aux sources mêmes de ce cours d'eau ; — au sommet du *Pic-de-la-Fraîche*, au-dessus du port de Vénasque ; — dans la *Vallée-de-l'Arboust*, tout à côté de Bagnères-de-Luchon ; — à la montagne de *Lesquières*, près du val de Nasto, vallée d'Oo ; les anciens l'y avaient exploitée sur une assez grande échelle ; — le plomb argentifère paraissait aussi au rocher de *Silver-varca*, au haut de la montagne d'Oo ; — au *Pic-de-Fourcade*, séparation de la vallée de l'Arboust, de celle de Louron — et à *Belzayet*, sur la pente méridionale du pic de la Fourcade.

Six mines de plomb argentifère étaient exploitées dans la montagne de *Guchan*, au haut de la vallée d'Aure, au-dessus d'Aragnouet. Une dernière enfin, au-dessus d'*Asque*, près de Sarrancolin ; mais celle-ci fut abandonnée après quelques années d'exploitation.

La présence du cuivre était constatée près de *Montréjeau*, non loin du chemin de *Salechan* ; — au bois de *Daouran*, en remontant le ruisseau de *Mandan*, près de Saint-Béat ; — à *Artigue-Alichan* ; — à l'entrée de la vallée d'Aran ; — sur le territoire de *Beausens*, à l'endroit appelé *Alta-Banavera* ; — à *Estenos*, dans la vallée de Luchon, où les gisements paraissaient être très-abondants. A Salechan, l'exploitation fut commencée sous de très-heureux auspices ; la montagne de *Sayets*, notamment, entre Estenos et Salechan, avait des filons de très-belle nature. Le cuivre paraissait enfin au *Mail-de-Castel*, près de la montagne de Portet, et au-dessus du *Pré-de-Basch*; — à Moustajou, près de Bagnères-de-Luchon — à Saint-Mamet, même vallée ; — à *Serat*, ou *Alcherrat*, au nord-ouest des cabanes de Nasto, près de Saint-Aventin... Le cuivre existait aussi près du lac de Séculéjo; — à *Montaroye*, au pied du Templa, — et au haut de la vallée de Campan. On trouvait le cobalt, à *Saint-Lary*, entre Castillon et Saint-Béat, et surtout à Saint-Mamet, près de Bagnères-de-Luchon. Le comte de Beust, concessionnaire, par ordonnance du roi, de toutes les mines de cette nature situées dans les Pyrénées, faisait travailler alors à celle de Saint-Mamet. Sa manufacture de soufre et d'azur était placée sur le cours de la Pique.

La présence de la pyrite martiale était constatée à la *Soulanne-ae-Burbe*, paroisse de Saint-Mamet — à côté du lac de *Séculéjo* près de Luchon — à *Ancisan*, vallée d'Aure... Il existait de l'arsenic au bas du pic d'Arbizon, au lieu dit *Laoueillère*.

On trouvait le marbre à *Cierp* entre Saint-Béat et Luchon ; — à *Mancioux*, près de Saint-Martory ;—à *Gourdan*, près de Montréjeau ; — à *Camous*, au sud de Sarrancolin ; — à *Beyrède*, près de la même ville ;— le marbre blanc de Saint-Béat jouissait déjà d'une réputation très-étendue.

COMTÉ DE BIGORRE.

Le comté de Foix est un massif de fer. Le Cousserans, le Comminges et les Quatre-Vallées sont un massif moitié fer, moitié plomb et cuivre ; le Bigorre ne produit que du plomb..... il se trouve dans la gorge de Gèdre au lieu dit *de Couret*. M. Thorin, concessionnaire général de toutes les mines des Pyrénées, l'avait fait attaquer par quatre galeries, à côté de travaux remontant à une date fort éloignée. Il paraissait encore à *Cazenave*, dans les bois de la *Haignisse*, près de Gavarni ;—à *la Providence*, sur le ruisseau de *Lédelz* — et au *Trou-des-Maures*, au-dessus du village de Gavarni, d'où les anciens retirèrent des quantités de métal considérables.

Le vallon de Héas n'était pas moins riche en mines que la gorge de Gavarni ; il renfermait du plomb et du cuivre à *la Touyère*, près de la tour de *Liauzaude* sur la frontière d'Espagne ; — au *Turon-des-Artigues* ; — à la passade de l'*Arbaret*, au sud du ruisseau du Grout, — à *Saint-Philippe*, tout près de l'étang de Héas ; le puits qu'on y remarquait aurait fourni beaucoup de minerai si on ne l'avait laissé combler par les eaux : on en trouvait encore près la *Maison-de-Cazet* à Héas ; — à la côte de *Laraillère* de Héas, au lieu appelé *Lescrampette* ; mais ici encore puits et galeries avaient été abandonnés.

Toute cette partie des Hautes-Pyrénées semble former une masse de plomb, car ce métal se montre encore à *Pouyboucou*, du côté opposé au lac de Héas ; — à la *Gloriette*, sur la montagne de *Travesar*, où d'anciens travaux paraissent encore ; — au pont de la *Gardette*, sur le chemin de *Binquette* à Gèdre ; — près du pont de *Mayavat*, commune de Chèse, au-dessous de Luz ; — au haut de la montagne de *Viscos*, vis-à-vis la mine précédente ; — et au col de *Labat-de-Barèges*.

On trouvait le plomb mêlé au zinc dans la montagne de *Courties* et sur le ruisseau de *Naverne*, près de Saint-Savin ; la mine était attaquée par trois galeries dans le dix-huitième siècle ; elle l'avait été aussi à des époques bien antérieures...... On rencontrait encore ces deux métaux sur le territoire de *Nestalas* et sur la colline de *Batz*, tout à côté de Pierrefite ; — à Law, paroisse d'Arcisan-Avant ; — sur la rive droite du gave d'Azun ; — à la côte d'*Escrampette*, sur le territoire d'Arras, dans la vallée d'Azun ; — à *Castillon*, commune d'Arras et de Cires, sur le gave de Bun ; — à la crête de la montagne de *Lespujos* ; — sur le ruisseau du *Toua* dans les mêmes parages ;—à la montagne de *Ringadis*, dans la même vallée d'Azun, il y existe encore d'anciennes galeries d'extraction. Le plomb n'était pas moins abondant à l'*Abat*, près d'Auçun ; — à la *Pène-d'Aubène*, sur le territoire d'Arrens vallée d'Azun ; — au pic d'*Arriougrand*, au haut de la même vallée ; — à *Lécoute* ; — à *Cuielot* ; — à *Riscabane*, dans la vallée d'Asson, près d'Azun ; — à *Lespone*, près de Hongarou et d'Arrens ; — au château de *Beaucens*, près de Pierrefite ; — à *Lavaseil*, dans la vallée de Castel-Loubon, non loin de Pierrefite ; — à *Lasluses* ou *Palouma*, — et à *la Chourre*, sur le torrent du Nez.

Le Bigorre possédait quelques autres métaux, mais leur importance était assez bornée. La montagne de *Couques*, dans la vallée de Lesponne, à l'ouest de Campan, renfermait du zinc de très-belle qualité, à la mine de *la Goussette*. Ce métal se montrait également trois lieues plus haut, à la montagne d'*Areillous* ; il y existait des travaux remontant à peu près à 1660.

La vallée de Campan renfermait les marbres les plus abondants et les plus variés. Notamment à *Lespialet* et à *Sarabran*, près de Sainte-Marie. La montagne *de Drélis*, sur le Bastan, près de Barèges, fournissait le schoerl blanc, maclé à plans rhomboïdaux, le schoer blanc en parallélipipèdes rhomboïdaux, le schoerl vert en faisceaux, le schoerl violet, le quartz cristallisé ou cristal de roche, le spath calcaire ou d'Islande.

On trouvait du zinc à *Arrouge* dans le territoire de Cires, vallée d'Azun.

Le cuivre paraissait à la *Ramonouille*, près de Gèdre, vallée de Gavarni — à la montagne de *Cassin*, dans le territoire d'Arras, vallée d'Azun, ainsi qu'à *Nouaux*, sur le même territoire. Le spath calcaire, cubique et la galène massive existaient en grande quantité près de *Gèdre*, où des Anglais l'exploitaient et en envoyaient le minerai aux fourneaux de Sarrancolin ; mais la mine fut abandonnée. Elle mériterait à tous égards d'être reprise...... On trouvait encore du fer tout à côté de là, et en abondance, au *Plateau-des-Artigaux* ; l'exploitation en était également commencée, ainsi qu'à la mine de *Biroulet* au dessus du chemin de *Gèdre-Dessus*..... On s'occupait, en 1785, de construire une fonderie non loin d'Argelès, pour y préparer le minerai de ces deux gisements.

Le cuivre était exploité au pic du *Midi-de-Soulon* près de Pierrefite ; — à l'*Abat-d'Auçun*, vallée d'Auçun ; — au *Pic-du-Midi-d'Arrens*, dans la vallée d'Azun ; — à la *Butte-d'Aiguesalat*, près de Beaucens ; — ainsi qu'à *Vadean*, tout à côté de Saint-Pé. La pyrite jaune se montrait au *Pic-de-Pan*, sur le territoire de Marsous.

BÉARN.

La province de Béarn possédait 10 mines de fer, 16 mines de plomb, 25 mines de cuivre, 1 mine de charbon, 3 carrières de marbre, 2 sources salantes et 24 mines de métaux divers.

Les mines de fer produisaient du minerai *en masses*, dans la *Montagne-de-Listo* et de *Louvie*, paroisse de Saint-Paul d'Asson, dans la vallée d'Asson ; il était préparé avec avantage à la forge d'*Asson*. Le minerai en couches de la montagne de *Rebenac*, dans la vallée d'Asson, alimentait la forge de *Beon*. Le minerai en filons du *Col-de-Castet*, montagne du Rey, paroisse de Castel, vallée d'Asson, était anciennement préparé à la forge de *Beon*, mais elle avait renoncé à s'en servir. Le minerai de la montagne de *Houras*, paroisse de Louvie-Juson, était dans le même cas... Le minerai en filon de la *montagne Dasté*, dans la vallée d'Ossau, alimentait la forge de Beon qui le travaillait d'ailleurs assez mal. Le minerai en rognons, de *Balour*, paroisses Daas et Dassouste, vallée d'Ossau, se trouvait à son tour épuisé, après avoir alimenté quelque temps les différentes forges du Béarn. Le minerai *indéterminé* de la *montagne de Gourcy*, paroisse de Laruns, dans la vallée d'Ossau, touchait à sa fin. Le minerai en couche de la montagne de *Lagoun*, au *Minier-de-Pons*, paroisse de Laruns, était exploité pour la forge de Beon. Le minerai dispersé dans les champs, à la ferme de *Touron*, paroisse d'Atas, dans la vallée d'Aspe, offrait une exploitation peu avantageuse. Le minerai en filon de la montagne de *Bourrinse*, paroisse de Bétous, était tout aussi peu utile à exploiter.

Le plomb était dispersé dans les rochers, sur la montagne de la *Moulère-Vadean*, dans la paroisse de Saint-Pé, vallée de Légates; mais ces mines méritaient peu d'attention. Le plomb en filon venait d'être découvert sur la montagne d'*Anouillasse*, paroisse de Laruns, et paraissait de très-belle qualité. Le même métal se montrait au *Turon-d'Arau*, dans la paroisse de Saint-Pé, vallée d'Ossau. Exploité autrefois, il avait été repris par l'entrepreneur Baccarède, et bientôt abandonné de nouveau. Le plomb argentifère, en filon, de la *Porte-Malaniac*, paroisse de Laruns, n'était pas exploité, mais paraissait digne de l'être. Le filon de la *Pene-de-Cesi*, dans la paroisse de Lasmes, était peu important. Le plomb argentifère de *Sourince*, dans les paroisses de Soute et d'Aas, vallée d'Ossau, exploité autrefois, paraissait susceptible de l'être encore. Le plomb argentifère en filon de *Serres*, paroisse d'Oil, dans la vallée d'Aspe, venait d'être découvert et semblait capable de donner des résultats. Le plomb en filon de *Bellonca*, paroisse de Borse, vallée d'Aspe, où l'on voyait d'anciens travaux, semblait devoir être utilement extrait. On avait moins de confiance dans le plomb en veines situé en face de la *Bruscat*, paroisse de Lourdios, dans la vallée de Baretons.

Le cuivre était le plus abondant des métaux de la province de Béarn; on le trouvait en filons à la *Moulère-de-Vadean*; paroisse de Saint-Pé, vallée de Legates; il était dispersé dans une mine de fer à *Listo et Louvie*, paroisse de Saint-Paul-d'Ossau, vallée d'Ossau;— il se trouvait en filons à la montagne *des Caou*, paroisse de Laruns, où il venait d'être découvert; il méritait d'être recherché; — il en était de même à *Anouillasse*, paroisse de Laruns, découvert récemment il promettait des résultats; — le filon de *Neuport*, paroisse de Laruns, avait été attaqué par d'anciens travaux susceptibles d'être repris; — il avait été jadis exploité au col *de la Trape*, paroisse de Laruns; — et au mont de *la Grave*, même paroisse; — le filon de *Cesi*, quartier de *Hourques*, dans le même lieu, méritait d'être explorée; — les veines de la montagne de *Lameit-de-Sousoueix*, au Maupas, même paroisse, ne paraîssaient pas abondantes ; — les veines de *Hournateigh*, paroisse de Beost, dans la vallée d'Ossau l'étaient tout aussi peu ; — elles offraient plus de chances de succès au quartier de *Halout*, dans la même paroisse, et dans les rochers de *Lespetche*, paroisse de Bielle ; — le filon de *Menchicot* paroisse d'Acous, vallée d'Aspe, montrait d'anciens travaux qui méritaient d'être examinés ; — le filon de la *Tapie*, même paroisse, était dans une situation analogue. — Le filon de *Lozerguet*, paroisse de Lescun, vallée d'Aspe, avait si belle apparence qu'on en demandait la concession ; — le filon de *Bourrinsc*, paroisse de Bedous, vallée d'Aspe, méritait quelques recherches ; — le filon de *Certignous*, dans la paroisse de Bedous et de Sarrance, avait été jadis attaqué ; — les filons dispersés dans les rochers soit à *Maspetre*, soit à *Lescouret*, soit à *Lirité*, à *Ibosque* et à la *Gravete*, dans la paroisse de Borse, allaient être explorés sur les traces d'anciens travaux ; — le filon de *Berète*, paroisse d'Issaux, vallée de Baretons, paraîssait également digne d'exploration.

On trouvait le bismuth en veines au *Turon-d'Aran*, paroisse de Laruns, où il semblait être fort considérable. Il existait du zinc en filons, à la *Tume-de-Sousoucix*, paroisse de Laruns ; — du zinc et du plomb en trois filons, à *Saint-Guinat-de-Béterète*, ainsi qu'au lac d'*Ensous*, paroisse de la Soute-d'Aas, dans la vallée d'Ossau.

La pyrite arsenicale se montrait en quatre filons à *Béterète*, près du ruisseau d'Aas et à *Saint-Guinat-de-Béterète*, paroisse de Laruns ; elle méritait d'être exploitée, ainsi qu'au quartier de *Sourince*, dans la paroisse de Soute-et-d'Aas et à *Estevari*, dans la paroisse de Laruns.

On trouvait du marbre sur la rive gauche du Gave, dans la paroisse d'*Issaux* ; — à *Antiches*, paroisse de *Les*, même vallée, — et à *Hayat*, même commune ; il était peu exploité.

Le charbon de terre existait en couches dans la paroisse d'Ortés et à Saint-Léon, tout à côté de Salies ; mais on en tirait très-peu de minerai.

On trouvait le pétrole en couches à *Arragnon*, paroisse d'Ortés ; — à *Armentieux*, paroisse de Barthènes et à Caupenne ; il était peu exploité. Le sel, au contraire, l'était sur une grande échelle à la fontaine de *Salies* ; il se montrait aussi à la fontaine de *Gaugeac*, où il eut été facile de le préparer avec de la tourbe des Landes.

Il existait du bithume et de l'asphalte à *Caupenne*, paroisse de Gaugeac.

L'ocre se rencontrait en couches à deux lieux d'*Orthez*, dans la paroisse de *Montastruc*, et l'on assurait que l'or existait à *Aas*, paroisse de Laruns, mais cette opinion demandait à être confirmée par des expériences.

Toutes ces mines étaient à peu près inexploitées à l'exception de celles du fer et du sel ; mais une compagnie demandait à cette époque la concession de celles des vallées d'Aspe et d'Ossau. On estimait cependant que la forge de Béon fabriquait 30 masses de fer de 150 à 175 livres chaque par semaine ; ce fer était de mauvaise qualité. L'exploitation de l'ancienne fontaine de Salies offrait des particularités qu'il n'est pas inutile de connaître.

La 1re source appartenait aux familles fondatrices de la ville ; l'État avait voulu leur contester cette propriété, mais le Conseil privé avait rendu, sous Henri IV et sous Louis XIV, cinq arrêtés en leur faveur ; Louis XV confirma définitivement leur possession. La 2e source, celle de la *Trompe*, appartenait seule au domaine, elle possédait de 22 à 26 degrés de salure.... Toutefois, la ville de Salies l'avait constamment exploitée, moyennant une redevance. Sous Louis XIV elle payait 9,000 fr., en 1772 elle en donnait 18,000, **M.** Necker fit monter la somme à 21,000 fr. En 1785 onze cents chefs de famille jouissaient des sources de Salies ; quand une famille s'éteignait, ses actions, appelées *comptes*, étaient réparties entre toutes les autres. Le *compte* se divisait en 26 sceaux, appelés *saumions* ou *saumeons ;* ils représentaient la valeur annuelle de 130 à 160 livres par feu. Chaque fils de famille, établi hors de la maison paternelle, acquerrait un *saumeon ;* une fille jouissait sa vie durant d'un demi *saumeon ;* mais elle ne pouvait le transmettre à ses enfants. Les sources produisaient chaque année 133,000 saumeons ou 5,115 *comptes ;* un compte renfermait 24 sacs de sel de 50 livres, ce qui formait un total de 122,760 sacs ; on employait un fagot de bois de 16 sols pour fabriquer un sac de sel ; et comme le sac se vendait 30 sols en 1785 (il avait valu jusqu'à trois francs pendant la guerre), le revenu net en était réduit à 14 sols.... Les 122,760 sacs ne produisaient pas au delà de 85,932 fr.

PAYS BASQUE.

L'extrémité occidentale des Pyrénées renfermait 16 mines de fer, 2 mines de plomb, 26 mines de cuivre, 6 d'argent mêlé à d'autre métal, 1 de sel, 2 de pyrite martiale, 2 de zinc, 9 de métaux divers.

On rencontrait le fer en masses, à *Bourkeguy;* — à *Bosmendieté-Bagaburu* et à *Bosmendieté-Crucaldia*, dans la paroisse de La·rau, vallée de Soule; il était porté à la forge de *Larau*..... Il se montrait en filon à *Hobyaya;* — à la *Tassa;* — à *Mettatya*, paroisse d'Etschiabar, vallée de Soule. Il était également porté à la forge de *Larau* (en Basque *Udoepeia*); cet établissement produisait 4 masses de 7 à 8 quarterons chacune, toutes les 24 heures, et consommait 16 à 18 mesures de charbon; le tout avec cinq ouvriers seulement : un maître forgeron *arotz quehyena*, un second forgeron *iguelia*, deux fondeurs *hourtzalia*, un pique-mine *mialia*.

Le fer existait encore en filon à *Lavaquia* et à *Urtuburia*, paroisse de Hauf, vallée de Soule — à *Usteley*, paroisse de la Bastide, Basse-Navarre; il alimentait la forge d'*Echaux*, paroisse de *Saint-Etienne-de-Baigorry*, établie à la Biscayenne. On le trouvait en galets roulés et en masses dans les environs. — En filon, à *Escourleguy*, où l'on songeait à organiser son extraction sur une grande échelle. Il existait en masses à *Belechy;* — à *Olliorandoï* d'où il était porté à la forge d'Echaux. — Le filon du *Château-du-Pignon*, paroisse d'Orison, Basse-Navarre, était d'une puissance extrême au jour, mais en l'exploitant on avait reconnu son peu d'importance. — Le filon de *Mounhoa*, paroisse de Saint-Jean-Pied-de-Port, donnait un peu plus de produits.

Le plomb était moins abondant que le fer dans le pays Basque; toutefois on le rencontrait en filon à *Hayra* et à *Soraluch*, paroisse de Saint-Etienne-de-Baigorry; on avait peu d'espoir de l'exploiter.

En revanche, le cuivre se montrait en quantité considérable. On le trouvait en filon à *Atabarcin*, paroisse de Larau; on l'y avait exploité autrefois, mais il ne l'était plus en 1785; — on venait d'en découvrir à *Pista*, même paroisse qui paraissait susceptible d'exploitation. Le filon d'*Etchevery-Lépou*, paroisse d'*Atterei*, méritait également d'être recherché. — Le cuivre mêlé d'argent existait, dans de bonnes conditions, à *Astobiscar*, paroisse de Baigorry. — Le filon d'*Arischouleguy*, paroisse de la Bastide, était dans le même cas. — Le filon de cuivre et de fer spahtique de l'*Eschqueta,* paroisse d'Echaux, était susceptible de plus grandes recherches. — Celui de *Bourdalecou* et celui de *Bélécly*, paroisse de Baigorry, nouvellement découvert, valait aussi la peine qu'on l'exploitât. — Les deux filons de cuivre et de fer d'*Escourleguy*, celui de cuivre et d'argent de la *Fonderie-des-Trois-Rois*, paroisse de Baigorry, le cuivre de la fonderie *Bergoopsoon* et le cuivre et argent de *Saint-Louis* méritaient d'être exploités; mais celui de *Sainte-Elisabeth*, dans le voisinage, donnait peu d'espoir.

Les mines de la paroisse de Baigorry étaient donc immenses, et l'on n'est pas surpris d'apprendre qu'elles formaient une concession particulière. Le cuivre paraîssait encore en amas de veines à *Philisbourg*, et en filon mélé d'argent à *Aoust* et à *Andarolles;* il offrait des chances de bonne exploitation. On venait de découvrir de la pyrite cuivreuse martiale, en filon, à *Sestan* — le gissement des *Aldudes* laissait peu d'espoir; — le filon de la rive droite de la Nive, même paroisse, montrait d'anciens travaux qui avaient besoin d'être sondés. — Le filon d'argent et cuivre d'*Istourousteguy*, paroisse d'Ispeguy, méritait d'être travaillé. — Le cuivre en veine, de *Beharabia*, paroisse d'Orison, offrait peu de chances de bénéfices; — mais celui *des Orbais*, paroisse d'Orbais, pouvait être recherché de nouveau. Celui de *Château-Pignon*, d'abord de la plus belle apparence, s'était peu à peu réduit à une épaisseur de six pouces. — Le cuivre et le zinc dispersés dans les rochers de *Jara*, paroisse de Saint-Jean-Pied-de-Port, pouvaient être avantageusement exploités ; le cuivre simple d'*Arradoye*, dans la paroisse précédente, et le cuivre et fer de *Mounhoa*, tout à côté, étaient appelés à donner de bons résultats.

On signalait la présence de l'alun, de l'ocre et du vitriol en couches, sur la route de *Salies* à *Mauléon*; on trouvait, dans plusieurs paroisses, de la pyrite martiale propre à fournir du vitriol, notamment sur la rive droite du Gave de Mauléon, dans la paroisse de *Libarm*, vallée de Soule. — Celle du spath en filon à *Picotciague*, paroisse de Saint-Etienne-de-Baigorry, près d'*Ispeguy*, Basse-Navarre.

On rencontrait du tripoli en couches sur un chemin creux, dans la paroisse d'Asparen, et du quartz en filon vis à vis la forge de Saint-Etienne-de-Baigorry; il méritait d'être recherché.

La fontaine salée d'*Aicille*, Basse-Navarre, était exploitée, mais très-imparfaitement, ainsi que celle de *Sangues* près de Tardets.

A la même époque Bayonne possédait une verrerie assez importante, qui tiroit la terre des creusets des environs de Cahors, et son charbon de terre d'Angleterre.

LANDES

Le fer en couches se rencontrait sur plusieurs points des landes de Dax, notamment au moulin de *Foustagnac*, à côté d'Abesse, paroisse de Saint-Paul-les-Dax; — à *Ligadetz*, paroisse de Vignac, près de Dax, d'où on le transportait à la forge *Duza*, dans la généralité de Bordeaux.

Le charbon se montrait au *Haut-Saint-Léon*, paroisse de Saint-Léon ; mais après quelques années d'exploitation, cette mine avait été abandonnée ; toutefois on la croyait susceptible de donner de sérieux bénéfices.

On trouvait de la tourbe inexploitée sur plusieurs points des environs de Dax. Une fontaine salante coulait au pouy d'*Arzet*, paroisse de Saint-Pandelon ; elle restait sans emploi.

En résumé, les richesses minières des Pyrénées étaient considérables et d'une variété extrême ; mais l'exploitation en était des plus défectueuses. Le baron Dietrik en trouvait la preuve dans les nombreuses attaques formées sur les diverses mines que nous venons de signaler, parmi lesquelles pas une n'était convenablement conduite : telle était l'inhabileté des mineurs, qu'aussitôt que les gisements ne donnaient plus de minerai massif, ils se hâtaient de les abandonner pour recourir à de nouvelles recherches ; ainsi les magnifiques filons de la montagne de *Moredètz*, dans le territoire de Meles ; et ceux de *Salechan* et *Destenos*, dans les vallées de Barousse et de Luchon, étaient improductifs, faute d'établissements et de machines. Ces dernières mines, en effet, ne fournissaient que du minerai à *Boccard* (1), et il n'existait pas, dans toute la vallée, une seule usine capable de le préparer. On préférait abandonner les puits et les galeries déjà ouvertes que de faire la dépense de l'outillage nécessaire. Tout concourait à hâter la décadence de l'exploitation des mines. La concession de tous les gisements des Pyrénées au même entrepreneur, M. de Thorin, le privilège qu'il avait d'attaquer les mines sur tous les points, sans que personne put exploiter les parties qu'il dédaignait d'ouvrir, encourageait le gaspillage ; tandis que l'usage de payer les mineurs à tant le quintal de minerai, engageait ces derniers à courir au plus vite de filon en filon, sans en suivre aucun avec persistance, les abandonnant au contraire dès la première difficulté.

M. Dietrik ne comprenait pas « comment on avait pu fouiller les mines qui sont renfermées dans une aussi grande étendue de pays, sans songer à faire sur les lieux les constructions nécessaires à la préparation du minerai, afin de retirer au moins par la vente des matières, une partie des fonds qu'on y avait consacrés.

(1) Bocard, moulin à pilon dont on se sert pour piler la mine avant de la mettre au feu.

« Le Comminges, poursuivait-il, est une des parties des Pyrénées la mieux fournie en bois. On y est maître du choix des emplacements pour ces sortes d'établissements , ce qui rend d'autant plus difficile à comprendre qu'on ne se soit pas occupé d'y réduire la mine de plomb et de la *coupeller* sur place. Le minerai est abondant, très-facile à préparer, et l'on n'a pas même la ressource de vendre, comme dans d'autres pays, la galène massive aux potiers pour faire leur vernis. Ils ne savent pas l'employer en Gascogne, pas même à Toulouse; ils achètent le plomb marchand à l'étranger, et le convertissent en galène en le soufrant, au lieu de se servir de la mine que la nature leur fournit ». P. 327, 388.

Le mauvais état des chemins aggravait cette fâcheuse situation des mines ; les frais de transport du charbon et du minerai occasionnaient des dépenses énormes; l'absence d'établissements rapprochés portait le coup de grâce à cette industrie. M. Dietrik aurait voulu qu'on établit deux fonderies dans la vallée d'Argelès, des boccards et des tables à laver presque à chaque galerie, et qu'au lieu de concéder toutes les mines de la chaîne à un seul entrepreneur, on fondât une compagnie particulière pour *Heas* et *Gavarni*, une autre pour les vallées de *Saint-Savin*, d'*Azun* et de d'*Avantaygue*, une troisième pour la vallée de *Castel-Loubon* et de *Bagnères-de-Bigorre*, et ainsi de suite pour chaque vallée.

IV

ÉTAT DES MINES EN 1860.

Tel était l'inventaire des richesses minières des Pyrénées en 1785. Si la lecture de ce résumé paraît un peu sèche, nous espérons qu'on lui pardonnera ce défaut en considération des indications qu'elle peut offrir aux habitants des diverses vallées, désireux de faire des tentatives d'exploitation nouvelles et mieux entendues que n'étaient celles du dix-huitième siècle. L'industrie minière a fait de notables progrès depuis cent ans, et bien que les nouveaux procédés n'aient pas été appliquées sur une grande échelle, dans les départements Pyrénéens, il est utile de connaître la situation de cette source de richesses, afin d'apprécier quels sont les progrès qu'elle a réalisés depuis la fin du dix-huitième siècle, et quels sont ceux qu'elle est susceptible d'obtenir.

Hâtons-nous de le dire, avant d'entrer dans les détails : l'exploitation de la tourbe et du sel donne des résultats plus avantageux qu'autrefois et celle du fer a pris un développement immense, notamment dans l'Ariége et dans les Landes. La pêche de l'or, à la vérité, est de nos jours entièrement nulle dans le bassin de l'Ariége, et l'extraction des autres métaux laisse beaucoup à désirer. Si les mines de plomb de *Castillon* (Ariége), sont mieux exploitées qu'en 1785, celles de *Guchan*, près d'*Aragnouet* (vallée d'Aure), ont été complètement abandonnées, comme semblait le prévoir M. Dietrik, et la fabrique de cobalt de *Bagnères-de-Luchon* n'existe plus.

L'état suivant des mines et de leurs produits, soit en métal, soit en argent, permettra d'établir une comparaison assez exacte entre le présent et le passé.

AUDE.

Cinq concessions de mines de charbon de terre, ont été faites dans l'arrondissement de Narbonne, sur une superficie de 65 kilomètres carrés. Elles produisent 43,600 fr. de revenu.

```
La mine de Maillac, avec   3 ouvriers, produit pour. . .    600 fr.
    Id.    Bèze,        13    id.         id.   . . . . 13000
    Id.    Tuchau,      45    id.         id.   . . . . 30000
```

On y compte aussi 8 concessions de mines de fer, ayant 14 kilomètres 18 hectares de superficie. Voici, année par année, le relevé de leur production :

ANNÉES.	MINES.	OUVRIERS.	QUINTAUX obtenus.	VALEUR.
				Fr.
1853	2	19	6480	8730
1854	1	16	5560	10560
1855	1	14	6480	11696
1856	1	23	6750	11475
1857	1	23	6643	11293
1858	1	17	4200	7140

Subdivision de ce travail par forge :

ÉTABLISSEMENTS.	OUVRIERS.	MOULINS et Forges.	VALEUR DU FER travaillé.
Roquefort.	45	3	51045 fr.
Monfort.	45	3	39105
Bessède.	45	3	22427
Quillan.	69	3	67200
Saint-Colombi . .	45	2	66420
Gincla.	62	3	92988
Saint-Colombi.. .	29	3	61200
Belvianes. . . .	22	4	294500
Axiat.	84	15	516238

On a également exploité dans ce département la manganèse, de 1853 à 1859, ainsi que les marais Salans : ces derniers sont tous dans l'arrondissement de Narbonne, et donnent des résultats assez avantageux.

Ceux de la Nouvelle, avec 9 manéges, produisent. . .   52800 fr.

Id. de Oueillan,   id. 8   id.   . . .   50000

Id. de Sigean,   id. 32   id.   . . .   289966

Total. . . .   392766

Quelques essais d'exploitation de cuivre, de plomb et d'argent sont d'un bénéfice presque nul.

Nous ne parlerons ni des carrières de pierre, ni des tuileries dont les produits ne servent qu'à la consommation locale, mais nous mentionnerons 7 carrières qui fournissent du plâtre en quantité assez considérable.

Celle de Portet ,   avec 24 ouvriers, 2 moulins, en produit pour 16720 fr.

Id. de Cexontan,   4   id. »   id.   425

Id. de Thezan,   2   id. »   id.   360

Id. d'Ornaison,   31   id. 5   id.   20260

Id. Mas-Ste-Pucelles, 36   id. 9   id.   42000

Id. Ricaut,   31   id. 8   id.   39000

Id. Castelnaudary,   14   id. 5   id.   6019

Total. . . . 124784

PYRÉNÉES-ORIENTALES

L'État a concédé dans ce département une mine de charbon de

31 hectares de superficie; mais elle est restée jusqu'à ce jour sans produit; il n'en est pas ainsi des 22 mines de fer qui s'étendent sur une superficie de 53 kilomètres 7 hectares. Voici quelle a été leur production annuelle : on n'ignore pas que le minerai de ce département est oxydé, hydraté ou carbonaté, et qu'on le prépare dans des forges à la catalane.

ANNÉES.	MINES.	OUVRIERS.	QUINTAUX obtenus.	VALEUR.
				Fr.
1853	11	97	77650	66838
1854	14	104	86972	83784
1855	14	114	98989	95956
1856	19	117	89520	90931
1857	19	133	110372	122231

Subdivision du travail par forge :

ÉTABLISSEMENTS.	OUVRIERS.	MOULINS et Forges.	VALEUR DU FER travaillé.
Perpignan. . .	120	63	1640000 fr.
Ria.	24	8	152049

Les marais Salans n'y sont pas moins prospères que dans l'arrondissement de Narbonne. Les eaux de Saint-Laurent de la Salenque, avec 35 ouvriers et 6 manéges, en produisent pour 75,000 fr.; Perpignan renferme enfin 12 marbrières, qui occupent 52 ouvriers, et travaillent du marbre pour 170,000 fr.

ARIÉGE.

Dans l'Ariége, on a concédé 3 mines de charbon de 17 kilomètres 2 hectares de superficie; mais l'exploitation en est encore à son début: l'industrie du fer, au contraire, est dans un état de prospérité toujours croissant, et qui dépasse tout ce qu'on aurait osé concevoir il y a 50 ans.

Malgré les développements de l'industrie du fer, les forges de ce département n'ont jamais changé de système, elles sont toujours à la catalane, comme celles des Pyrénées-Orientales et de l'Aude.

ANNÉES.	MINES.	OUVRIERS.	QUINTAUX extraits.	VALEUR.
				Fr.
1853	1	400	243415	222724
1854	2	404	227078	227078
1855	1	400	240575	240575
1856	1	400	232039	232039
1857	1	400	185774	185774
1858	1	400	217950	217950

Division du travail par forges :

ARRONDISSEMENT DE FOIX.

ÉTABLISSEMENTS.	MOULINS et Forges.	OUVRIERS.	VALEUR DU FER travaillé.	NATURE du produit.
Auzat..	1	4	27432	Fers parés.
Tarascon..	1	2	32290	Id.
Saint-Paul.	2	2	5450	Id.
Celles..	2	2	10350	Id.
Suc..	2	2	46710	Id.
Vic-Dessos.	2	4	29900	Id.
Rabat..	4	4	31694	Id.
Ganat.	9	12	34206	Id.
Saint-Paul.	2	26	58995	Id.
Larramade.	6	18	42080	Id.
Orgeix.	3	9	22250	Id.
Carla..	4	9	44837	Id.
Auzat.	3	9	47824	Id.
Tarascon..	6	18	139140	Fer marchand.
Tarascon..	8	9	51000	Id.
Foix..	3	9	48802	Id.
Surbat..	3	9	56897	Id.
Saurat..	6	18	138520	Id.
Orlu..	3	9	21572	Id.
Celles.	3	9	39958	Id.
Celles.	4	9	75187	Id.
Vic-Dessos.	3	9	63399	Id.
Château-Verdun. .	3	9	31402	Id.
Foix..	3	9	61867	Id.
Foix.	3	8	54400	Id.
Tarascon..	7	18	146548	Id.
Perles.	3	9	31475	Id.
Castelet..	3	9	36481	Id.
Auzat..	3	9	36630	Id.
Montgaillard. . . .	3	9	55636	Id.

ARRONDISSEMENT DE FOIX (Suite).

ÉTABLISSEMENTS.	MOULINS et Forges.	OUVRIERS.	VALEUR DU FER travaillé.	NATURE du produit.
Sentenac.	3	9	55734	Fer marchand.
Villeneuve.	3	9	58870	Id.
Ascou.	3	9	17647	Id.
Signer.	3	9	43362	Id.
Tarascon.	4	9	78000	Id.
Tarascon.	2	9	51000	Id.
Vic-Dessos.	3	9	69894	Id.
Vic-Dessos.	3	9	39600	Id.
Bosc.	3	9	35094	Id.
Belesta.	3	9	66102	Id.
Vic-Dessos.	7	18	111315	Id.
Rabat.	6	18	92169	Id.
Saint-Paul.	3	9	48169	Id.
Ganac.	30	200	202500	Fer, clouterie.
Benac.	9	8	54160	Aciers étirés.
Saurat.	7	14	125770	Id.
Saint-Paul.	12	35	137264	Id.
Foix.	28	35	111594	Aciers et faux.
Foix.	40	63	167400	Limes et faux.

ARRONDISSEMENT DE PAMIERS.

ÉTABLISSEMENTS.	MOULINS et Forges.	OUVRIERS.	VALEUR DU FER travaillé.	NATURE du produit.
. . . . (M. Abat.)	3	9	68496	Fer marchand.
Teille..	6	18	64370	Id.
Benagues..	6	18	11629	Id.
Pamiers.	3	9	75952	Id.
Mas-d'Azil.	3	9	42565	Id.
Pamiers.	9	50	371828	Aciers et limes.

ARRONDISSEMENT DE SAINT-GIRONS.

ÉTABLISSEMENTS.	MOULINS et Forges.	OUVRIERS.	VALEUR DU FER travaillé.	NATURE du produit.
Oust.	3	9	18648	Fer marchand.
Saint-Girons. . . .	2	9	19200	Id.
Castelnau-Durban.	3	9	47874	Id.
Aulus.	3	9	26880	Id.
Lacourt.	3	9	33490	Id.
Engomer..	6	8	56560	Id.

Le produit total des forges de l'Ariége s'élève donc à la somme de
3,591,269 fr.; or, nous avons vu qu'en 1785 les forges du comté de

Foix ne donnaient pas plus de 777,000 fr. de revenu, c'est donc une augmentation de 2,814,269 fr. que cette industrie a réalisée dans l'espace de 80 ans.

La préparation du plâtre donne aussi des résultats qui méritent d'être notés ;

CARRIÉRES ET USINES.	MOULINS et Fours.	OUVRIERS.	VALEUR DU PRODUIT.
Arrignac et Bedillac. .	60	370	264123 fr.
Foix..	3	2	5000
Arrignac..	6	6	7200
Saint-Paul..	6	3	17010
Celles.	6	3	6730
Saint-Jean-de-Vergue.	3	10	15950
Saint-Girons..	14	80	54331
Mas-d'Azil..	7	24	2976

Les carrières de pierre à feu d'*Aleu*, produisent 500 fr. A *Saint-Girons*, une carrière de marbre occupe 16 ouvriers, et produit 13,050 fr. à *Belesta*, la marbrerie occupe 7 ouvriers et donne 3,152 fr.

Les mines de galène argentifère, d'alquifoux, de manganèse et de zinc, ainsi que les sources salantes n'ont presque pas donné de produit de 1853 à 1859.

HAUTE-GARONNE.

Le département de la Haute-Garonne a renoncé à l'exploitation de presque toutes les anciennes mines, néanmoins M. Vergnes, à *Guran*, (arrondissement de Saint-Gaudens), emploie 30 ouvriers et une forge à préparer du minerai de fer pour 64.600 fr. M. Eymar, à *Gaud*, même arrondissement, avec 16 ouvriers et une forge en prépare pour 129, 880 fr.

La fabrication du fer ouvré se fait sur une plus grande échelle, et donne des résultats bien autrement considérables.

Voici le relevé de cette production :

FABRIQUES.	MOULINS et Machines.	OUVRIERS	VALEUR du Produit.	NATURE DU PRODUIT.
A Toulouse :				
MM. Porterie. . .	5	36	167200	Fers doux et laminés.
Talabot . . .	23	150	485000	Limes et faux.
Bonnet. . . .	20	26	50080	Machines.
Olin Chatelet.	26	130	368250	Fontes, machines.
Cardeillac.. .	3	90	245000	Machines à vapeur.
Louison. . .	7	5	31340	Id.
Espinasse . .	11	3	18900	Cardes à filer.
Mather. . . .	9	30	578000	Plomb laminé.
A Auterive. . .	6	25	975000	Limes et aciers.
A Touille. . . .	33	115	348000	Faux.

Si nous passons de la préparation du fer à d'autres industries qui rentrent dans le domaine des métaux et des mines, nous trouvons les résultats suivants :

A Toulouse,   28 forges,   23 ouvriers,   180000 fr. de bijouterie.
A Martres,   7   id.   100   id.   161000   de fayence.
A Saint-Gaudens, 17   id.   400   id.   500000   de fayence (1).

HAUTES-PYRÉNÉES.

L'État a concédé dans ce département 1 mine de charbon de terre de 3 kilom. 22 hect. de superficie, qui malheureusement n'est pas encore ouverte ; mais deux tourbières donnent d'assez bons résultats :

En 1855, 30 ouvriers ont extraits 6818 quintaux, valant 9840 fr.
    1856, 30   id.   8200   id.   9840
    1857, 40   id.   7500   id.   9750
    1858, 40   id.   9000   id.   18000

La quantité et les prix de la marchandise sont donc en **progression croissante**.

Ce département n'exploite plus de mines de fer, depuis que celle de *Heches* a été fermée au milieu du dix-huitième siècle. Le métal y est toutefois préparé à la forge du même village, dans la vallée d'Au-

(1) Nous devons ajouter que la fabrication s'est un peu ralentie dans ce dernier établissement depuis quelques années.

re. *Tarbes* possède aussi une fonderie de fontes et de fers ouvrés assez importante, ainsi que deux fonderies de cloches. La chaudronnerie de M. Dupont, dans la même ville, confectionne avec 2 ouvriers, et 1 fourneau pour 28,500 fr. Une mine de cuivre, plomb et argent, fut ouverte il y a quelques années dans ce département ; elle donne peu de bénéfices.

La manganèse est plus avantageusement préparée par M. Cavelan, à Bagnères-de-Bigorre, son établissement donne 12,800 fr.

L'activité industrielle des habitants du Bigorre s'est concentrée sur d'autres produits, principalement sur le marbre, sur l'ardoise et sur la poterie.

Sciage de Marbre.

A Bagnères,	MM.	Artigala,	avec	6	ouvriers produit	16200 fr.
Id.		Lhez,	id.	4	id.	16200
Id.		Saint-Amand,	id.	3	id.	13500

Sculpture de Marbre.

A Bagnères,	MM.	Geruzet,	avec	90	ouvriers produit	246250 fr.
Id.		Cantel,	id.	70	id.	159750
Id.		Graciette,	id.	30	id.	113000
A Saint-Pé.			id.	22	id.	8800
					Total.	573700

Ardoises.

A Lourdes,	70 ouvriers en exploitent pour.	115440 fr.
A Labassere,	20	id.	50000
A Borderes,	19	id.	50000

Fayences, Poteries, Verreries.

A Sombrun,	6 ouvriers,	1	four à fayence à produit. .	2500 fr.
A Bagnères,	8	id.	1	id.	id. . .	9600
Id.	9	id.	5	fours à poterie ont produit.	6120
Id.	12	id.	2	id.	verrerie	id. .	83690

BASSES-PYRÉNÉES.

Trois concessions de mines de charbon ont été faites dans ce département, sur une superficie de 145 kil. 80 hect.; mais ici, comme dans les Hautes-Pyrénées, l'exploitation n'est pas commencée.

Il en est différemment des tourbières : le travail y est depuis longtemps en pleine activité, et les résultats en sont assez encourageants :

ANNÉES.	TOURBIÈRES	OUVRIERS.	QUINTAUX produits.	VALEUR.
				Fr.
1853	3	30	7000	32000
1854	3	80	27000	14275
1855	11	78	26450	9626
1856	11	78	26450	9582
1857	11	78	26450	9625
1858	7	30	36700	10700

L'exploitation du fer est dans une situation encore plus satisfaisante; voici le résumé des produits de cette industrie :

ANNÉES.	MINES.	OUVRIERS.	QUINTAUX extraits.	VALEUR du produit.
				Fr.
1853	4	41	21898	21898
1854	4	90	45604	36480
1855	5	46	59568	43824
1856	5	52	84886	63475
1857	5	67	43379	42366

Le minerai de fer hématite et spathique est travaillé dans les forges à la catalane du département, et dans les hauts fourneaux des Landes.

Voici le résultat du travail par forge :

ÉTABLISSEMENTS.	MOULINS et forges.	OUVRIERS.	QUINTAUX produits.	NATURE DU PRODUIT.
Arthez - d'Asson.	5	14	40007	Gros fer.
Bourdettes. . . .	5	3	13500	Fers en barres.
Urdos.	5	70	76554	Id.
Asté-Beon. . . .	3	14	39649	Gros fer.
Oloron.	25	60	180000	Fonte et barres.
Oloron.	19	15	148000	Tréfilerie et pointes.
Saint-Pée.. . . .	1	2	24000	Fers plats et carrés.
Bayonne.	4	25	48999	Fonte.
Mendive.	5	20	33756	Id.
Larrau.	7	150	294000	Fers en barres.
Baygorry.	14	90	342136	Fers marchand.
La Fonderie. . .	4	60	528000	Fers martelés.
Saint-Esprit. . .	6	4	40000	Objets d'armement.
Saint-Esprit. . .	2	4	40000	Métaux divers.

On exploite aussi dans les Basses-Pyrénées, la galène argentifère et l'alquifoux, mais dans de faibles proportions.

Sept carrières de pierres de taille, dans l'arrondissement de Pau, occupent 43 ouvriers et produisent 33,118 fr.

La pierre gypseuse de *Pontac* occupe 15 ouvriers, 1 moulin, et donne 12,703 fr.

Le marbre de Gand, avec	10	ouvriers produit		62703 fr.
Id. de Louvie-Suzon,	3	id.		1800
Id. de Laruns,	40	id.		6000
Le caolin de Lauhosoa,	20	id.		4000
Le plâtre d'Oloron,	100	id.		76000
Le sel de Salies,	23	id.	2 machines à vap.	1087715
Le sel d'Oraas,	20	id.	9 fournaux,	331108

Mais cette source a cessé d'être exploitée depuis 1854.

LANDES.

Ce département possède 2 mines de charbon de 5 kilomètres carrés de superficie : elles donnent des produits peu considérables. Les tourbières bien plus riches y sont au nombre de 12.

ANNÉES.	TOURBIÈRES	OUVRIERS.	QUINTAUX extraits.	VALEUR.
				Fr.
1853	12	114	43621	24371
1854	12	115	40008	22323
1855	12	167	41000	22800
1856	12	181	48000	27475
1857	12	145	34600	19630
1858	12	145	33000	19305

Les Landes sont, après l'Ariége, le département qui fournit la plus grande quantité de fer. Le minerai oxidé-hydraté, est préparé dans des forges à la catalane et dans de hauts fourneaux.

Voici la division de ce travail par mines :

ANNÉES.	MINES.	OUVRIERS.	QUINTAUX extraits.	VALEUR.
				Fr.
1853	16	300	92320	82995
1854	16	380	132202	116641
1855	9	465	198275	178234
1857	8	447	240300	199894
1858	8	478	217950	198501

Voici la division du travail par forges :

ÉTABLISSEMENTS.	MOULINS et Forges.	OUVRIERS.	QUINTAUX produits.	NATURE DU PRODUIT.
Pistos.	1	13	141631	Fonte brute.
Pontex.	7	45	212000	Fonte et fers.
Ychoux.	7	40	212000	Id.
Brocas.	4	50	163800	Fonte fer battu.
Lit et Nuxe.	7	37	345824	Fonte et fers.
S.-Vincent-de-Paul.	5	35	124502	Id.
S.-Paul-les-Dax. . .	18	170	716008	Id.
Castets.	36	400	896000	Id.
Magesq.	4	4	10376	Id.
Lit et Lévignac. . .	8	60	264000	Fers forgés.
Saint-Justin.. . . .	»	22	357500	Fonderie de cuivre.

Les autres produits des mines et carrières sont peu considérables.

Onze carrières de chaux dans l'arrondissement de Mont-de-Marsan, occupent 28 ouvriers, 18 fours, et produisent 21,140 fr.

La verrerie de *Richet* en occupe 10, et produit 36,515 fr.

Quarante poteries situées dans 7 communes de l'arrondissement de Mont-de-Marsan emploient 50 ouvriers, 40 fours, et donnent 33,228 fr.

LES FORÊTS

I

LEUR ÉTAT DEPUIS LE MOYEN AGE JUSQU'A LA RESTAURATION.

Les forêts nous semblent devoir prendre place à la suite des mines, d'abord comme étant un produit spontané du sol, en second lieu comme alimentant les fourneaux et les forges dans un pays où la houille n'est pas encore exploitée, et dans lequel elle ne pénètre, à l'aide des chemins de fer, que depuis un petit nombre d'années et dans des proportions très-minimes.

L'histoire est là, pour établir que les forêts des Pyrénées furent immenses jusqu'à la fin du moyen âge. D'après Eginhart, des bois sans limites couvraient toute la vallée de Ronceveaux : « *est enim locus ex opacitate sylvarum, quarum maxima est ibi copia insidiis ponendis opportunus.* » La forêt de *Lescout* occupait tout le territoire de *Lasseube*, (Saube ou Silva), là s'élevait le monastère de Saint-Vincent-de-Saube-Bonne (sylva-bona), ou du luc (lucus, bois sacré)... La Sauvelade rappelle l'ancienne forêt de *Sylva lata* ou forêt de *Faget*, (*Faget* fagus, hêtre) ; l'abbaye de la Reude (la regula), était placée au quartier de *Sauvestre* (Silvestris) ; la cathédrale de *Lescar* ne fut d'abord qu'une simple chapelle élevée au milieu des bois. *Hagel-Aubin* et *Hagetnau*, localités de la Chalosse, tiraient leur nom des forêts, de hêtre qui les entouraient.

Aussi Froissart a-t-il pu remarquer avec raison que le Béarn *était riche en bois*, affirmation qui serait encore applicable à cette province, si ces anciennes forêts dévastées par les maraudeurs et par les troupeaux, n'offraient en maint endroit des bois rabougris, des landes mal boisées, à la place des belles futaies de chêne et de hêtre qui existaient à l'époque où Gaston Phébus écrivait son Traité de la chasse.

L'abbaye de *Lescaledieu* possédait des bois immenses dans la vallée haute de laros et des baroniers. La forêt *de Bouconne*, entre l'île Jourdain et Toulouse, fut quatre fois plus grande qu'elle n'est aujourd'hui. Les comtes de l'Isle et de Toulouse se la disputèrent long-temps. « Je l'ai vue si épaisse, dit Belleforest dans sa cosmographie, qu'on n'y eut su choisir un homme à quatre pas, là où maintenant il y fait beau et large, tant on l'a éclaircie, je pense, pour en chasser les voleurs qui y repairaient ordinairement. »

Le Gers a vu défricher la belle forêt du Ramier entre Fleurance et Lectoure ; elle renfermait plus de 600 hectares. D'après M. Dralet, les forêts des Pyrénées ont été successivement détruites par les incendies que les bergers y allumaient pour augmenter l'étendue des pâturages ; les commissaires qui visitèrent ces montagnes, sous Louis XIV, consta-tèrent dans leurs rapports les nombreux *brûlements* et défrichements qui s'y faisaient chaque jour (1).

Louis XIV fit une grande entreprise : il chargea une commission extraordinaire de revendiquer, au nom de la couronne, toutes les forêts des Pyrénées dont les détenteurs ne produiraient pas des titres de propriété.

La commission se rendit sur les lieux, et, par un grand nombre de jugements, remit l'état en possession des forêts dont il avait été dé-pouillé, confirmant en même temps les communes et les seigneurs dans la propriété de celles qui leur étaient légitimement acquises.

L'État reconquit, dans cette opération, la majeure partie des forêts de la maîtrise de Quillan-sur-l'Aude, désignées sous le nom de *forêts des Basses-Pyrénées*, et la plupart des forêts du comté de Foix : plusieurs, cependant, furent déclarées propriétés seigneu-riales. Les forêts du Bigorre, du Béarn, de la Basse-Navarre et du pays de Soute, furent reconnues en général propriétés communales (2).

Après ce travail d'expertise, on réorganisa l'administration des forêts et l'on établit des maîtrises à Quillan, à Pamiers, à Saint-Gau-

(1) « Il n'y a aucune forêt, dit le procès-verbal du 8 mai 1670, qui n'ait été incendiée à diverses reprises par la malice des habitants, ou pour faire con-vertir les bois en prés et terrains labourables ; tout ce qui s'est trouvé assez bien et assez commodément situé pour être propre à ces usages, ayant été brûlé et défriché. »

Ce fut pour mettre un frein à cette cupidité des bergers, que des arrêts du Conseil du 20 juin 1728, 28 août 1731, 25 avril et 13 juin 1741, défendirent de conduire les troupeaux sur les terrains ravagés par un incendie, pendant cinq ans après le sinistre.

(2) Rapport de la commission réformatrice des 6 et 8 mai 1670.

Réglement provisoire de la commission de 1668. — Réglement du grand-maître du 12 janvier 1673. — Procès-verbal du 13 avril 1873.

dens et à Tarbes (1670) , mais le mal était déjà considérable.

M. de Froidoure inspecteur général des forêts du Languedoc, de la Guyenne, du Béarn, de la Basse-Navarre , du Labourd et de la Soule, constata dans ses procès-verbaux de 1673, que la maîtrise de Quillan avait perdu plus de vingt forêts entiérement brûlées et défrichées. Sur 81,916 arpents que contenait autrefois le pays de Sault, il n'en conservait plus que 70,905, encore la moitié était-elle très-endommagée (1).

D'après M. Baudrillard, les provinces pyrénéennes du ressort de M. de Froidoure auraient conservé, à la fin du seizième siècle, 246,600 hectares.

Mais il ressort des rapports de M. le Grand maître des eaux-et-forêts, qu'en 1670 ces forêts ne s'élevaient plus qu'à 120,300 hectares (2) ; et cependant l'ancienne monarchie avait pris des moyens énergiques pour arrêter le déboisement. La grande maîtrise des eaux et forêts avait été réorganisée par ordonnance de 1356, puis perfectionnée et complétée sous François Ier. L'ordonnance de 1669, rédigée par Colbert, avait enfin préparé la réformation des bois dont la revendication des forêts des Pyrénées était la suite.

La belle organisation forestière de Louis XIV ne tarda pas à donner des résultats. Les Pyrénées renfermaient encore de magnifiques sapins et de très-gros chênes, propres à faire des mâts et toutes sortes de pièces de marine.

M. Pinon nous apprend, en effet, dans ses mémoires de 1698, qu'on tira des quantités de bois considérables pour la marine royale des vallées d'Aspe et d'Ossau.

Cette ressource était d'autant plus précieuse, que la guerre avec les puissances du nord ne permettait guère de recevoir des bois de marine de Riga. Les forêts des Pyrénées furent donc explorées avec le plus grand soin par M. de Tubeuf, qui constata leurs richesses forestières, et fit aussitôt des acquisitions considérables. En 1667 un nommé Boisgnon traita pour la fourniture de 500 mâts de 80 pieds de longueur ; il devait les extraire des forêts royales du *Capitaine*, et de *Combe-Longue* dans le Comminge. Le sieur Agedè fournit 800 mâts, 15 milliers de grandes planches de sapin et 100 milliers d'autres planches, qu'il tira des forêts de la vallée d'Aure.

(1) Dralet, description des Pyrénées.
(2) Règlement du 6 mai 1670, et arrêtés du Conseil de 1673, 1674, 1675.

M. Sueil, commissaire du roi, acheta 1,200 chênes dans la petite forêt *de Mauvezin* de Couserans; il les paya 50,000 fr. au marquis de Rabat. M. Behaume fournit 100,000 pieds de bordage et une grande quantité d'autres pièces à prendre dans les bois de la *Basse-Navarre*. L'arsenal de Bayonne avait acheté, en 1629, 7,000 sapins dans la forêt d'Iratic, près de Saint-Jean-Pied-de-Port, et ce ne furent pas les seules acquisitions de bois de cette nature qui furent faites dans les Pyrénées, pour le compte de la marine royale.

Les procès-verbaux des commissaires de Louis XIV nous donnent la preuve de toutes les richesses forestières que contenaient alors ces montagnes.

« La forêt royale *de Caudiez*, au pays de Fénouillède (département de l'Aude), disait le procès-verbal du 22 avril 1669, est bien plantée de sapins de deux ou trois cents ans, dont la plus grande partie est propre à faire des mâts de navire. »

« Celles *du Comminges*, assurait celui du 8 mai 1670, sont suffisantes pour fournir des bois à toutes les flottes du roi, lorsqu'elles seront rétablies et bien ménagées... La seule forêt *du Lys*, à l'extrémité de la vallée de Larboust, contient trois mille arpents de bois d'où l'on peut tirer plus de mille mâts et toutes sortes de bois ronds. »

« Les forêts du seul pays de la Basse-Navarre étant bien menagées, (procès-verbal du 16 avril 1673), peuvent fournir tous les bois nécessaires pour l'entretien des flottes du roi... celle de *Mice* est plantée de haute futaie de chêne... il s'en est coupé depuis 25 ans une grande quantité; ce qu'on en a tiré en merrain et autres marchandises, aurait suffi pour la construction de cinquante ou soixante gros vaisseaux. »

Il en était ainsi des forêts de *Marignac*, de *Gard*, et de quelques autres situées aux environs de Saint-Béat; il s'y trouvait des sapins dont on pouvait faire des mâts de la plus grande dimension... L'administration des forêts tenait ces bois en réserve pour les besoins à venir; aussi une ordonnance royale du 20 décembre 1659, avait-elle défendu d'y couper des sapins.

Les Pyrénées, malgré les excès de la cupidité et l'imprévoyance des propriétaires, conservaient encore de grandes richesses pendant le dix-huitième siècle. Le gouvernement ayant voulu puiser dans les réserves laissées par Louis XIV, ordonna une nouvelle reconnaissance des lieux. Les inspecteurs découvrirent, en 1751, dans la seule vallée d'Aure, 3,000 mâts de première dimension, et grande quantité de petite mâture. En 1758, une compagnie béarnaise s'obligea, par un traité, à fournir à l'État tous les bois dont il aurait besoin ; mais cette compagnie fut remplacée, en 1765, par une administration chargée d'exploiter les forêts pour le compte de l'État ; elle transportait les bois à Bayonne d'où ils atteignaient les divers ports du royaume... On ouvrit des chantiers sur plusieurs points. La forêt d'*Issaux* au port d'Atas, vallée d'Aspe, qui contenait 7,500 arpents, fournit pendant 14 ans une infinité d'arbres de mâture : un seul sapin mesurait 5 pieds de diamètre à la culée et 98 pieds de longueur effective : il fut transporté à Toulon où il forma un mât de misaine d'une seule pièce.

La forêt du *Pact,* même vallée, fut exploitée pendant six ans ; celle de *Benon,* dans la vallée d'Ossau, confrontant à celle d'Issaux, produisit un grand nombre de petits mâts (1).

La forêt de *Gabas* (ou Ejabas), à l'extrémité de la vallée d'Ossau, celle d'Irati, près de Saint-Jean-pied-de-Port, celle de *Saint-Angrace,* dans le pays de Soule, bien plus considérables que celles dont nous venons de parler, furent laissées intactes. (Dralet, *Description des Pyrénées.*)

Louis XIV s'était affranchi du tribut payé aux marchands de bois du Nord. Les Pyrénées lui avaient fourni une grande quantité de mâts et de bordages nécessaires à la formation d'une des plus belles flottes du monde, et ce n'était pas un mince avantage. D'après M. Baudrillard (*Dictionnaire forestier*), les mâts de grande dimension que l'on tire de Riga représentent une valeur de 3,600 fr. pièce. En 1810, le gouvernement français consacra plusieurs millions à s'en procurer. Que l'on juge, par cet exemple, des économies que le Trésor aurait réalisées et des sommes qui seraient entrées dans les départements pyrénéens, si leurs forêts avaient été capables de fournir aux principaux besoins de notre marine, depuis Louis XIV jusqu'à nos jours.

Turgot, marchant sur les traces de Colbert, essaya résolument, beaucoup trop résolument de reconstituer le sol forestier de la France ; il prépara un arrêt du conseil qui obligeait tous les propriétaires à convertir en bois un vingtième de leurs biens, sous peine d'une

(1) M. Leroy, ingénieur des ponts-et-chaussées, fut chargé de construire les routes et les ponts qui devaient rendre les forêts accessibles aux chariots. Les entrepreneurs des bois s'obligeaient à rendre les arbres sur ces chemins ; les magasins de la marine royale fournissaient les cordages, palans, cabestans, crics nécessaires à l'extraction ; on leur payait 40 fr. par mât ou *billon* de service, 10 fr. pour les *mâtereaux* de 12 palmes, et 10 sous par abattage d'arbre. (*Mémoires de Leroy,* Londres, 1776.)

surtaxe d'impôt ; projet inapplicable dans un pays à propriétés divisées comme la France, et qui ne fut jamais mis à exécution. Malheureusement, tous les efforts de la loi, tous les projets des économistes vinrent échouer contre l'incurie et le mauvais vouloir des populations et des administrations locales ; le mal alla toujours en empirant, et Rougier de la Bergerie rapporte, qu'en 1722, des dégâts énormes furent commis dans les forêts des Alpes et des Pyrénées.

II

ÉTAT DES FORÊTS DE 1789 A 1825.

La révolution française vint aggraver cet état de choses. Dès 1789, les paysans firent irruption dans les forêts comme dans un pays conquis, se fondant sur une fausse interprétation des lois qui abolissaient la féodalité.

En vain le gouvernement français ajouta, aux 124,300 hect. des anciens bois de l'État, 50,000 hect. appartenant au clergé et aux émigrés ; en vain l'assemblée constituante entreprit, par les lois du 11 décembre 1789, des 26 mai et 25 septembre 1790, et par l'organisation du 29 septembre 1791, d'arrêter le désordre et d'arracher cette richesse nationale à la déprédation ; toutes ces mesures étaient frappées de stérilité par l'esprit même de la loi de 1791, qui permettait à tout propriétaire de disposer de ses bois comme bon lui semblait. Ces propriétaires défrichèrent leurs forêts, sans tenir compte de leur situation, sur des pentes rapides, circonstance qui devait, dans un bref délai, livrer la terre végétale à l'entraînement des eaux. Le département de l'Aude fut un de ceux que frappa le plus cruellement cette manie de défricher sans frein et sans prévoyance. Ses montagnes, privées de forêts, perdirent rapidement la majeure partie de leur sol arable.

Pendant que les propriétaires défrichaient, les paysans envahirent, saccagèrent les bois de l'État comme les bois des anciens seigneurs, traitant cette sorte de propriété en *res nullius*, c'est-à-dire en chose appartenant à tout le monde.

La non valeur du bois était, il faut le reconnaître, la première cause de cette destruction, de ces défrichements... De Bayonne à

Perpignan, le chauffage de la population entière était pris gratuitement dans les forêts du roi et dans celles des communes, qui, par conséquent, ne donnaient aucun revenu.

Un arrêt du conseil, du 9 août 1656, avait bien essayé d'affermer les coupes dans les forêts royales, mais celles de la grande maîtrise de Toulouse, le seul pays où le bois de chauffage avait quelque prix, durent être cédées au sieur Laborde pour 4,000 fr., ce qui ne payait pas la moitié des appointements des officiers de la maîtrise.

En 1685, cependant, les ventes excédèrent de beaucoup les dépenses de l'administration.

A la fin de la révolution, le gouvernement retirait à peine 10,000 fr. net de toutes les forêts des Pyrénées. (Dralet, t. II.)

En l'an XIII le gouvernement fit dresser le tableau des forêts domaniales, communales et particulières. Voici le résultat de cette opération :

La Haute-Garonne renfermait	93412 hect.
Le Gers.	144333
Les Hautes–Pyrénées.	118074
Les Basses–Pyrénées.	149273
Les Landes.	287774
L'Aude..	93635
L'Ariége.	85412
Total.	971913

Les Pyrénées-Orientales ne figuraient pas sur ce tableau (1).

Les incendies, les défrichements, mille autres moyens de destruction, continuaient leur action désastreuse. L'empire eut de nouvelles pertes à constater : plus de 51,700 hectares avaient été détruits dans les Pyrénées (2), si bien, qu'en 1812, les bois domaniaux ne s'élevaient plus qu'à. . . . . 129,440 hect.
au lieu de. 296,600
qui auraient dû exister en ajoutant les 50,000 hectares des forêts confisqués par l'Etat, aux anciens 246,600 hectares du quinzième

(1) A cette époque les bois taillés étaient coupés tous les 20 ans, et donnaient, en moyenne, 20 cordes de bûches et 4 arbres de haute futaie par arpent; chaque arbre représentait 10 solives.

(2) Au moment de la révolution, la maîtrise de Quillan renfermait encore 10,000 arpents; ils étaient réduits à 2,760 en 1812.

siècle, ce qui constituait une perte de plus des deux tiers, éprouvée dans l'espace de 240 ans (1).

Les bois communaux avaient subi des réductions encore plus considérables, à la suite des partages et des défrichements opérés par la révolution; ils ne représentaient plus, en 1812, que.   115,796 hect.
les bois particuliers enfin ne s'élevaient qu'à. . . .   123,000

Total des forêts de toute classe.   368,236

M. Dralet nous apprend que les forêts du *Capitaine* et *Combe-Longue*, dans le Commminges, si riches sous Louis XIV, n'existaient plus sous l'empire. La forêt de *Mauvesin* était en si mauvais état qu'on avait été obligé d'en faire le recepage général; la forêt d'*Issaux* avait également disparu.

Toutefois le conservateur des eaux-et-forêts constatait l'abondance de celles qui existaient encore, et les précieuses qualités de leur produit (2).

(1) Voici quel était le revenu que l'État tirait de ces forêts dans certains départements :

Département de la Haute-Garonne comprenant alors l'arrondissement de Castel-Sarrasin.

1803, coupe de 431 hectares et de	7423 arbres. . . .	186640 fr.
1804, — 622 —	4880 —	232913
1805, — 399 —	369 —	202943
Total. . 1452 —	12672 —	622496

Hautes-Pyrénées.

1803, coupe de 28 hectares et de	50 arbres. . . .	11264 fr.
1804, — 32 —	4197 —	32244
1805, — 31 —	930 —	20173
1806, — 35 —	930 —	29304

soit 23000 fr. par année. Mais ce revenu paraissait susceptible d'une grande augmentation, et l'avenir a justifié ces espérances. (Peuchet, *Statistique de la France.*)

(2) Le chêne, qui règne à la base des Pyrénées, s'élève jusqu'à 600 ou 700 mètres au-dessus du niveau de la mer; après cette région le hêtre se mêle au chêne jusqu'à la hauteur de 100 mètres.

Le hêtre et le sapin occupent la zone qui s'étend de cette ligne à celle de 1,400 mètres, le pin clôture l'échelle de la végétation des arbres à la hauteur de 1,700 mètres.

Le chêne vert, des Pyrénées-Orientales et de l'Aude, était fort estimé pour les *courbans* de la marine et pour les poulies; le chêne à feuille caduque, des

Le département des Basses-Pyrénées pouvait fournir 40,000 pieds cubes de bordages ; la forêt *de Lourde* contenait des pièces de *quille, d'étambot et de lisse d'Hourdy,* de la meilleure qualité. Elle fournit en l'an XII, 50 arbres de la plus belle grosseur ; il en était ainsi de celle de *Quersan,* près de Montréjeau.

Les forêts de l'Ariége renfermaient des sapins énormes. La seule forêt de *Belesta* contenait, d'après le recensement de l'an XIII, 186,000 arbres de cinq pieds de circonférence. Les mêmes richesses existaient dans les forêts des Hautes-Pyrénées, des Basses-Pyrénées et de la vallée d'Aran. Ces dernières fournissaient annuellement à la France plus de 12,000 pièces de bois long et autant de *roules* que l'on débitait en planches dans l'arrondissement de Saint-Gaudens. La seule forêt qui fut exploitée sous l'empire, pour la mâture, était celle de *Gabas,* dans la vallée d'Ossau. Une administration particulière procurait à la marine de Bayonne 7 à 800 mâts par an (1).

Les forêts des Basses-Pyrénées renfermaient, non-seulement des pièces d'une grosseur excessive, mais des hêtres et des buis prodigieux, qui auraient fourni des rames et des essieux de poulies à toutes les marines du monde.

Les forêts des Pyrénées espagnoles étaient encore plus riches ; celles de *Gistain* et *de Saint-Jean,* en Aragon, sur le versant opposé à la vallée d'Aure, contenaient plus de 7,000 mâts propres aux plus grands navires (2) ; elles pouvaient fournir 25,000 pièces de bois de construction chaque année.

Les immenses forêts de *Saint-Jean-de-Lerme,* dans la Catalogne, avaient donné de tous les temps des bois de la meilleure qualité à la marine espagnole ; celles de *Montgary* et de la vallée de *Paillars,* envoyaient également des quantités de bois considérables en France, par la vallée d'Aran.

Que l'on vienne encore, après la constatation officielle de ces immenses et magnifiques produits, exalter la supériorité des Alpes sur

forêts impériales de Saint-Gaudens, présentait des courbes de première qualité. 515 arbres de 1re 2e et 3e classe, existaient en l'an XII, dans la commune de Ceret, Pyrénées-Orientales ; 4,550 chênes verts, propres à la marine, s'élevaient sur les bords du Tech.

(1) Chaque arbre était payé 1 fr., à la commune propriétaire ; il revenait à 6 fr. rendu à Bayonne, où il était transporté par eau sur le Gave et sur l'Adour

(2) Ils avaient 75 à 70 toises de haut, et 3 à 4 pieds de diamètre.

les Pyrénées à l'endroit de la puissance végétale de leurs forêts. La nature n'a pas été plus favorable envers les montagnes de la Suisse qu'envers celles du midi de la France. Si les vallées du Rhin, de Laar et du Rhone conservent de plus belles forêts, c'est que leurs habitants ont eu la sagesse de ne pas détruire celles dont les siècles avaient primitivement enrichi les bas-fonds de ces vallées, tandis que les habitants des Pyrénées ont détruit ou laissé périr celles qui occupaient cette situation, et qui, placées dans un sol végétal plus profond, plus fertile, auraient continué à fournir ces arbres de dimension colossale qu'on y trouvait sous Louis XIV et sous Louis XV. Les Suisses, enfin, ont eu le bon esprit de sillonner leurs forêts de ces belles routes d'exploitation qui manquent entièrement à celles des Pyrénées, routes qui ont quadruplé la valeur des bois et ont engagé les cantons propriétaires à les conserver soigneusement, comme une des sources les plus considérables du produit de leurs montagnes. Qu'on rende les forêts Pyrénéennes aussi facilement abordables que celles des Alpes, qu'on laisse les sapins croître pendant 100, 150 ans, au lieu de les abattre dès qu'ils en ont 35 ou 40 ; qu'on procure ainsi à l'arbre qui vaut 10 fr. une valeur de 50, on verra si les populations ne portent pas à la conservation des forêts, l'ardeur qu'elles ont mis pendant bien des siècles à les détruire ; on verra si, dans un siècle, les richesses de nos montagnes n'égalent pas celles des 22 cantons et du Tyrol !

La restauration, malgré sa bonne volonté et ses efforts, ne put arrêter tout d'abord les populations dans la pente fatale où elles s'étaient engagées ; le sol forestier continua à diminuer sous son administration, comme on le voit par le tableau suivant, pris dans la *Statistique* de Peuchet :

HAUTE-GARONNE.

Bois de l'État.	15000 hect.
— des communes	25000
— des particuliers	5000
Total.	45000

Au lieu des 95412 hect. portées au tableau de l'an xiii... ils étaient ainsi répartis :

Arrondissement de Saint-Gaudens.

Bois de l'État . . . .   9000 hect.
— des communes 22000
— des particuliers   800
Total   31800

Arrondissement de Toulouse.

Bois de l'État . . . .   5000 hect.
— des communes   700
— des particuliers   1300
Total   7000

Arrondissement de Muret.

Total . . . .   4000 hect.

également distribués entre l'État, les communes et les particuliers.

Arrondissement de Villefranche.

Total . . . .   2000 hect.

appartenant aux communes et aux particuliers.

HAUTES-PYRÉNÉES.

Bois de l'État . . . .   19000 hect.
— des communes   30000
— des particuliers   13000

Division par arrondissement.

Tarbes . . . .   14000 hect.
Bagnères   38000
Argelès   10000
Total   62000

au lieu de 118,074 portés au tableau de l'an XIII. Les bois des Hautes-Pyrénées n'appartenaient d'ailleurs à l'État que depuis peu d'années ; ils étaient presque tous situés dans l'arrondissement de Bagnères, et provenaient des abbayes de l'Escaldieu, de Sarrancolin et de quelques émigrés. L'ancien domaine ne possédait pas de forêt dans le comté de Bigorre.

Les forges de l'Ariége n'étaient pas restées étrangères à la destruction de quelques forêts de ce département. Leurs propriétaires ne se préoccupant pas le moins du monde du bon aménagement des forêts, mais seulement de l'intérêt immédiat de leur usine, achetaient les bois les plus rapprochés et les exploitaient sans songer à conserver de balivaux ; l'incurie du propriétaire du sol, celle des bergers et des maraudeurs faisait le reste. Les uns laissaient les animaux brouter, détruire les jeunes tiges, les autres coupaient, arrachaient ce qui avait été épargné, et les forêts d'autrefois devenaient des landes, des bruyères ; nous avons vu le baron Dietrik constater la disparition de plusieurs d'entre elles sur les points où des forges étaient établies.

Dans la commune de Merens (Ariége), quatre forges et trois scieries avaient tellement épuisé les belles forêts qui couvraient les montagnes voisines, que les habitants y trouvent à peine aujourd'hui leur provision de bois... Quand la vallée de Vic-Dessos eût été dépeuplée de ses bois par les propriétaires des forges, ces derniers durent faire venir du charbon des bois de Massat, appartenant à M. de Sabran. Il n'est pas néanmoins, dans la nature des choses, que les industries à combustible fassent disparaître les forêts, au contraire ; le débouché avantageux et régulier que les fourneaux et les fours offrent aux taillis, augmentent les revenus des bois, et engagent les propriétaires à les conserver, à les préserver des causes de détérioration... L'absence de toute vente assurée, au contraire, porte ces propriétaires à chercher le moyen de tirer du bénéfice de leur terre : les bois ne leur en produisant aucun, ils les défrichent, et les transforment en champs et en prairies.

Il est donc juste de dire que les forges de l'Ariége n'ont pas été la cause nécessaire de la destruction des bois de ce pays ; c'est la mauvaise administration des propriétaires, le défaut de surveillance et de précaution qui a produit ce résultat.

La vallée de Baygorry, dans le pays basque, nous offre un exemple de l'heureuse influence des usines sur la conservation des forêts : cette contrée, couverte de magnifiques bois de chêne, ne trouvait aucun débouché à ce produit, à cause de l'absence de routes et de la cherté des transports ; la carbonisation des taillis et des branches

était le seul moyen de rendre ces produits accessibles aux consommateurs : aussi les bois étaient-ils sans valeur et abandonnés à toutes
sortes de destructions... Au commencement du dix-huitième siècle,
M. Beugnière de Latour, établit dans la vallée une fonderie de fer :
aussitôt les travailleurs accourent, on construit des maisons, un village ; plus 1,100 individus y vivent du bénéfice des usines ; dès ce
moment les propriétaires trouvant un débouché assez avantageux aux
produits de leurs bois, les aménagent, les surveillent, les conservent.

Mais, en 1793, la vallée est envahie par les Espagnols : ils brûlent
l'établissement, comblent et détruisent les galeries des mines. Il ne
resta sur pied qu'une petite forge que la guerre de 1814 acheva de
détruire.

Depuis 1793, les bois étaient redevenus sans valeur. Les populations ne trouvant plus aucun intérêt à les conserver, les exploitèrent
sans ordre, sans méthode, arrachant les jeunes arbres, laissant dévo-
rer les tiges par les animaux : les forêts de cette contrée étaient
menacées d'une destruction complète, lorsque M. Riegbour obtint la
concession des mines du Baygorry par ordonnance royale du 24 novembre 1826. De nouvelles fonderies, de vastes magasins se relèvent
sur les ruines de ceux de M. Beugnière, la prospérité rentre dans la
vallée : les fourrages, précédemment sans valeur, trouvent un placement avantageux dans la nourriture des 300 mulets que les forges occupent ; le vin s'élève de 30 francs à 80 francs, plus de 40,000 arpents
de bois, restés sans emploi pendant 30 ans, trouvent une exploitation
assurée, et les propriétaires en surveillent la conservation avec plus de
sollicitude.

III

SITUATION PRÉSENTE.

L'Empire avait commencé de mettre un frein au maraudage, et
s'était occupé de recouvrer les forêts que l'État avait perdues. Une
circulaire du 4 novembre 1807, avait même ordonné aux conserva-
teurs des forêts de s'occuper de reboiser les montagnes. On réussit
tout d'abord à reboiser en semis de pins une vingtaine de mille hectares dans les Landes. Ce fut l'opération la plus considérable, et la
mieux réussie du reboisement.

Mais à quelques légères améliorations près, les forêts de l'État et celles des communes étaient, lorsque le Code forestier parut, dans la situation déplorable que leur avait léguée la Révolution. Les populations s'étaient arrogées les droits et les usages les plus abusifs sur cette nature de biens ; partout elles agissaient en maîtresses absolues, coupant, maraudant, détruisant sans frein et sans honte.

L'application des mesures de police nécessitées par cet état de choses, éprouva longtemps de graves difficultés. Les communes combattirent les droits de l'État devant les tribunaux, les particuliers ajoutèrent souvent à ces moyens judiciaires, les menaces, les voies de fait, et plus d'un garde forestier, plus d'un agent de la force publique, paya de la vie son zèle à faire respecter la loi... Dans l'Ariége, les maraudeurs formèrent la terrible compagnie des *Demoiselles*, occupèrent en armes les bois qu'on ne voulait pas leur permettre de détruire impunément ; on dut envoyer des troupes contre eux, et plus d'un coup de fusil fut échangé dans les forêts de Belesta, d'Ax, et de Vic-d'Essos.

Dans l'arrondissement de Saint-Gaudens et dans celui de Bagnères-de Bigorre, des gardes furent assassinés ; des propriétaires éprouvèrent le même sort pour avoir contesté aux particuliers, le droit d'user et d'abuser de leur propriété... Malgré cette résistance violente, on poursuivit avec persévérance de 1825 à 1840, l'application du *cantonnement* sur toute l'étendue des Pyrénées. Des milliers de jugements sont venus peu à peu régler les usages à l'avantage de la conservation des forêts ; tout en respectant les besoins réels des populations, ils ont fixé les limites domaniales, communales et particulières.

Ce travail est à peu près terminé sur tous les points ; depuis plusieurs années chaque forêt a son bornage, chaque commune usagère, chaque habitant, connaît la partie où il peut exercer son pacage et son affouage.

C'est un succès considérable du droit et de l'ordre obtenu sur l'usurpation et le maraudage. Après 40 années d'efforts, on est parvenu à sauver de la destruction des richesses considérables ; ces richesses forestières vont augmentant de jour en jour, grâce à la prudence d'aménagements qui permettent aux arbres d'acquérir sans trouble leur développement régulier.

La marine et les entrepreneurs civils pourraient donc y trouver, aujourd'hui, des quantités prodigieuses de chênes et de sapins de très-belle dimension, si de bons chemins étaient tracés dans le flanc des forêts restées jusqu'à ce jour inaccessibles. On ne saurait comprendre le nombre de pieds d'arbres, de sapins surtout, qui se pourrissent sur pied depuis des siècles, dans ces forêts, faute de moyens de transport. Il est des parties fort considérables dans les forêts de Gabas (Basses-Pyrénées), de Cauterets, Daspin (vallée de Campan), de Bagnères-de-Luchon, de Vic-d'Essos, où les bûcherons n'ont jamais porté la hache ; on y voit des sapins de tout âge, de 50, de 100, de 140 ans, morts sur pied, séchés, pourris, pulvérisés. Un chemin qu'on tracerait à la partie basse de la forêt de Gabas, sur la rive droite du Gave, permettrait de l'exploiter tout entière en facilitant le glissement des sapins des parties élevées vers cette ligne de communication. Aujourd'hui le Gave encaissé, profond, inabordable, engloutirait tout ce qu'on essayerait d'abattre.

L'ouverture de la route de Bagnères-de-Bigorre à Luchon, à travers la forêt d'Aspin, a permis d'exploiter les magnifiques arbres qu'elle renferme. Avant l'exécution de cette ligne, la majeure partie pourrissait sur place comme ceux de la vallée de Gabas. Voilà pourquoi nous attachons un si grand intérêt à l'achèvement des routes thermales dont nous avons fait connaître le tracé ; mais ces artères terminées, la viabilité réclamera des compléments indispensables. Les communes et l'État devront s'occuper sérieusement d'exécuter un vaste réseau de chemins *vicinaux* ou *d'intérêt commun*, et de diriger ces routes vers tous les points où l'on aura des forêts, des mines, des carrières de marbre et d'ardoise à exploiter.

Nous ne croyons pas nous tromper, en assurant que l'exécution de ces chemins d'exploitation, quadruplerait le produit des forêts des Pyrénées au point de vue des bois à haute futaie, et le doublerait au point de vue des bois taillés. Nous voici amenés à donner l'inventaire aussi exact que possible, des richesses forestières des départements pyrénéens, d'après les dernières statistiques : on y verra la preuve que, si la destruction a privé les Pyrénées de richesses immenses, il en reste encore de très-considérables.

Il faut d'ailleurs savoir le reconnaître ! Les progrès de la civilisation amènent forcément le défrichement de la majeure partie des bois qui couvraient primitivement le globe. Peut-être serait-il juste de dire que, dans les plaines, on a maintenant atteint la juste proportion qu'une sage exploitation du sol doit établir, entre les terres couvertes de bois et les terres livrées à la culture. C'est dans les montagnes et les coteaux rapides, seulement, que la disparition de quelques forêts est regrettable ; car la culture des céréales s'y fait dans de mauvaises conditions, et la couche végétale est condamnée à disparaître peu à peu sous les avalanches et les pluies torrentielles.

Voici le tableau de l'étendue et des produits des forêts des huit départements pyrénéens, d'après la statistique de 1852 :

Pyrénées-Orientales. 18,181 hect. de bois de l'État, produisant 957 stères. 41,443 hect. de bois communaux et particuliers, produisant 134,857 stères à 3 fr. 90 c.　　　　　　　Total.　529616 fr.

Aude. 12,331 hect. de bois de l'État, produisant 12,584 stères, et 46,681 hect. de bois communaux et particuliers, produisant 105,413 stères à 10 fr. 70.　　　　　　　Total.　1517214 fr.

Ariége. 38,868 hect. de bois de l'État, produisant annuellement 60,959 stères et 48,109 hect. de bois communaux ou particuliers, donnant 116,849 stères. Le stère est estimé 4 fr. 55 c.　　　　Total.　809026 fr.

Haute-Garonne. 15,781 hect. de bois de l'État, qui produisent 10,000 stères, et 74,362 hect. de bois communaux ou particuliers, qui en donnent 75,156 stères. Prix du stère. 10 f. 95 c.　　　Total.　775404 fr.

Gers. 60,460 hect. de bois appartenant aux commmunes ou aux particuliers ; ils produisent 285,260 stères à 4 fr. 70 c.　　　　　　　Total.　1360722 fr.

Hautes-Pyrénées. 18,347 hect., appartenant à l'État, donnant 18,770 stères. 185,303 hect. de bois communaux ou autres, donnant 185,303 stères à 4 fr. 30 c.　　　　　　　Total.　857513 fr.

Basses-Pyrénées. 373 hetc. de bois de l'État, produisant 3,708 stères, plus 109,658 hect. de bois divers, fournissent 412,499 stères à 2 fr. 85 c. Total.　1186129 fr.

A reporter. . . . . . .　7035624 fr.

Report. . . . . . 7035624 fr.

Landes. 3,181 hect. de bois de l'État, produisant
11,330 stères ; 221,829 hect. de bois appartenant aux
communes ou aux particuliers, produisant 794,404
stères à 4 fr. 15 c.   Total.   3343796 fr.

Revenu total des bois. . . . . . 10370420 fr.

Or, si le bon état des routes, sur certains points, permet de retirer de ces produits toute la valeur dont ils sont susceptibles, on peut assurer que la moitié des forêts de l'Ariége, de la Haute-Garonne, des Hautes et Basses-Pyrénées, perdent les trois-quarts de leur valeur faute de voies de communication. Si le revenu des bois des huit départements est de 10,270,459 fr., on peut assurer que l'exécution des chemins vicinaux nécessaires, l'éleverait à 20 millions, maintenant surtout que l'ouverture des chemins de fer permet de transporter les matières encombrantes dans toutes les parties de l'Europe (1).

Qu'on ne nous accuse pas de tomber dans l'exagération à cet égard, le phénomène économique dont le département des Landes est depuis dix ans le théâtre, justifie pleinement cette appréciation, comme nous en donnerons la preuve quelques pages plus bas.

Mais si l'État veut se procurer dans les Pyrénées des réserves de mâts et de bois de marine, il ne lui suffira pas de favoriser la confection de *routes forestières;* il devra tenir la main à l'exécution rigoureuse du code forestier, en mettant des obstacles à l'abattage des baliveaux et des hautes futaies de médiocre grosseur, sans quoi l'ouverture des chemins aurait au contraire, pour résultat, la destruction précipitée des futaies par l'abattage des arbres à mesure qu'ils acquéraient la grosseur de 40 à 60 centimètres carrés; grosseur suffisante pour les convertir en planches, en poutres et en poutrelles.

Nous n'engagerons pas l'État à appliquer à la France cette loi suisse, qui condamne à mort tout homme qui a détruit un arbre sur le penchant d'une montagne, au-dessus d'un village exposé aux avalanches;

---

(1) Le Couserans (Haute-Garonne) est une des contrées où les forêts se sont le mieux conservées. Le revers espagnol enfin possède encore des forêts magnifiques, dans la Navarre surtout; les montagnes *d'Iropel* et les gorges d'Iral sont couvertes de hêtres magnifiques; il en est ainsi des vallées de *Bellaté* et *Durdach, Diratie, d'Artigue-Telline, d'Ordesa,* de *Val-de-Lastos,* de *Bielsa, d'Aran,* et de *Ronceveaux.*

nous lui demanderons, s'il ne serait pas digne d'une bonne et prévoyante administration d'acheter les forêts soit de chêne, soit de sapins, qui, par la beauté de leurs produits seraient de nature à offrir à la marine des ressources précieuse : l'État, qu'on le sache bien, est seul en position aujourd'hui de conserver les arbres sur pied pendant 150 à 200 ans, pour attendre qu'ils aient acquis toute leur grosseur; les particuliers, les communes elles-mêmes sont hors d'état de se priver de revenu pendant deux siècles. L'intérêt, bien entendu, du père de famille, les oblige à tirer parti de l'arbre dès qu'il a acquis sa valeur marchande, c'est-à-dire dès qu'il a de 30 à 40 ans.

IV

REBOISEMENT DES MONTAGNES ET DES LANDES.

Notre espérance de voir la situation des forêts s'améliorer rapidement est pleinement justifiée par l'application de deux lois nouvelles, celle du 28 juillet 1860 sur le *reboisement des montagnes* et celle du 19 juin 1857 sur *l'assainissement et la mise en valeur des landes*. Les résultats obtenus jusqu'à ce jour sont considérables ; on a peuplé d'arbres divers de vastes étendues de landes et de forêts dégarnies ; on a soumis au régime forestier des espaces non moins étendus que le maraudage et la dépescence achevaient de ravager. L'administration y procède par quatre moyens qui ne peuvent manquer d'être efficaces ; car les populations en comprennent l'importance, et les conseils municipaux secondent volontiers les intentions de l'État; ces moyens sont :

1° Le reboisement des montagnes imposé obligatoirement par la loi.

2° Le reboisement considéré comme mise en valeur des terrains incultes.

3° La conversion en bois des terrains en pâturage qui sont encore garnis de végétation forestière, par application de l'art. 30 du Code forestier.

4° Les reboisements volontaires pour lesquels les simples particuliers obtiennent des encouragements des Conseils généraux et de l'État.

En 1859, les Pyrénées-Orientales renfermaient :

En bois domaniaux. . . . . 18874 hect.
— communaux. 16755
— particuliers. 23994

Total 59624

Par suite de l'addition de 497 hect. aux bois des communes de *Planès*, *Bolquère*, *La Bastide*, *Saint-Pierre-d'Els-Forcats*, la surface des bois communaux a été portée, en 1862, à. . . . . 17252 hect.

On se proposait encore de reboiser et de soumettre au régime forestier. 8870 situés dans seize communes, notamment dans celle de *Sournia*, 100 hectares ; sur la plage maritime des arrondissements de *Céret*, 320 ; sur celle de *Perpignan*, 680 ; dans le bassin de la *Tet*, entre Mont-Louis et Villefranche, 5000 hect. ; dans les vallées de *l'Agly* et du *Tech*, 350 hect., ce qui portera le sol forestier de tout le département à. 68991

Le Conseil général vote 500 fr. chaque année pour encourager cette opération.

Dans *l'Aude*, les forêts de l'État couvraient. . . . . 10922 hect.
Les bois des communes. 4096
Ceux des particuliers. 1081

Total. . . . 16099

10471 hect. de forêts domaniales sont situés dans l'arrondissement de *Limoux ;* ils ne renfermaient pas moins de 5 à 600 hect. vides. Les parties dénudées dans les bois communaux étaient encore plus étendues.

L'État commença de repeupler une surface de. . . 103 hect.
En 1861, avec une dépense de 11,895 fr., les communes furent assujéties à reboiser, dans le bassin du *Réalsesse*. 2841
Sur la montagne d'*Alaric*. 3000
Sur divers autres points. 1892
et à soumettre au régime forestier. 754
Les particuliers reboisèrent. 24

ce qui a porté la totalité des forêts à. 23713

L'État a contribué au reboisement de ces surfaces pour la somme de 6505 fr., le département pour celle de 400, les communes pour celle de 915.

L'Ariége comptait, en 1859, en bois de l'État. . . .   3886 hect.
En bois communaux et particuliers.   48109
                                   Total.   51995

A cette époque, 37,000 pieds de *robiniers* ou *faux acacia*, furent plantés dans les communes de *Tarascon*, *Auzat*, *Vic-Dessos*, *Signer*, *Courbit*, *Rabat*, *Genat*, *Bedeillac*, *Saurat*, *Lordat* et *Brassac*. Les communes *Deycheil*, *Prat*, *Cazavet*, *Moulis*, *Ustou* et *Conflens* consacrèrent le vingtième de leurs coupes à reboiser leurs forêts; celle de *Boussenac* y consacra 150 fr.

En 1860, on planta 44,000 pieds d'arbres dans 13 communes de l'inspection de Foix et 12,000 pieds de hêtres dans 6 communes de l'inspection de Saint-Girons.

La seule commune d'*Auzat* planta 102000 pieds de robiniers, ce qui constitua le reboisement de. . . . .   775 hect.
en y comprenant 166 hect. dépendant de l'État. Le sol forestier de l'Ariége s'élève donc aujourd'hui à plus de..   52770

Le Conseil général consacre 1,000 fr. chaque année à l'encouragement de cette entreprise.

Dans le *Gers*, on procède tout différemment; on ne reboise pas, on défriche, ce qui s'explique par l'absence de hautes montagnes et par la situation d'une partie des bois dans des plaines très-favorables à la culture des céréales et à l'établissement des prairies. Mais l'administration veille avec soin à ce que les défrichements ne portent plus sur les pentes des coteaux rapides qui n'ont été que trop dépouillées de leurs forêts, depuis les premières années de la Restauration jusqu'à celles du second empire.

Ce département qui n'a plus de forêts domaniales, possède vingt-cinq forêts communales soumises à des coupes régulières. Nous avons déjà dit qu'elles forment, avec les bois particuliers, la contenance totale de.. . . . .   60460 hect.

Dans *la Haute-Garonne*, le Conseil général ajoute une somme annuelle de 1,000 francs aux allocations de l'État pour encourager le reboisement, aussi a-t-on obtenu quelques résultats. Les communes de *Saint-Paul-d'Oueil*, de *Labroquère*, d'*Aspet* et de *Saint-Béat*, ont entrepris le reboisement de 16 hect. et la plantation de 77,500 pieds de robiniers.

L'État a planté des mélèses sur.	27 hect.
Id. des pépinières variées sur.	4
Id. des semis d'arbres résineux sur. .	45
Id. 172,000 robiniers sur.	69
Total du reboisement.	145

ce qui porte l'étendue des forêts à. 90,264

Dans les *Hautes-Pyrénées*, de grandes parties de pâturages communaux avaient été considérées jusqu'à ce jour comme de simples pelouses boisées, attendu qu'elles ne contiennent que quelques arbres disséminés à de grandes distances ; l'administration des forêts a eu le projet de les convertir en *taillis sous futaie*, c'est-à-dire de les regarnir entièrement ; mais on craint que les populations ne repoussent cette suppression des pâturages.

En attendant, et en dehors des terrains placés dans ces conditions, on a reboisé la montagne de *Super-Baréges* avec assez de succès, et l'on se propose d'étendre le reboisement sur le versant *du Lac-Grand* au sud de Baréges, et sur le versant *d'Ayre*, formant en tout. . . . . 250 hect.

La surface des forêts du département sera ainsi portée à. 203,800 (1)

Dans les Basses-Pyrénées, l'État possède. . . . . . 373 hect.
Les communes 70,552, mais sur ce nombre le régime forestier ne s'étend que sur. 54,668
Les particuliers en possèdent. 39,106
Total. 94,147

Dès 1860, on entreprit d'augmenter cette surface,

(1) Ne devrait-on pas s'occuper aussi de rétablir les belles forêts de *Bagnères* et de *Baudean*, qui fournissaient tout le bois de chauffage à Bagnères-de-Bigorre, il y a 150 ou 160 ans. (Laboulinière. *Annuaire des Hautes-Pyrénées.*)

11,698 pieds d'arbres furent plantés en 1861, et couvrirent. . . . .   4 hect.

La commune *d'Anglet* ensemença ses dunes aux frais de l'État, sur une étendue de.   60
pour le prix de 15,417 fr.

En 1862, le département repartit une somme de 5,000 fr., entre les communes de Laruns, Tardets, Sorholus, Arèté, Louvie-Suzon, pour les encourager à reboiser leurs montagnes. Laruns fit soumettre au régime forestier des terrains situés au-dessus de la route des eaux chaudes, à Gabas, comprenant.   50

Tardets et Sorholus s'occupèrent de reboiser la montagne de *Héguia*.   60

Arèté replanta snr la montagne de *Pene-Rouge*, une étendue de.   20

Louvie-Suzon, sur la pene *de Peyran*, une surface de.   30

Total.   224

Ce qui porta les communaux boisés de ce département à. . . . .   94,371 hect.

Dans les Landes, quand on a commencé de mettre en application la loi du 19 juin 1857, les bruyères communales occupaient.   185,209

Les communes en ayant vendu en 1860, 75,600 hect. à raison de 35 à 45 fr. l'hectare, ce qui leur fit réaliser la somme de 3 millions, il ne leur resta plus que.   110,000

Les projets d'assainissement, dressés sur cette contenance, comprirent d'abord.   72,847
situés dans 52 communes; la dépense était évaluée à. . . . .   1,571,132 fr.

Savoir : assainissement.   236,845
Mise en valeur.   1,134,186

Les populations accueillirent avec tant d'empressement les projets de l'État, qui prenait d'ailleurs la majeure partie des travaux à sa charge, que 81 communes ne voulurent pas attendre la rédaction définitive des projets. Elles commencèrent les travaux d'assainissement dès 1861. Les particuliers imitèrent l'empressement des municipalités... A la fin de la même année, on avait assaini sur le domaine impérial de *Solferino* . . . . 7,868 hect.

Sur d'autres propriétés particulières. 40,325

Les communes avaient appliqué la même amélioration sur. 57,308

Total 105,501

ce qui formait les 40 centièmes de la surface totale des bruyères.

En 1862, on avait préparé des projets d'assainissement sur 5 communes pour . . . . 10,445 hect.

Il ne restait à étudier que 37 communes possédant. 27,132

Parmis les 105,408 hectares assainis, 79,016, sont déjà mis en valeur (1).

Si le travail continue à marcher avec la même rapidité, et rien ne fait prévoir qu'il éprouve un temps d'arrêt, l'assainissement et la mise en valeur des landes seront complets en 1867 (2).

(1) Cette statistique du reboisement a été prise dans les rapports de MM. les Préfets aux Conseils généraux.

(2) Il ne suffisait pas d'assainir et de planter, il fallait préserver les bois de la destruction. Or, la plupart des incendies provenaient de l'imprudence des habitants qui allumaient le feu aux bruyères pour favoriser la germination de l'herbe; on a mis des obstacles à cette manie destructive, en condamnant les bergers à ne pas entrer dans les terrains incendiés, pendant les trois années qui suivent l'incinération. Cette précaution ne peut manquer d'arrêter une coutume funeste.

Voici le revenu des quatre dernières années des forêts des Pyrénées, d'après les registres de l'administration centrale.

DÉPARTEMENTS.	BOIS DOMANIAUX.			BOIS COMMUNAUX.		
	PRODUITS principaux.	PRODUITS accessoires.	TOTAL.	PRODUITS principaux	PRODUITS accessoires.	TOTAL
1859.						
Aude.......	192,220 »	3,976 82	23,196 82	23,772 »	1,135 »	24,907 »
Ariége.....	11,203 »	1,257 92	12,460 92	85,492 »	522 »	86,014 »
Hᵗᵉ-Garon..	72,539 »	12,964 80	85,503 80	162,410 »	4,283 40	166,693 40
Gers........	» »	» »	» »	33,546 »	2,625 20	36,171 20
Hᵗᵉˢ-Pyrén.	250 »	571 10	821 10	517,790 »	30,867 80	548,659 80
Bˢᵉˢ-Pyrén.	6,750 »	7,993 29	14,743 29	216,392 »	27,611 73	244,003 73
Landes.....	» »	13,415 99	13,415 99	118,287 »	2,297 50	120,584 50
1860.						
Aude.......	314,510 »	4,827 10	319,337 10	20,947 »	1,335 60	22,282 60
Ariége.....	20,311 »	5,983 70	26,294 70	62,228 »	320 92	62,548 92
Hᵗᵉ-Garon.	67,828 »	14,115 69	81,943 69	108,002 »	5,660 26	113,662 26
Gers........	» »	» »	» »	34,390 »	3,312 07	37,702 07
Hᵗᵉˢ-Pyrén.	1,933 25	1,748 80	3,682 05	602,420 »	27,109 40	629,529 40
Bˢᵉˢ-Pyrén.	6,600 »	6,889 50	13,489 50	225,451 »	39,200 50	264,651 50
Landes.....	» »	13,497 60	13,497 60	295,173 »	1,953 70	297,126 70
1861.						
Aude.......	280,460 »	6,349 35	286,809 35	25,558 »	1,456 »	27,014 »
Ariége.....	17,409 »	2,159 25	19,568 25	83,300 »	114 50	83,414 50
Hᵗᵉ-Garon..	110,406 »	13,586 40	123,992 40	207,790 »	4,566 63	212,356 53
Gers........	» »	» »	» »	50,473 »	7,665 99	58,138 99
Hᵗᵉˢ-Pyrén.	1,632 50	950 45	2,582 95	601,131 »	49,147 75	650,278 75
Bˢᵉˢ-Pyrén.	285 »	8,484 94	8,769 94	274,399 »	42,841 80	317,240 80
Landes.....	» »	14,406 50	14,406 50	264,381 »	1,694 25	266,075 25
1862.						
Aude.......	368,950 »	3,973 16	372,923 16	42,122 »	1,342 »	43,464 »
Ariége.....	18,489 »	1,035 25	19,524 45	74,756 »	250 »	75,006 »
Hᵗᵉ-Garon..	106,202 »	13,036 60	119,238 60	183,892 »	3,990 71	187,882 71
Gers........	» »	» »	» »	30,776 »	5,452 69	36,228 60
Hᵗᵉˢ-Pyrén.	5,885 »	2,351 20	8,236 20	729,391 »	43,226 60	772,617 60
Bˢᵉˢ-Pyrén.	4,950 »	4,556 65	9,506 65	210,332 »	27,442 25	237,774 25
Landes.....	» »	8,272 35	8,272 35	121,122 »	3,450 45	124,572 45

Il faut y ajouter le produit des bois des Pyrénées-Orientales que nous prenons dans les rapports de MM. les Préfets de ce département :

DÉPARTEMENTS.	BOIS DOMANIAUX.		BOIS COMMUNAUX.	
	PRODUITS principaux.	PRODUITS accessoires.	PRODUITS principaux.	PRODUITS accessoires.
1859.				
Pyrénées-Orientales. . .	4,678	4,623	59,551	33,000
1860.				
—	6,475	»	30,934	34,371
1861.				
—	14,869	4,975	48,662	31,233

En résumé, le sol forestier des Pyrénées a notablement diminué d'étendue depuis le moyen âge; une partie de cette diminution constitue une perte considérable et pour l'État, et pour la fortune privée, principalement dans les pentes rapides; mais une autre partie de ces défrichements a augmenté la production du sol, en livrant à la culture des céréales des plaines fertiles, qu'il était regrettable de voir couvertes de bois. Remarquons d'ailleurs, que, malgré la diminution de la surface des bois, les revenus de la partie conservée ont suivi la progression croissante la plus rapide.

En 1671, la vente des coupes de l'État ne couvrait pas à beaucoup près, les frais de l'administration des forêts (1).

A partir de 1785, elle donna quelque bénéfice.

Pendant la Révolution, elle ne produisait pas plus de . . . . 10,000 fr.

En 1812, elle en donna 258,000

C'était donc une augmentation de produit de 248,000 fr. en dix ans.

En 1852, le revenu des seuls bois de l'État, dans les huit départements pyrénéens, ne s'élevait pas à moins de 555,861

(1) Et cependant on ne négligeait aucun genre d'économie... Dans le Roussillon, les gardes forestiers n'avaient pas de traitement; dans la maîtrise de Quillan, ils recevaient 25 francs par an; dans le pays Basque, le Béarn et le Bigorre, chaque habitant faisait à son tour la garde des bois sans rétribution. (Oralet, t. II, p. 71).

Nous venons de voir qu'il est aujourd'hui de . . .   557,546 fr.

Si nous ajoutons au revenu des forêts de l'État, celui des bois des communes, 557,439, nous trouverons la somme de   1,114,985

Est-ce trop présumer de l'ouverture des chemins de fer, des routes thermales et des routes forestières (1), que de compter sur un produit double dans un avenir très-prochain, soit   2,030,492

La statistique générale de 1852, porte enfin le revenu général des bois, en y comprenant ceux des particuliers, à.   10,370,420

Nous obtiendrons en doublant ce produit général .   20,758,840

Ces espérances sont pleinement justifiées par le phénomène qui se produit de nos jours dans le département des Landes.

C'est toujours avec une émotion nouvelle que nous jetons les yeux sur cette vaste contrée, autrefois une des plus pauvres de l'empire, aujourd'hui une des plus heureusement transformée. Ces steppes, naguère inhabitées, maintenant jalonnées de stations, de chalets élégants, de bourgs qui grandissent ; cette population autrefois rabougrie, cachée dans des huttes de Lapons, et oisive, aujourd'hui installée dans des habitations confortables et gracieuses, lancée dans l'exploitation très-avantageuse du bois et de la résine, occupée à défricher le sol, à tracer des routes agricoles, à creuser des fossés et des canaux de desséchement ; cet immense concours de voyageurs, circulant, s'agitant, semant l'activité, développant le confort et le luxe dans ces déserts hideux ; ces semis de pins, ces

(1) L'administration ne néglige pas ce moyen efficace, d'augmenter la valeur des forêts, en facilitant leur exploitation.

Le département de l'Aude a dirigé un chemin de grande communication à travers les forêts de l'arrondissement de Limoux ; il va des limites des Pyrénées-Orientales à *Camperrier* et à *Lafayole* ; le chemin vicinal de *Condous* à *Malayrede*, terminé en 1862, favorise aussi la vente de ces bois.

On trace enfin des chemins d'un accès facile, dans l'intérieur des bois de l'État, de *Fanges, Callong, Lahenague, la Plaine* et *Comines* ; chemins qui permettront d'améliorer les belles sapinières du pays de *Saul*.

Dans la Haute-Garonne, le conservateur des eaux-et-forêts a réclamé avec instance, l'exécution de routes forestières, à travers les bois de l'arrondissement de Saint-Gaudens.

belles récoltes de seigle, de maïs, de sorgho, disputant un sol vierge aux étreintes de la bruyère et des ronces, produisent un tableau des plus saisissants, le plus digne d'étonnement que la France, que l'Europe puissent offrir sur un point quelconque de leur surface.

Ce qui nous émeut le plus, à la vue de cette transformation merveilleuse, ce n'est pas le fait en lui-même, circonscrit au département des Landes : c'est le principe général dont il est l'application, ce sont les conséquences incalculables dont il est susceptible.

Le tracé du chemin de fer par les Grandes-Landes, alors que d'autres projets le dirigeaient par la partie plus habitée, mieux exploitée de Bazas, Roquefort, Mont-de-Marsan, Tartas et Dax, est dû à l'initiative de l'Empereur ; c'est lui qui, par un de ces traits de génie auxquels il nous habitue, a compris que ce département, si dépeuplé, si pauvre, devait être régénéré par le développement d'une activité inconnue, non point dans sa région la plus prospère, mais dans sa partie la plus inculte, la plus sauvage... Pour atteindre ce noble but, il ne s'est pas contenté de faire jeter les rails à travers les Grandes-Landes : il a créé la ferme, l'école de défrichement de *Solférino* ; il a attaqué le désert au cœur ; il a planté le drapeau du travail, de la culture, de la civilisation, juste sur le point le plus misérable, le plus horrible.

Cet exemple a produit des fruits rapides, efficaces. De grandes fortunes ont fait des acquisitions de terrains, employé des capitaux considérables a organiser les défrichements, sur plusieurs autres parties de la ligne ; les fortunes modestes, la petite propriété, ont suivi l'impulsion. Aujourd'hui la solitude, énergiquement combattue partout à la fois, recule devant la bêche et la charrue ; elle subit cette transformation qui nous étonne, nous émerveille ; et le département des Landes présente ce phénomène remarquable qu'il s'est enrichi de 8,000 habitants depuis le recensement de 1856, alors que ceux du Gers, des Basses-Pyrénées, et autres départements, comme lui exclusivement agricoles, ont vu leur population diminuer de 10 ou de 15,000 âmes.

Jusques au règne impérial, la France a exécuté des chemins de fer industriels et commerciaux, c'est-à-dire ayant pour but direct la prospérité des ports de mer et des grandes villes manufacturières. Nous ne connaissons pas un tracé dans lequel on se soit préoccupé, en première ligne, de l'amélioration, de l'exploitation du sol. Certes, l'agriculture s'est trouvée très-sérieusement favorisée par les chemins de fer ; il n'en est pas un dont l'activité commerciale n'ait réagi de la manière la plus heureuse sur le rendement de l'agriculture et la vente de ses produits. Mais ces conséquences sont nées de la force même des choses ; elles ont été un accident fortuit, et non pas un but cherché, ménagé : les intérêts industriels ont seuls servi de base à la direction des premiers réseaux.

De là des incidents étranges, regrettables, nous ajouterons illogiques : les chemins de fer ont presque partout suivi les vallées les plus fertiles, côtoyé les rivières navigables et les canaux ; concentré enfin tous leurs bienfaits sur les lignes les plus favorisées déjà par la nature et par l'industrie humaine.

Le gouvernement de l'Empereur a adopté un autre principe ; loin de redouter les lieux incultes et dépeuplés pour le tracé des chemins de fer, il les recherche, il les préfère. Celui de Narbonne à Port-Vendres suit les marais et les solitudes des bords de la Méditerranée ; celui de Marseille à Toulon et à Nice, s'égare à travers les forêts de l'Esterel ; celui de Toulouse à Tarbes franchira les solitudes incultes du plateau de l'Annemezan.

« Ainsi donc, attaquer le désert partout où il existe encore en France ; sur deux tracés de chemin de fer, préférer celui qui traverse la contrée la moins favorisée ; créer des fermes et des chantiers modèles partout où les défrichements, les améliorations élémentaires sont le plus impérieusement réclamées ; porter enfin les encouragements, les faveurs du gouvernement, des administrations départementales et communales, sur les points du sol les plus déshérités : tel doit être, selon nous, et selon le noble exemple que nous offre une auguste initiative dans le département des Landes, le programme de toutes les tentatives de repopulation des campagnes et de développement de la richesse agricole. Aussi, appelons-nous de tous nos vœux le moment où le département des Landes, dans sa reconnaissance, élèvera une statue à Napoléon III... non point sur une place de Mont-de-Marsan, mais en face du chemin de fer, sur la ferme de *Solférino*... une statue qui, serrant d'une main ferme la poignée de l'épée de *Magenta*, rentrée dans son fourreau mais prête à briller au premier appel de la France ou des peuples opprimés et amis, étendra son bras protecteur, tout pacifique, tout agricole, vers les steppes encore incultes de la Grande-Lande, et semblera leur dire : « Transformez-« vous sous la charrue ; couvrez-vous de moissons et de villages » comme la statue de Pierre-le-Grand dirige sa main vers les marais et les glaces de la Newa, pour leur ordonner de s'ouvrir au travail et à la civilisation !

On ne s'est pas contenté de jeter un chemin de fer dans la partie des Landes la plus désolée, la plus inabordable, on a relié les gares à toutes les parties du département à l'aide d'excellentes routes agricoles.

Ces routes font partie de la concession des chemins de fer du midi, (ligne de Bordeaux à Bayonne). Il était naturel de charger la même compagnie d'exécuter ces deux réseaux de voies de communication ; si les routes sont appelées à quintupler les produits du département et la richesse de ceux qui l'habitent, elles ne sont pas moins avantageuses à la compagnie du midi, dont elles quintupleront le transit local, en apportant aux gares les produits qui, sans elles, seraient restés sans emploi.

Les routes mises à la charge de la Compagnie du midi s'étendent sur une longueur de 450 kilomètres. Leur confection n'a pas été facile, on a dû faire des efforts très-considérables pour exécuter ces travaux, au milieu d'un pays dépourvu de matériaux où la construction d'une route, dans les conditions de célérité imposées par le cahier des charges, ne devenait possible qu'après l'établissement préalable d'un chemin de fer.

Dès 1860, 12 machines et 40 wagons travaillaient sans relâche au transport des matériaux d'empierrement qu'on allait chercher au delà de Dax et au delà de Bordeaux. Il n'a pas fallu établir moins de 90 kilomètres de voies ferrées provisoires, sur diverses directions, pour transporter et distribuer ces matériaux. Cinq machines à cylindres, mues par des chevaux ou des locomotives, étaient employées à la fois à la préparation des chaussées.

Les principales routes agricoles se dirigent de *Saucats* à *Martignas*, et de *Morcenx* à *Mimizan* ; celle de *Laluque* à *Saint-Giron* a 22 kilom. ; elle pénètre dans une région de dunes couvertes de forêts magnifiques, qui peuvent donner lieu, avec des aménagements convenables, à une production annuelle de 80,000 tonnes de bois de charpente et de chauffage, de charbon de bois et de matières résineuses.

Cette dernière ligne a donné lieu à certaines discussions entre l'État et la compagnie. L'importance de ces forêts, la présence de quelques forges et de plusieurs centres de population avaient inspiré à la compagnie l'idée de desservir cette région par une voie ferrée, sous la condition expresse d'une exploitation spéciale, dégagée des nombreuses sujétions qui pèsent sur les lignes principales et en augmentent notablement les frais. Puisqu'il fallait créer d'abord une voie ferrée, pour construire la route, pourquoi ne pas essayer, en présence d'une matière transportable, accumulée sur une si grande échelle, de la faire d'abord écouler par la voie provisoire, incontestablement supérieure à celle qui devait la remplacer? — Ce fut dans cette pensée, que la compagnie soumit à M. le ministre des travaux publics une proposition tendant à conserver pendant cinq ans l'usage de la voie ferrée, en ajournant à cette époque la construction de la route, sauf à reculer ce terme, si l'expérience démontrait l'utilité du chemin de fer. Mais la compagnie oubliait que si le transport, par les voies ferrées, est extrêmement avantageux à de grandes distances, il n'en est pas de même sur un parcours de quelques kilomètres seulement. Une fois le bois chargé sur un chariot, dans une forêt, il n'en coûte guère au bouvier de le transporter à 15 ou 20 kilomètres de plus, quand la route est bonne... les populations ont préféré au chemin de fer la simple route empierrée que l'on suit sans frais, sans difficulté, sans servitude d'aucune sorte, et le ministre a obligé la compagnie à substituer un chemin ordinaire à la voie ferrée provisoire :

La compagnie s'est bravement exécutée, et après quatre années d'une activité merveilleuse, elle a complété son réseau de routes agricoles, et livré à la circulation les 458 kilomètres qu'elle s'était engagée à construire. Elle n'a pas eu à regretter ses efforts. A peine terminées, les voies de transport ont provoqué une circulation moyenne de 200 colliers par jour, et sur certains points de 500. Des localités, autrefois inabordables, ont été réunies entre elles par des services réguliers de voitures publiques ; les propriétés voisines de ces routes ont doublé de valeur, et le produit des forêts s'est élevé de un à quatre. On ne porte pas à moins de 35,000 tonnes les matières résineuses extraites de ces forêts en 1862, et à 1,100,000 les traverses qui ont été transportées en Espagne, en Angleterre et sur les réseaux des compagnies d'Orléans et du Midi. De 1858 à 1862, le nombre des tonnes expédiées des 14 stations échelonnées entre Dax et Bordeaux, s'est élevé de 66,655 à 135,351. Le nombre des voyageurs partant de ces mêmes stations est monté de 59,007 à 89,765 ; aussi les 14 bureaux ont ils porté leur recette de 534,642 fr. à 1,250,796 fr.

V

INDUSTRIE ARBORICOLE.

Nous venons de faire connaître le revenu des forêts en bois, proprement dit ; mais ces bois alimentent des industries par le travail dont ils sont susceptibles ; certains arbres, enfin, produisent des substances particulières auxquelles les préparations chimiques donnent une plus grande valeur. Nous allons examiner cette source de richesses.

PYRÉNÉES-ORIENTALES.

La préparation du bois est peu importante dans ce département, toutefois elle occupe :

20 ouvriers qui construisent des navires pour. . . .　30,000 fr.
20　　—　　fabriquent des bouchons pour. . . .　270,000

On tire le liége des bois du département et des montagnes de la Catalogne.

AUDE.

35 ouvriers construisent des navires pour. . . . . .　72,000 fr.
Et confectionnent des objets de bois pour. . . . .　45,000

Saint-Colombe-sur-l'Hers, arrondissement de Limoux, est le centre de cette dernière industrie.

ARIÉGE.

Dans l'arrondissement de Foix, 8 scieries et 97 ouvriers confectionnent des planches pour. . . . . . .　371,230 fr.
principalement près des belles forêts de Belesta.
Dans l'arrondissement de Saint-Girons, 1 scierie et 10 ouvriers en confectionnent pour. . . . .　18,252 fr.

HAUTE-GARONNE.

Dans la Haute-Garonne, l'arrondissement de Saint-Gaudens fournit des bois de construction encore plus considérables, mais ils sont généralement transportés à Toulouse par le flottage, et ne sont sciés qu'en très-petite quantité sur les lieux de leur extraction.

GERS.

Dans ce département, l'arrondissement de Mirande produit des bois de chênes pour construction, de très-belle qualité ; une partie est transformée en planches sur place.

HAUTES-PYRÉNÉES.

Dans l'arrondissement de Bagnères, une vingtaine de scieries et 40 ouvriers confectionnent des planches pour. 137,485 fr. principalement dans la vallée d'Aure et dans celle de Campan.

BASSES-PYRÉNÉES.

Dans l'arrondissement de Pau, 32 ouvriers fabriquent des objets de bois pour. 13,000 fr.

A Oloron,   20 ouvriers en fabriquent pour. 125,000

A Bayonne, 132   —   construisent des navires pour. 515,000

            6   —   confectionnent des bouchons pour. 21,000

Ils tirent le liége des Landes et de la Navarre.

LANDES.

Dans l'arrondissement de Dax, 12 scieries et 15 ouvriers débitent des planches de pin pour. . . . . 108,244 fr.

C'est dans ce département surtout que les forêts constituent une richesse de premier ordre. Les pins qui les composent à peu-près en entier ne se bornent pas à fournir un bois propre à un grand nombre d'usages, ils produisent encore la résine, le goudron, le bitume, la térébenthine, source très-considérable de bénéfices.

Il n'est guère de commune qui ne possède quelque établissement où l'on prépare ces matières précieuses ; or, en groupant ces diverses distilleries par arrondissement, voici le résultat qu'elles présentaient en 1852 :

Arrondissement de Mont-de-Marsan.

11 fabriques de goudron. . . . . 39,140 fr.

38 distilleries de térébenthine, 226 ouvr., 197 fours. 755,878

Arrondissement de Saint-Sever.

Fabrique de goudron à Riom, 2 ouvriers, 1 four .   2,100 fr.
4 distilleries de térébenthine, 11   —   12 fours.   72,350

Arrondissement de Dax.

Fabrique de bitume, à St-Vincent, 3 ouv. 2 fours.   7,500 fr.
11 fabriques de goudron,   24 — 27 —   29,230
4 fabriques de brai gras, à St-Paul, 40 —   5 —   178,700
28 distilleries de térébenthine ,   88 — 87 —   682,541

Le produit total des forêts des Pyrénées, bois de
chauffage et de charpente, bois travaillé, liége, matière
résineuse, s'élève donc à. . . . . 11,100,230 fr.

Encore faudrait-il tenir compte de l'augmentation que ce produit a
obtenu depuis l'ouverture des chemins de fer, plus particulièrement
dans les Landes, où il s'est accru des trois quarts en 10 ans, d'après le
compte-rendu du directeur de la Compagnie du Midi.

VI

FILATURES ET INDUSTRIES DIVERSES.

Quand on jette les yeux sur les prodigieuses forces motrices que les
torrents des Pyrénées offrent aux usines et aux manufactures, on est
péniblement étonné du peu d'importance que ces établissements ont
acquis dans cette région. La préparation des tissus a pris toutefois certains développements dans les vallées de l'Aude, de l'Ariége, du Salat
et sur le cours de la Haute-Garonne. Elle existe aussi dans la vallée
d'Aure (Hautes-Pyrén.) à Nay, à Pontac, à Oloron (Basses-Pyrén.) ;
sur tous les autres points cette source de richesse est à peu près inconnue.

L'importance de la fabrication des étoffes sur ces divers points
tient à deux causes : pour le tissage des toiles de Béarn à l'excellente
qualité du *petit-linet*, que cette province a toujours cultivé sur une
grande étendue de sa surface ; pour le tissage de la laine à la grande
quantité de troupeaux que l'on élève dans les Pyrénées françaises, et

bien plus encore à celle que nourrissent les Pyrénées espagnoles et dont la toison a des qualités infiniment supérieures. Or, si nous tenons compte de l'accroissement considérable qu'a pris l'élève des bêtes à laine dans nos montagnes (1), et de la facilité de transport que vont offrir les chemins de fer et les routes transpyréennes, à l'introduction des laines d'Espagne, on est en droit d'espérer que la fabrication des draps ne tardera pas à recevoir de rapides accroissements.

En 1782 le Béarn renfermait 2,000 métiers battans, situés dans plusieurs communes, et principalement à Pau. Ils occupaient 6,000 ouvriers et fabriquaient 60,000 douzaines de mouchoirs de fil. Cette industrie fut gravement atteinte par la révolution ; il ne restait plus, d'après M. Dralet, que 4 à 500 métiers en 1812. *Saint-Pé*, dans les Hautes-Pyrénées, fabriquait aussi des mouchoirs façon de Béarn.

La préparation de la laine était plus importante sous l'empire, et cependant elle était en décadence, si on la compare à ce qu'elle fut dans le siècle précédent : *Perpignan*, après avoir eu des fabriques de draps florissantes, avait complètement renoncé à cette industrie. Le *Vernet*, *Sahors*, et *Prats-de-Mollo* continuaient seuls à fabriquer des draps et des bonnets catalans, pour la consommation locale.

Les fabriques de *Chalabre* et de *Limoux*, dans l'Aude, conservaient mieux leur ancienne prospérité ; elles produisaient chaque année plus de 200,000 aunes de drap, qui passaient à l'étranger. Quelques villages de la Haute-Garonne, notamment *Miramont*, fabriquaient une assez grande quantité de draps *droquets* et diverses étoffes de bonne qualité.

(1) En 1812, on ne portait pas à plus de 910,000 bêtes à laine les troupeaux des Pyrénées-Orientales, de l'Aude, de l'Ariége, de la Haute-Garonne, des Hautes et des Basse-Pyrénées : ce qui donnait 2 bêtes par 3 hectares de superficie totale, ou 2 bêtes par hectares de culture et de prairie ; on estimait alors que ce nombre pouvait être élevé au double, et l'on ne se trompait pas, car les dernières statistiques le portent à 3,198,871. Les Pyrénées nourrissaient d'ailleurs, sous l'empire, pendant le printemps et l'été, plus de 300,000 bêtes à l'année, conduites dans leurs pâturages des bassins de la Garonne, du Gers, de l'Adour, même des plaines de l'Espagne ; on estimait que chaque tête donnait 5 fr. de bénéfice.

Les brebis d'Espagne, très-supérieures à celles de France, se divisent en mérinos *transhumans* ou voyageurs et en *estantes* ou moutons sédentaires. Au printemps on les dirige, les uns vers le royaume de Léon, les autres vers l'Aragon et la Navarre ; on attribue leur bonne qualité à cette locomotion qui leur procure une nourriture toujours fraîche et toujours variée.

Plusieurs localités de la vallée d'Aure et de la vallée de Campan, tissaient des couvertures, des capes, des cadis, et des *cordeillats*. La vallée de Luz préparait des voiles de crêpe et des étoffes dites de *Baréges*. *Nay*, *Oloron*, *Pontac* et *Bruges*, dans les Basses-Pyrénées, possédaient des fabriques assez importantes de capes, de couvertures et de draps communs.

On tricotait une quantité considérable de bas et de gilets de laine, dans les montagnes du Roussillon, dans celles de Montréjeau et de la vallée d'Aure. Les colporteurs répandaient ces produits dans la France entière ; plus de 800 métiers à bas étaient en activité dans le Béarn.

On lavait à la source chaude d'Ax (Ariége), plus de 10,000 quintaux de laine apportés de l'Ariége, de la Haute-Garonne, des Pyrénées-Orientales et de l'Aragon.

Les Hautes-Pyrénées possédaient sous l'Empire cinq papeteries, dans les communes de *Soues*, *Tarbes*, *Bagnères*, *Sarrancolin* et *Beyrede*. Elles occupaient 15 ouvriers chacune. L'arrondissement de Saint-Girons en renfermait sept ; elles occupaient 65 métiers et produisaient 16,000 rames. Dans les Basses-Pyrénées il en existait onze.

Après avoir subi la terrible épreuve de la révolution, et, faut-il l'ajouter ! celle de la concurence des grandes fabriques du nord de la France, mieux outillées, plus complètes, les manufactures des département Pyrénéens se sont peu à peu relevées de leur décadence, et voici qu'elle est aujourd'hui le résumé de leur production.

PYRÉNÉES-ORIENTALES.

Tissage de la laine et de la soie. .   134 ouvriers.   398,900 fr.

Les bonnets catalans se font à Prats-de-Mollo ; toutes les autres fabriques sont à Perpignan.

AUDE.

15 fabriques de drap à Carcassonne.	1211 ouvriers.	3,741,237 fr.
Filature de soie à Trèbes.	39 —	37,000
Fabriques de Sainte-Colombe, Limoux, Pornas, Chalabre, Quillan.		

Filatures. . . . . 170 ouvriers   541,500 fr.
Tissage des draps, ibidem. 1,559   —   3,142,114
Articles de nouveautés. 1,156   —   1,479,800

Arrondissement de Castelnaudary.

9 fabriques à Cennes-Minesties. . . . 380 ouvriers.   834,500 fr.

ARIÉGE.

Arrondissement de Foix.

Fabriques de Villeneuve, Dolmes, La
  Bastide-de-Seron, Ax, Nalzen,
  Monferrier, Foix, Lavelanet. Fila-
  tures. . . . . 168 ouvriers.   476,085 fr.
Tissage de draps. 1,400   —   1,310,700
Teintureries à Lavelanet. 12   —   56,000

Arrondissement de Pamiers.

Fabriques de Pamiers, Leran, Lagarde, Larroque, Mirepoix, Saint-
  Quirq. Filature et tissage. . . . . 973 ouvriers. 1,454,293

Arrondissement de Saint-Girons.

Carderies d'Ustou et de Soueix. . . 31 ouvriers.   24,700 fr.
Tissage à Saint-Girons et Saint-Li-
  zier 79   —   31,960
Papeteries de Saint-Girons, Saint-
  Lizier, Sentarailles et Balaguère . 107   —   197,675

HAUTE-GARONNE.

Tissage de draps communs à Cazerès. 6 ouvriers.   22,000 fr.
Miramont, Saint-Gaudens, Salies,
  Huos, Mancious. 543   —   2,657,500
Papeterie à Saint-Gaudens. 35   —   36,500
A Labarthe 22   —   80,000

GERS.

Filatures de Valence, Montréal, Condom, Lisle-de-Noé, Seissan , Saint-
Elix-Theux. . . . .   82 ouvriers.   212,127 fr.

Arrondissement de Condom.

Dans 61 communes, 209 établisse-
ments de tissage de lin . . . . .   223 ouvriers.   220,046 fr.
Corderie de Roques   3   —   1,200
Tissage de laine à Lectoure   62   —   171.210

Arrondissement de Lombès.

100 établissements. Tissage de lin .   117 ouvriers   101,260 fr.
7 corderies   7   —   107,000

Arrondissement de Mirande.

38 établissements de tissage de lin. .   38 ouvriers   24,573 fr.
6 corderies , ibid.   6   —   7,395

HAUTES-PYRÉNÉES.

Tissage de draps communs et filatures
à Guchen, Mazères, Grésian, Cam-
pan, Ancizan . . . .   262 ouvriers   614,662 fr.
Tissage de toiles, tissus de crêpes,
mousselines et baréges, à Lourdes,
Saint-Pé et Luz.   157   —   322,562
Papeteries à Tarbes et à Soues. . . .   71   —   82,000
Papeteries à Bagnères.   40   —   76,400

BASSES-PYRÉNÉES.

Tissage de lin à Pau, Coaraze, Nay,
Mirepeix et Lestèle. . . . .   1436 ouvriers 1,964,500 fr.
Tissage de laine à Bruges, Pontac et
Nay.   1274   —   1,427,632

13

Tissage de laine, bonneterie, cou-
vertures, chaussures de tresse à
Sainte-Marie, Oloron et autres com-
munes. . . . . 721 ouvriers 2,803,200 fr.
Toiles goudronnées et cordages à
Bayonne. . . . . 90 — 380,000
Bonneterie, draps dit *Marreques* à La-
bastide, Hasparre, Ayherre. . . . 2340 — 6,752,760
Draps et couvertures à Espes, Ahaxe,
Urdurain. . . . . 75 — 200,000
Toiles et cordages de marine à Saint-
Esprit . . . . » — 5,900
Filature de lin à la mécanique, ibid. » — 240,000

LANDES.

Tissus de laine. . . . . 7 ouvriers 1,462 fr.

Il résulte de ce tableau que le produit total de la fabrique des tissus,
en y ajoutant celle de la corderie, s'élève, dans les départements Pyrénéens à 18,507,389 fr., et bien que nous ne connaissions pas le chiffre
de la même production, à la fin du dix-huitième siècle, il est permis
d'assurer, d'après les renseignements généraux fournis par les économistes contemporains, qu'elle était inférieure de moitié à celle
d'aujourd'hui.

II

INDUSTRIES DIVERSES.

Il en est différemment de la préparation des cuirs ; si elle offre encore quelque importance, elle fut néanmoins plus prospère au siècle
dernier.

Dans les Pyrénées-Orientales, plus de 30 tanneries étaient en acti
vité dans les communes d'*Arles*, de *Villefranche*, d'*Ille*, de *Vinca*, de
Perpignan, et exportaient des quantités de cuir considérables. Les
guerres de la République et de l'Empire les réduisirent à 18, et leurs
produits ne suffirent plus à la consommation du pays.

A la fin du dernier siècle, l'Aude possédait 79 tanneries qui préparaient les cuirs apportés des colonies espagnoles.

Le comté de Foix en renferma jusqu'à 29 ; 11 d'entre elles étaient situées à Foix et 18 à Saint-Girons. L'impôt établi sur les cuirs, en 1759, fit tomber ces établissements dans une décadence dont ils ne se sont jamais relevés. Les tanneries de *Tarbes* et de *Bagnères* suffisaient à peine, sous l'Empire, aux besoins de la consommation locale ; mais celles de *Pau*, d'*Orthez*, de *Nay*, de *Hasperren* et d'*Arrudy* étaient en grande prospérité, et exportaient une partie de leurs produits.

Celle de *Lescar* préparait les cuirs à la manière anglaise, *Arrudy* possédait aussi des mégisseries importantes.

Dans les Pyrénées-Orientales, cette industrie représente aujourd'hui une fabrication de . . . . 100,000 fr.
Dans l'Aude celle de. 85,340
— l'Ariége celle de. 175,546
— la Haute-Garonne celle de. 1,785,134
— le Gers celle de 848,611
— les Hautes-Pyrénées celle de 103,750
— les Basses-Pyrénées celle de. 1,001,690
— les Landes celle de. 165,769

Total 4,265,840

Dans les Hautes-Pyrénées, on sale des jambons pour. 112,200 fr.
— les Basses-Pyrénées pour 2,481,965
— les Landes pour. 479,780

Total 3,073,945

Il est une dernière industrie, d'autant plus importante, qu'elle s'étend sur presque toute la surface des départements pyrénéens, et se trouve entièrement liée aux produits agricoles, richesse fondamentale de cette région : nous voulons parler de la meunerie.

Dans les Pyrénées-Orientales elle est peu répandue, par la raison que l'irrigation des terres absorbe presque toute l'eau des rivières. Mais dans l'Aude elle fabrique de la farine pour. . . 6,050,587 fr.
— l'Ariége pour 2,986,223
— la Haute-Garonne pour. 26,273,264
— le Gers pour. 19,764,025
— les Hautes-Pyrénées pour. 1,9629,210
— les Basses-Pyrénées pour. 12,727,800
— les Landes pour. 10,081,787

Total 97,512,896

VII

N'oublions pas un intérêt majeur, et tout spécial aux Pyrénées : l'exploitation des eaux minérales. Cette question, la mieux connue, la plus populaire de celles qui concernent ces montagnes, ne sera pas examinée par nous sous son aspect thérapeutique ou pittoresque ; nous nous bornerons à chercher les revenus que les établissements thermaux ont procuré, procurent, et peuvent assurer dans l'avenir aux vallées qui les possèdent, aussi serons nous bref sur un sujet qui a provoqué déjà la publication de plusieurs volumes.

On sait que les Pyrénées sont la partie du monde la mieux dotée, sous ce rapport. Ses sources présentent toutes les natures, toutes les combinaisons désirables ; leur efficacité égale toujours et surpasse quelquefois celle des établissements les plus célèbres des autres contrées.

Cambo, les *Eaux-Bonnes*, les *Eaux-Chaudes*, *Cauterets*, *Saint-Sauveur*, *Barrége*, *Bigorre*, *Luchon*, *Ax*, *Amélie-les-Bains*, le *Vernet*, ont une réputation européenne. Les étrangers de tous les climats viennent y boire et s'y baigner ; les eaux de plusieurs de ces établissements sont transportées dans les pays lointains... Mais, à côté de cette espèce d'aristocratie thermale, la nature a prodigué à une foule d'autres localités des sources de la nature la plus variée. Si leur usage est resté tout local jusqu'à ce jour, elles n'attendent que le sillonnement des chemins de fer et des grandes routes, pour attirer les malades, les baigneurs, et leur offrir des spécifiques aussi souverains peut-être que ceux des anciens établissements les plus vantés... Nous citerons *Sarre*, près de Saint-Jean-de-Luz, *Saint-Christau*, *Les Fontaines*, *Bédous*, *Orgeu* dans la vallée d'Aspe, *Labassère* près de Bigorre, *Cap-Vern* près de l'Annemezan, *Labarthe-de-Nestes* et *Cadeac* dans la vallée d'Aure, *Siradan* près de Luchon, *Encausse*, *Audinac* près de Saint-Girons, *Ussac*, *Aulus* et *Ax*, près de Foix ; *Alet*, *Couiza*, *Quillan*, *Le Puech* dans la vallée de l'Aude ; *Caldegas*, *Fonpédrouse*, *Err*, *Llo*, *Thues*, *Nohedas*, *Moligt*, *Estsher*, *Espira* dans celle de la Tet, *Cau-*

dies dans le Fenouillède, *Boulou, Saint-Martin, Argèles, Cornella,* arrondissement de Céret et de Perpignan.

La renommée des eaux minérales des Pyrénées n'est pas de date récente.

Les Romains et les Gaulois fréquentaient les bains d'Arles dans le Roussillon, ceux d'Ax (aquæ), de Bagnères-de-Luchon (aquæ lixoni), de Bagnères-de-Bigorre (vicus aquensis), de Cauterets, où l'on trouve encore les bains de César, ceux de *Convenarum*, peut-être Capvert.

Leur vogue, fort compromise par l'invasion des barbares, se réveilla plus brillante que jamais à la fin du moyen âge; les rois de Majorque quittaient Perpignan pour aller passer la saison caniculaire au Vernet, les reines de Béarn se transportaient avec leur cour à Cauterets et aux Eaux-Chaudes.

A cette époque, cependant, et jusqu'à la fin du siècle de Louis XV, le nombre des malades et des voyageurs assez riches pour offrir une certaine source de revenus aux propriétaires des établissements, et aux logeurs des villes voisines, était assez restreint; sous l'empire même, on ne portait pas à plus de 25,000 les baigneurs de tout âge, qui venaient prendre les bains dans les Pyrénées. Or, en fixant la moyenne de leur installation sur les lieux à dix-huit jours, et celle de leur dépense quotidienne à 6 fr., on trouve qu'ils répandaient dans la contrée 2,700,000 fr.

Le chiffre des étrangers et celui de leurs dépenses ont considérablement augmenté, grâce à la facilité des moyens de transport, à nos habitudes de voyages et à la transformation complète des établissements thermaux et des villes placées autour d'eux, transformation qui s'est opérée dans l'espace d'un demi-siècle.

Sous l'empire, tous les établissements de premier ordre, à l'exception de Bagnères-de-Bigorre, étaient desservis par des chemins de l'accès le plus difficile; les routes impériales elles-même se changeaient en sentiers très-escarpés en aprochant du *Vernet,* d'*Ax,* de *Bagnères-de-Luchon,* de *Baréges,* de *Saint-Sauveur,* de *Cauterets,* des *Eaux-Bonnes,* des *Eaux-Chaudes,* et de *Cambo;* les voitures devaient être hissées jusqu'à ces hauteurs à grand renfort de chevaux, et en bravant des périls sérieux.

Arrivé à la ville thermale, que trouvait le voyageur? des maisons de bois mal propres, mal abritées, privées du confortable le plus élémentaire. Les établissements de bains méritaient à peine le nom de hangar. En été, on brûlait derrière leurs cloisons en planches, aux premiers froids, on gelait jusque dans les baignoires. Nulle ressource alimentaire, nulle distraction, nul agrément offert à l'existence la moins exigeante.

Cet état de choses a totalement changé de 1835 à 1850. Nous avons vu élargir, redresser, ramener à des pentes très-douces les sections de routes qui conduisent de Foix à *Ax*, de Cierp à *Bagnères-de-Luchon*, de Pierrefite à *Cauterets* et à *Saint-Sauveur*, de Laruns aux *Eaux-Bonnes* et aux *Eaux-Chaudes*. Toutes nos villes thermales sont desservies aujourd'hui par des voies qui peuvent lutter avec celles des pays de montagnes les plus favorisés.

Des constructions non moins élégantes que commodes, de véritables palais bâtis en marbre, en granit, en belle pierre de taille et tous garnis de baignoires du plus beau marbre, ont remplacé les échoppes de bois et les baignoires de planche. Les thermes d'*Amélie-les-Bains*, de *Bagnères-de-Luchon*, de *Bagnères-de-Bigorre*, de *Cauterets*, peuvent lutter avec les plus beaux de l'Europe. Les bains secondaires de *Cambo*, *Siradan*, *Labarthe-de-Nestes*, *Cap-Vern*, *Ussac*, *Castera*, *Verdusan*, *Barbotan*, etc., ont été également reconstruits à neuf, dans la période qui a vu transformer les routes impériales. Les villes autrefois si mal bâties, les maisons si imparfaitement organisées ont reçus des aménagements en rapport avec les habitudes et les exigences modernes ; et l'on peut dire qu'il est peu de villes de 20 à 30 mille âmes qui possèdent des hôtels aussi luxueux, aussi considérables que *Biarritz*, les *Eaux-Bonnes*, *Cauterets*, *Saint-Sauveur*, *Bagnères-de-Bigorre* et *Bagnères-de-Luchon*.

Aussi les bains des Pyrénées ont-ils vu décupler le nombre de leurs visiteurs et le chiffre de leurs revenus... Voici, d'après les rapports généraux de M. Tardieu, quelle a été la moyenne du mouvement des baigneurs et des étrangers en 1858, 1859 et 1860 :

ÉTABLISSEMENTS.	VISITEURS payants.	VISITEURS gratuits.	PRODUITS des Bains.	ARGENT LAISSÉ dans le pays.
Pyrénées-Orientales (1858).				
Amélie-les-Bains. . .	550	80	8,000 f.	200,000 f.
Molig (1).	720	30	20,000	75,000
Vernet.	460	257	»	100,000
Totaux. . . .	1,730	367		375,000
Aude.				
Alet.	211	13	1,000	20,000
Ariége.				
Audinac.	650	20	4,000	35,000
Aulus..	1,220	60	4,000	32,000
Ax.	1,362	350	23,177	414,000
Carcannière.	430	25	3,000	20,000
Ussat.	1,110	200	»	140,000
Totaux. . . .	4,772	655		641,000
Haute-Garonne.				
Encausse.	675	25	2,100	25,000
Siradan.	400	»	1,050	9,000
Luchon.	5,040	530	»	1,750,000
Totaux. . . .	6,115	555		1,784,000
Gers.				
Castera.	1,800	220	8,800	60,000
Barbotan.	850	180	»	40,000
Lavardens.	160	13	»	1,560
Lemaska.	147	11	»	6,320
Totaux. . . .	2,957	424		107,880
Hautes-Pyrénées.				
Bagnères.	6,960	650	»	1,910,000
Baréges..	1,872	354	34,560	497,280
. . . . . (Militaires).	»	522	»	»
Capvern.	1,300	150	8,000	150,000
Saint-Sauveur. . . .	1,200	60	8,668	400,000
Cauterets.	4,560	640	8,000	1,550,000
Totaux. . . .	15892	2376		4,507,280
Basses-Pyrénées.				
Eaux-Chaudes. . . .	1,103	140	13,500	180,000
Eaux-Bonnes.	1,520	»	»	500,000
Cambo.	1,800	»	»	470,000
Biarritz.	8,000	»	35,000	800,000
Saint-Christau. . . .	310	»	»	40,000
Totaux. . . .	12,733	140		1,990,000
Landes.				
Prechac..	322	67	1,600	4,500
Laubouer..	1,200	12	»	24,000
Saint-Vincent.	265	»	1,500	14,000
Saint-Pierre-de-Dax..	591	77	800	9,000
Bibi..	420	»	150	6,000
Saubuse.	32	181	160	400
Tercis.	305	5	1,600	15,000
Totaux. . . .	3,135	342		72,900

(1) **Tous les mots soulignés** sont ceux qui ne figurent pas dans le rapport officiel et sur lesquels nous avons dû prendre des renseignements particuliers.

ÉTABLISSEMENTS.	VISITEURS payants.	VISITEURS gratuits.	PRODUITS des Bains.	ARGENT LAISSÉ dans le pays.
Pyrénées-Orientales (1859).				
Amélie-les-Bains. . .	325	81	7,380	150,000 f.
. . . . . (Militaires).	»	642	»	»
Vernet.	500	200	»	100,000
Molig..	770	44	»	72,500
Totaux. . . .	1,595	967		322,500
Aude.				
Alet..	200	12	1000	19,000
Ariége.				
Audinac.	760	21	4,500	35,000
Aulus..	1,180	65	3,500	32,000
Ussat.	1,140	220	17,279	125,000
Ax.	1,250	200	»	420,000
Carcannière..	450	30	»	20,250
Totaux. . . .	4,780	536		532,250
Haute-Garonne.				
Encausse.	650	22	»	22,300
Siradan..	300	8	848	4,000
Luchon.	5,400	540	»	1,650,000
Totaux. . . .	6,350	560		1,676,300
Gers.				
Castera.	1,216	60	7,626	97,280
Barbatan.	900	150	.1,000	40,000
Lavardens.	120	15	1,800	2,700
Lennaska.	150	10	»	6,040
Totaux. . . .	2,386	235		146,020
Hautes-Pyrénées.				
Bagnères.	7,610	720	»	2,101,000
Baréges..	3,000	»	»	400,000
. . . . . (Militaires).	»	412	»	»
Capvern.	4,300	140	8,000	145,000
Saint-Sauveur. . . .	1,620	761	13,300	400,000
Cauterets.	4,600	620	80,000	1,550,000
Totaux. . . .	18,130	2,653		4,596,000
Basses-Pyrénées.				
Eaux-Chaudes. . . .	1,410	»	»	190,000
Eaux-Bonnes.	1,430	»	40,000	500,000
Cambo.	1,640	»	»	480,000
Biarritz.	9,420	»	20,691	1,400,000
Saint-Christau. . . .	300	»	»	50,000
Totaux.	14,200	»		2,620,000
Landes.				
Prechac..	320	65	1,600	4,600
Laubouer.	1,300	15	»	23,600
Dax..	425	12	800	10,000
Bibi..	314	38	550	6,000
Saintes.	330	10	1,500	2,000
Saubuse.	35	80	160	500
Tercis.	310	5	160	20,000
Totaux. . . .	3,034	225		66,700

ÉTABLISSEMENTS.	VISITEURS payants.	VISITEURS gratuits.	PRODUITS des Bains.	ARGENT LAISSÉ dans le pays.
Pyrénées-Orientales (1860).				
Amélie-les-Bains. . .	600	80	70,000	250,000
Molig.	750	40	20,000	70,000
Vernet.	500	200	»	100,000
Totaux. . . .	1,850	320		420,000
Aude.				
Alet.	250	8	1,000	18,900
Ariége.				
Audinac.	740	20	»	35,000
Carcannière..	435	28	»	19,000
Aulus.	720	50	3,000	20,000
Ussat.	1,143	225	17,279	120,000
Ax.	1,420	280	»	418,000
Totaux. . . .	4,458	603		752,000
Haute-Garonne.				
Siradan et Ste-Marie.	1,800	10	6,000	19,000
Encausse.	640	20	2,100	26,000
Luchon.	6,200	600	»	1,800,000
Totaux. . . .	8,640	630		1,845,000
Gers.				
Castera-Verduzan. . .	800	40	6,000	80,000
Lavardens.	102	16	900	3,000
Barbotan.	1,050	150	1,000	40,000
Lemaska..	145	20	»	6,140
Totaux. . . .	2,097	226		129,140
Hautes-Pyrénées.				
Bagnères.	7,410	600	»	2,100,000
Baréges.	3,507	675	34,105	500,000
. . . . . (Militaires).	»	544	»	»
Cauterets.	4,500	600	8,000	1,500.000
Saint-Sauveur. . . .	1,174	19	14,226	400,000
Capvern.	1,200	120	»	145,000
Totaux. . . .	17,791	2,558		4,645,000
Basses-Pyrénées.				
Eaux-Bonnes.	1,400	»	40,000	500,000
Eaux-Chaudes. . . .	1,480	213	20,807	103,500
Cambo.	1,760	»	»	490,000
Saint-Christan. . . .	320	»	»	52,000
Biarritz (1).	9,037	»	22,691	1,500,000
Totaux. . . .	13,997	213		2,645,500
Landes.				
Prechac..	312	64	1,650	4,700
Laubouer..	1,220	17	»	22,700
Dax..	440	12	»	11,000
Bihi.	340	28	»	6,000
Saintes.	340	12	»	2,400
Saubuse.	38	40	»	520
Tercis.	320	8	»	19,500
Totaux. . . .	3,010	181		66,820

(1) Boulogne-sur-Mer a donné, en 1860, 46,986 bains. — Calais, 325,000. — Étretat, 25,000.

Il résulte de ces tableaux, que les établissements thermaux des Pyrénées reçoivent annuellement 56,862 voyageurs, qui laissent dans le pays la somme de 10,522,360 fr.

Malgré l'augmentation rapide du nombre des visiteurs et du chiffre de leurs dépenses, due incontestablement aux améliorations apportées à l'organisation des logements et à celle des bains, il est évident que ces résultats peuvent être considérablement augmentés dans un avenir prochain. Les chemins de fer et les routes thermales offrent, aujour-d'hui, toutes les conditions nécessaires au développement de cette branche de prospérité. Mais pour lutter avantageusement avec Hombourg, Wisbade, Bade, et l'établissement modèle de Vichy, les villes des Pyrénées doivent procéder sans retard, et avec énergie, à la création de *casinos* et de maisons de conversation, dans toutes les localités qui n'en possèdent pas encore, et s'occuper d'améliorer ceux qui existent déjà.

Parmi ces derniers, ceux de Biarritz et de Bagnères-de-Bigorre occupent le premier rang ; mais le second, surtout, n'a pas l'importance qu'il mérite. Nous n'engagerons pas cette ville à se donner un palais fastueux qui rivalise avec celui de Bade, mais nous l'encouragerons à imiter ceux de *Hombourg* ou de *Wisbade*. Quant aux autres villes thermales, très-importantes aussi, telles que *Luchon*, *Cauterets*, les *Eaux-Bonnes*, nous leur dirons que le développement de leur prospérité demande la création de maisons de réunion semblables à celles d'*Aix* en Savoie et de *Spa* en Belgique.

Si des compagnies suffisamment responsables ne se chargent pas de les construire, que les villes les entreprennent à leur frais ; elles ne peuvent donner à leurs ressources une destination plus avantageuse ; l'argent qu'elles emprunteront dans ce but à 5 0/0, elles le placeront à 15 0/0. Elles ne doivent pas oublier que plus les chemins de fer facilitent la locomotion, plus le nombre des touristes dépasse celui des malades. Or, cette classe de voyageurs veut avant tout de la distraction : les courses dans les montagnes lui en offrent de nombreuses et d'émouvantes, mais les jours de pluie sont fréquents dans les Pyrénées centrales, et les habitants n'ignorent pas qu'il suffit de 60 heures de mauvais temps pour lasser les étrangers et leur faire prendre la fuite ; c'est cette lassitude, ce désir de fuir qu'il est utile de combattre. Les habitants des Pyrénées n'ont qu'un moyen d'y parvenir : celui d'offrir aux étrangers, à des prix très-modérés, des *casinos* très-vastes, où ils puissent trouver le confortable nécessaire et toutes les distractions que peuvent désirer des hommes en course, éloignés de leur famille, habitués aux cercles, aux concerts, aux théâtres... Les voyageurs d'autrefois, presque toujours souffrants, pouvaient se contenter de bains salutaires et d'air pur, ceux d'aujourd'hui, presque tous bien portants, demandent plus de plaisirs que de soins hygiéniques.

Que les villes des Pyrénées entrent résolument dans la voie des améliorations où les villes d'Allemagne les ont précédées, elles sont assurées de voir doubler, tripler dans un avenir prochain le nombre des voyageurs qui les enrichissent ; mais qu'elles évitent un écueil dangereux, celui du renchérissement trop rapide de toute chose ; qu'elles songent à mettre les objets de première nécessité, nourriture, logement, à la portée de la classe la plus nombreuse : car la foule appelle la foule, et les petits bénéfices multipliés donnent les produits les plus gros et les plus solides.

Récapitulation.

Nous avons examiné les différentes sources de revenus que renferment les départements pyrénéens. Nous allons résumer les résultats de nos recherches :

PYRÉNÉES-ORIENTALES.

Plantes, céréales et vins.	. . 12,917,779 fr.	17,246,581 fr.
Animaux.	 4,298,802	
Production industrielle (1).	.	6,524,339
Forêts.	. . . .	529,616
Eaux minérales.	. . . .	420,000
	Total. . .	24,690,536

AUDE.

Plantes, céréales et vins..	. . . 38820499 fr.	38,014,241 fr.
Animaux..	 1093742	
	A reporter.	39,914,241

(1) Nous comprenons dans ce total le produit de quelques industries locales dont nous n'avions pas tenu compte dans les tableaux précédents, telles que carrosserie, brasserie, vinaigreries, imprimerie, huilerie, distillerie et produits chimiques (Voir la *Statistique* officielle de chaque département).

Report. . . . . 39,914,244 fr.
Production industrielle. . . .   20,394,122
Forêts.   1,517,214
Eaux minérales.   18,900

Total . . 64,841,477

ARIÉGE.

Plantes, céréales et vins . . . 21,584,808 fr.) 24,603,924 fr.
Animaux. . . . . 3,018,486)
Production industrielle. . . .   12,214,712
Forêts.   809,026
Eaux minérales   752,000

Total. . . . 38,376,662

HAUTE-GARONNE.

Plantes, céréales et vins . . . 50,168,928 fr.) 55,769,239
Animaux. . . . . 5,600,302)
Production industrielle. . . .   39,864,617
Forêts.   775,404
Eaux minérales.   1,845,000

Total. . . . 98,254,251

GERS.

Plantes, céréales et vins . . . 38,062,487 fr.) 43,258,619 fr.
Animaux. . . . . 5,216,132)
Production industrielle. . . .   24,532,320
Forêts.   1,368,722
Eaux minérales.   129,140

Total. . . 69,288,801

HAUTES-PYRÉNÉES.

Plantes, céréales et vins . . . 18,879,952 fr.) 22,911,894 fr.
Animaux. . . . . 4,031,942)
Production industrielle. . . .   22,532,320
Forêts.   857,543
Eaux minérales   4,645,000

Total. . . . 50,946,727

BASSES-PYRÉNÉES.

Plantes, céréales et vins . . . 30,177,935 fr.	}	35,681,412 fr.
Animaux. 5,503,477	}	
Production industrielle. . . .		29,725,934
Forêts.		1,186,129
Eaux minérales		2,645,500
	Total. . . ,	69,238,975

LANDES.

Plantes et céréales. . . . . . 18,459,943 fr.	}	22,431,278 fr.
Animaux. 3,971,335	}	
Production industrielle. . . .		17,464,720
Forêts.		3.343.796
Eaux minérales.		66,820
Total général.		43,306,614

Si nous comparons les revenus industriels des départements pyrénéens avec celui de la plupart des départements du sud-ouest et du centre, nous avons lieu d'être satisfaits, car ils leurs sont très-supérieurs; mais si nous considérons les progrès obtenus par quelques départements du sud-est nous éprouvons un vif regret... Les habitants des bassins de l'Adour, de la Garonne et de l'Aude n'ont pas su atteindre le même degré de prospérité. En effet, les Bouches-du-Rhône fabriquent des produits pour . . . . 146,189,300 fr.

    L'Hérault en fabrique pour 69,940,196

    La Saône-et-Loire pour. 85,522,981

    Le Rhône pour. 327,914,750

    La Loire pour. 130,573,326

    La Drôme pour. 62,429.236

Tandis que le département pyrénéen qui produit le plus d'objets fabriqués, la Haute-Garonne, ne dépasse pas la somme de 39,864,000.

Que ce résultat ne décourage pas cette région, au contraire, qu'il ranime son activité et ses espérances. Si elle a beaucoup fait, depuis la fin du dix-huitième siècle jusqu'à nos jours, elle ne doit pas oublier qu'il lui reste encore beaucoup à faire, pour obtenir le degré de prospérité qu'elle est susceptible d'atteindre.

Il est incontestable que l'infériorité de son industrie vient des causes que nous avons indiquées plus haut : son éloignement des grandes lignes commerciales, les difficultés d'écouler ses produits en Espagne, et même dans le centre de la France, faute de voies de transport perfectionnées.....

La nature a fait immensément pour elle en lui fournissant des moteurs naturels d'une puissance incalculable, et un sol capable de produire la majeure partie des matières premières, nécessaires à une immense fabrication. Toutefois, trois éléments fondamentaux ont manqué jusqu'à ce jour à son activité : les grands capitaux, les connaissance industrielles et commerciales, les moyens de compléter à bon marché son approvisionnement de laine, de coton, de chanvre, de lin et de soie.

Cette situation s'améliore, le présent ne ressemble plus au passé; les chemins de fer s'achèvent, les routes thermales et internationales se poursuivent, et ne peuvent manquer d'être bientôt livrées à la circulation. Les chemins de fer, en rapprochant les départements pyrénéens du nord de la France, leur amèneront des industriels au courant de tous les procédés de fabrication, et leur apporteront des capitaux et des matières premières qui leur manquent... qu'on ne le mette plus en doute !

L'industrie n'attend que l'achèvement de ces voies de transport pour opérer une véritable révolution économique, et former dans les vallées des Pyrénées, des Sedan, des Louviers, des Saint-Étienne, des Glascow, si ce n'est des Manchester... Deux causes produiront nécessairement cette transformation : l'abondance et le bas prix de la pierre, de la chaux, du bois et de tous les matériaux de construction, et la puissance des chutes d'eau. Dans le Nord, l'achat et l'entretien des machines à vapeur, leur alimentation en houille occasionnent des dépenses énormes, et qui tendent sans cesse à s'élever... Dans les Pyrénées, ces deux sources d'obligations onéreuses se trouvent suprimées; l'eau, force motrice, est fournie gratis par les torrents, et il suffit d'une mise de fonds insignifiante de 500 à 2,000 fr., pour construire des barrages sur la partie des cours d'eau située en amont des villes de Ceret, Prades, Limoux, Varille, Saint-Girons, Saint-Martory, Montréjau, Tournay, Tarbes, Nay, Oloron, Mauléon, Saint-Palais, Ustaritz.

La chute des eaux est telle, dans ces hautes vallées, que leur force motrice se renouvelle de 100 à 500 mètres; elles pourraient mettre en mouvement toutes les usines de l'Europe (1).

Une sage économie politique ne doit pas oublier que les houilles ne sont pas inépuisables, et cependant leurs produits sont tellement indispensables aux hauts fourneaux, aux chemins de fer et à la marine, qu'on ne peut songer sans effroi à la perturbation qu'éprouveraient toutes les branches de notre prospérité sociale, si le combustible minéral venait à leur faire défaut, ou s'il atteignait des prix disproportionnés. Les compagnies industrielles, les gouvernements surtout, ne peuvent manquer de se préoccuper de cette question dans un avenir prochain. Les houilles ne seront certainement pas épuisées dans le dix-neuvième siècle ou la première moitié du vingtième; mais il est digne de notre génération de prévoir l'avenir, et de ménager à celles qui lui succéderont, des réserves de toute nature, qui leur assurent la continuation des bienfaits matériels dont nous auront joui.

Ayons donc la sagesse d'économiser la houille que la nature a formée, mais qu'elle ne renouvelle pas; réservons-la pour les fourneaux, les locomotives et les paquebots; transportons toutes les fabriques, toutes les usines à demeure fixe, sur les cours d'eau que la nature fournit gratuitement, et qu'elle renouvelle sans relâche... L'Allemagne et l'Italie ont les Alpes; la France a les Alpes, les Cévennes, les Pyrénées; l'Espagne a les Pyrénées et plusieurs Sierras... Que tous les pays concentrent leurs manufactures et leurs fabriques dans ces grands réservoirs de torrents et de fleuves, ils réaliseront des économies de fabrication considérables. Les chemins de fer sauront bien apporter à ces usines les matières premières dont elles auront besoin, et répandre ensuite sur la surface du globe les objets qu'elles auront fabriqués.

Quand cette sage amélioration aura été réalisée, et tout nous dit qu'elle le sera dans un demi-siècle, les Pyrénées seront un des plus grands centres manufacturiers du monde; elles ne donneront plus 173,088,262 fr. seulement de produit industriels, mais peut-

(1) Ces eaux sont restées sans emploi jusqu'à ce jour; elles sont inutiles à l'arrosage, les terres de ces régions élevées étant suffisamment arrosées par les petits ruisseaux qui descendent latéralement des montagnes; les canaux d'irrigation dont nous avons parlé, ne doivent être ouverts qu'en aval des localités que nous venons de désigner. L'eau des rivières pourrait donc servir de moteur à l'industrie, avant d'être consacrée à l'agriculture.

être. . . . . 700,000,000 fr.

Si nous ajoutons 80,000,000 fr. pour les améliorations réalisables à l'aide des irrigations, ce
qui portera le produit agricole à. 323,413,251

Si nous augmentons celui des forêts du double,
ce qui le portera à. 10,386,420

Si nous triplons celui des établissements ther-
maux, soit 31,567,080

Nous trouverons que les départements pyrénéens peuvent donner, d'ici à vingt-cinq ou
cinquante ans, la somme de. 1,065,366,751

LES RICHESSES

DES

PYRÉNÉES ESPAGNOLES

Les chemins de fer et les routes ne se borneront pas à transporter les produits pyrénéens dans le centre de la France et dans le nord de l'Europe, ils contribueront aussi, en ouvrant des communications faciles et rapides entre la France et l'Espagne, au développement de tous les éléments de richesse que possèdent ces deux nations.

L'activité qui se réveille dans la péninsule doit nécessairement influer sur la situation économique des départements pyrénéens ; l'Espagne devient une vaste contrée de production et de consommation, elle nous ouvrira des marchés jusqu'à ce jour inconnus ; nous voici donc amenés a examiner la nature et la valeur des produits que les Pyrénées espagnoles offrent à nos industriels, et l'importance des débouchés qu'elles assurent à leur commerce.

Les provinces du bassin de l'Èbre sont dans une situation tout à fait analogue à celle de nos départements pyrénéens. L'agriculture constitue leur richesse fondamentale ; l'industrie du fer à une certaine importance aux deux extrémités de la chaîne (Catalogne et provinces basques) ; celle des tissus est très-développée sur les bords de la Méditerranée.

L'Aragon, placé au centre, est exclusivement agricole comme les départements pyrénéens qui lui correspondent et qui s'étendent entre la Garonne et l'Adour.

I

PRODUCTION AGRICOLE.

Les produits du bassin de l'Èbre sont : le blé, le seigle, l'orge, l'avoine, le maïs, le millet, les légumes, les fruits, le lin, le chanvre, le vin, l'huile, le kali et le riz.

Madoz, dans son *Dictionnaire Géographique et Statistique*, donne les chiffres suivants :

PROVINCE DE GIRONNE.

Récoltes.

Blé.	190,552	fanègues(1) valant aujourd'hui	10,099,256 réaux
Seigle.	134,525	—	—	4,439,325
Mélange (2).	4,126	—	—	76,304
Orge.	57,207	—	—	1,487,382
Maïs.	23,856	—	—	715,680
Millet.	641	—	—	13,461
Avoine.	10,984	—	—	186,728
Totaux	421,781	—	—	17,018,136 (3)
Légumes.	128,148	—	—	4,613,328
Riz.	182	arrobes.	—	3,640
Fruits.	7,142	—	—	314,248
Vin.	1,997,857	—	—	13,984,999
Huile.	45,735	—	—	2,103,818
Chanvre.	31,192	—	—	1,278,872
Lin.	160	—	—	8,320
Kali, soude	3,103	—	—	46,545
Produits divers.	»	—	—	39,625

Total. 39,401,531 réaux

ou. . 10,368,820 fr.

Total du produit végétal en 1799. . . . . . 41,445,433 réaux

Animaux.

Chevaux et mulets	757	têtes valant aujourd'hui.	378,500 réaux
Bêtes à cornes.	3113	—	—	1,833,900

A reporter. 2,212,400

(1) La fanègue représente. . . 55 litres 500.
    L'arrobe   —   . . 11 kilog. 50.
    La livre   —   . . 1/2 litre.
    Le réal   —   . . 26 centimes.
    Les 19 réaux valent.. . . . 5 francs.
(2) Ou *carrion*, en gascon *carroun* : moitié blé, moitié seigle.
(3) Le total s'élevait, en 1799, à 19,568,230 réaux

			Report.	2,212,400 réaux
Moutons.	20,621 têtes valant aujourd'hui.			1,237,260
Brebis.	34,366	—	—	1,718,380
Chèvres et boucs. . . .	24,804	—	—	992,160
Agneaux et chevreaux.	16,492	—	—	329,840
Cochons.	7,683	—	—	1,536,600
Laine.	4,884 arrobes.	—		544,200
Soie.	1,702 livres.	—		123,340
Produits divers.	»	—	—	3,661
			Total.	8,697,841 réaux
			ou . .	2,288,905 fr.

PROVINCE DE TARRAGONE.

Récoltes.

Blé.	224,524 fanègues valant aujourd'hui.			11,226,200 réaux
Seigle.	158,625	—	—	5,551,875
Mélange. . . .	4,732	—	—	94,640
Orge.	67,406	—	—	1,685,150
Maïs.	28,109	—	—	843,270
Millet.	755	—	—	15,100
Avoine.	12,942	—	—	194,130
Totaux . .	497,093	—	—	19,610,365 (1)
Légumes. . . .	150,994	—	—	5,737,772
Riz.	214 arrobes.	—		4,280
Fruits.	8,415	—	—	378,675
Vin.	2,354,033	—	—	18,832,264
Huile.	53,888	—	—	2,155,520
Chanvre. . . .	36,753	—	—	1,470,120
Lin.	189	—	—	10,395
Produits divers.	»	—	—	97,281
			Total.	48,296,672 réaux
			ou . .	12,709,650 fr.
Total du produit végétal en 1799.				48,829,629 réaux

(1) Le total s'élevait, en 1789, à 23,070,998 réaux.

Animaux.

Chevaux et mulets...	891	têtes valant aujourd'hui.		445,500 réaux
Vaches.........	7,203	—	—	2,160.900
Moutons........	24,298	—	—	1,457,880
Brebis........	40,493	—	—	2,024,650
Chèvres.......	19,440	—	—	1,169,040
Agneaux et chevreaux.	9,053	—	—	388,800
Laine.	5,755	arrobes.	—	1,810,800
Soie.	2,076	livres.	—	134,940
Produits divers.. ...	»	—	—	13,213
			Total.	9,605,723
			ou. .	2,527,820 fr.

Total du produit animal en 1799. . . . . . . 11,459,927 réaux

PROVINCE DE BARCELONE.

Récoltes.

Blé.	419,180	fanègues valant aujourd'hui.		18,705,905 réaux
Seigle.	289,147	—	—	9,402,667
Mélange	8,835	—	—	176,700
Orge.	125,824	—	—	2,844,768
Maïs.	52,479	—	—	1,574,370
Millet.	1,410	—	—	31,020
Avoine.	24,163	—	—	386,608
Totaux . .	928,038	—	—	33,124,038 (1)
Légumes. . . .	281,900	—	—	5,074,200
Riz.	400	arrobes.	—	8,000
Fruits.	15,711	—	—	706,995
Vin........	4,394,877	—	—	36,807,195
Huile.	100,607	—	—	392,367
Chanvre. . . .	68,615	—	—	2,744,600
Lin.	822	—	—	17,650
Kali, soude. . .	15,898	—	—	102,390
Produits divers.	87,167	--	—	87,000
			Total.	79,064,435 réaux
			ou. .	20,806,430 fr.

Total du produit végétal en 1799. . . . . . . 91,182,252 réaux

Animaux.

Chevaux et mulets. . .	1,664 têtes valant aujourd'hui.		832,000 réaux
Vaches.	13,447 —	—	4,034.100
Moutons.	45,361 —	—	2,721,660
Brebis.	75,600 —	—	3,780,000
Chèvres.	54,564 —	—	2,182,560
Agneaux et chevreaux.	36,278 —	—	725,560
Cochons.	16,745 —	—	3,380,000
Laine.	10,745 arrobes.	—	587,250
Soie.	3,875 livres.	—	232,500
Produits divers. . . .	» —	—	25,009

Total. 18,506,639 réaux

ou. . 4,870,165 fr.

Total du produit animal en 1799. . . . . . . 21,394,389 réaux

PROVINCE DE LLÉRIDA.

Récoltes.

Blé.	141,938 fanègues valant aujourd'hui		7,805,590 réaux
Seigle.	100,279 —	—	3,509,765
Mélanges . . .	2,992 —	—	59,840
Orge	42,612 —	—	1,065,300
Maïs	17,770 —	—	533,100
Millet.	477 —	—	10,971
Avoine. . . .	8,182 —	—	122,730
Totaux .	314,250 —	—	13,107,296 (1).
Légumes. . .	95,455 fanègues valant aujourd'hui		3,340,925 réaux
Riz.	136 arrobes	—	2,720
Fruits secs. .	5,320 —	—	234,080
Vin.	1,488,158 —	—	7,440,790
Huile.	34,067 —	—	1,192.344
Chanvre . . .	23,234 —	—	743,488

A reporter. . . . 12,954,347 réaux

(1) Le total s'élevait en 1799 à 14,579,212 réaux.

		Report. . .	12,954,347
Kali, soude. . .	120 arrobes valant aujourd'hui. .		5,760
Produits divers.	2,312 — —		34,680
			29,516

Total. 25,861,643 réaux

ou . . 6,805,695 fr.

Total du règne végétal en 1799 . . . . 30,875,183 réaux

L'élevage des troupeaux est très-considérable dans cette province, les vallées des Pyrénées nourissent un grand nombre de bêtes à laine, de bêtes à corne et de mules ; néanmoins les moutons donnent moins de profit qu'autrefois, à cause de la cherté des fourrages en hiver, et de l'abaissement du prix des laines; aussi les agriculteurs se mettent-ils à élever de jeunes mules qu'ils achètent en France à l'âge de six mois, et qu'ils revendent à deux ans et demi ou trois ans.

Animaux.

Chevaux et mulets. . . .	564 têtes valant aujourd'hui	282,000 réaux
Bêtes à corne.	4,553 —	1,365,900
Moutons	15,360 —	921,600
Brebis.	25,599 —	1,279,950
Chèvres	18,476 —	739,040
Agneaux et chevraux . .	12,284 —	245,680
Cochons	5,723 —	1,144,600
Laine	3,638 arrobes	181,900
Soie	1,312 livres	74,784
Produits divers	» —	2,727

Total. 6,238,181 réaux

ou . . 1,641,625 fr.

Total des animaux . . . . 7,23,9045 réaux

PROVINCE DE SARAGOSSE.

Récoltes.

Blé.	1,398,447	fanègues, valant aujourd'hui.	69,922,350 réaux
Seigle	373,942	—	—	14,957,680
Orge	613,939	—	—	15,348,475
Maïs	50,515	—	—	1,516,450
Avoine	176,286	—	—	4,407,150
Totaux. .	2,613,129	—	—	106,152,105 (1).
Pois	2,631	fanègues valant aujourd'hui	263,100 réaux
Légumes . . .	»	—	—	3,424,845
Fruits.	»	—	—	526,407
Lin.	14,176	arrobes	—	925,440
Chanvre . . .	76,947	—	—	3,845,850
Autres produits	»	—	—	3,337,921
Huile. . , . .	178,248	—	—	11,586,120
Vin.	4,405,507	—	—	26,433,042

Total du produit végétal. . . . . 156,491,830 réaux

ou. . 41,182,060 fr.

Animaux.

Chevaux et mulets.	9,558	têtes valant aujourd'hui.	9,558,000 réaux
Bêtes à cornes. . .	10,733	—	—	5,366,500
Moutons.	814,045	—	—	32,561,800
Chèvres . , ...	96,937	—	—	4,362,165
Cochons.	11,681	—	—	1,401,720
Laine.	107,805	arrobes	—	5,929,275
Soie.	44,962	livres	—	2,248,100
Cire	2,286	arrobes	—	640,080

Total. 62,067,640 réaux

ou . . 16,038,855 fr.

Total du produit animal en 1799. . . . . . . 60,580,974 réaux

Comme on le voit, dans le tableau ci-dessus, la production de l'huile est très-considérable dans la province de Saragosse ; ou en exporte

(1) Le total s'élevait, en 1799, à 116,449,324.

plus de 500,000 arrobes dans les provinces voisines, et même en France (elle vaut 40 réaux l'arrobe.)

La culture de la soie est en progrès : le réglisse et le safran donnent aussi quelques produits ; on exporte dans la Catalogne plus de 200,000 cahis de blé à 100 réaux chaque (1) ; le vin, d'une abondance extrême, fournit à une partie de la consommation de la Navarre, de la Castille et de la province de Terruel ; 8,000 arobes de chanvre sont exportés dans la Castille et la Navarre (à 35 réaux chaque), 30,000 arrobes de lin ont la même destination (à 39 réaux chaque), 62,000 arrobes de laine sont vendues aux fabriques de France et de Catalogne, (à 54 réaux chaque).

PROVINCE DE HUESCA.

Récoltes.

Blé.	848,713 fanègues valant aujourd'hui.			38,192,085 réaux
Seigle. . . .	226,944	—	—	9.077,760
Orge.	372,597	—	—	9,314,925
Maïs.	30,657	—	—	919,710
Avoine. . . .	106,987	—	—	2,674,675
Totaux.	1,585,898	—	—	60,179,155 (2)
Fruits, légumes, arômes, plantes médicinales. . . .				66,984,158 réaux
Huile.	108,169 fanègues valant aujourd'hui.			6,490,740
Vin.	2,673,687	—	—	16,042,122
Total du produit végétal.				149,596,175 réaux
ou.				36,335,835 fr.

Animaux.

Mules et chevaux. .	5,801 têtes valant aujourd'hui.			5,801,000 réaux
Vaches.	6,514 —		—	3,126,720
Moutons.	494,041 —		—	19,761,640
Chèvres.	58,831 —		—	2,647,395
Cochons.	7,089 —		—	779,790
Laine.	65,426 arrobes.		—	2,925,560
Soie.	27,287 livres.		—	1,364,350
Cire.	1.387 —		—	277,400
			Total.	36,683,855 réaux
			ou. .	9,653,645 fr.
Total du produit animal en 1799.				36,766,580 réaux

(1) Le cahis représente 666 litres.

(2) Le total s'élevait, en 1799, à 70,490,604.

PROVINCE DE NAVARRE.

Récoltes.

Blé.	1,343,474	fanègues valant aujourd'hui.	51,052,012 réaux
Seigle	45,987	—	—	735,792
Blé fin.	12,469	—	—	124,690
Autres grains.	12,471	—	—	199,536
Maïs.	199,296	—	—	4,748,624
Millet.	430,954	—	—	7,757,172
Avoine.	199,165	—	—	1,991,650
Légumes et fruits divers.	—	—	3,402,502
Lin.	8,060	arrobes	—	564,200
Chanvre	23,697	—	—	947,880
Vin.	3,583,440	—	—	17,917,200
Huile.	43,618	—	—	2,617,080
Totaux.	5,902,611	—	—	91,059,058 (1)
Fenouil.	16,246	fanègues valant aujourd'hui.	243,690 réaux
Fèves.	39,474	—	—	986,690
Haricots.	25,105	—	—	1,215,250
Pois.	4,340	—	—	130,200
Colza.	12,782	—	—	204,512
Choux.	11,172	—	—	279,300
Châtaignes.	18,140	—	—	272,108
Lentilles.	1,044	—	—	31,320

Total du produit végétal. . . . . 94,422,128 réaux

ou. . . . . 24,147,900 fr.

Animaux.

Vaches et bœufs.	43,626	têtes valant aujourd'hui.	18,087,800 réaux
Veaux.	4,616	—	—	553,920
Mules.	25,756	—	—	20,604,800
Brebis.	339,387	—	—	11,878,545

A reporter. . . 51,125,065 réaux

(1) Le total s'élevait, en 1799, à 68,638,334 réaux.

			Report. . . .	51,125,065 réaux
Moutons.	138,055	—	—	6,212,475
Agneaux.	152,059	—	—	2,280,850
Chèvres.	57,938	—	—	2,027,830
Boucs.	11,460	—	—	573,000
Cochons.	31,758	—	—	3,810,960
Laine.	56,488 arrobes.	—	—	3,389,280

Total. . . . 69,419,460 réaux

ou. . . . 17,284,065 fr.

Total du produit animal en 1799. 72,032,335

Les fromages du Roncal ont une assez grande réputation.

PROVINCE DE GUYPUSCOA.

Beaucoup moins étendue que les provinces précédentes, elle n'a, par suite de cette circonstance, qu'une production bien inférieure.

Récoltes.

				réaux
Blé.	289,020	fanègues valant aujourd'hui.	11,560,800 réaux
Seigle. . . .	5,372	—	—	91,324
Maïs.	270,908	—	—	7,043,608
Avoine. . . .	2,149	—	—	36,533
Totaux. .	567,449	—	—	18,732,265 (1)

Légumes, fèves et châtaignes.	5,578 fanègues valant	286,718
Lin et chanvre.	2,493 arrobes.	180,015
Vin et cidre. 137,851	—	852,550

Total. . . 20,051,548 réaux

ou. . . 5,276,720 fr.

Total du produit végétal en 1799 . . . . 19,525,376 réaux

(1) Le total s'élevait, en 1799, à 18,239,881 réaux.

Animaux.

Veaux.	2,107 têtes valant aujourd'hui.			231,770 réaux
Moutons. . . .	14,402 —	—		129,618
Chevreaux. . .	584 —	—		4,672
Cochons. . . .	1,227 —	—		171,780
Laine.	9,807 arrobes.	—		392,280

Total. . . 930,120 réaux

ou. . . 244,765 fr.

Total du produit animal en 1799. . . . . 976,022 réaux

PROVINCE D'ALAVA.

Récoltes.

Blé.	585,480 fanèguess valant aujourd'hui.		20,491,800 réaux
Seigle.	48,790 —	—	1,219,750
Orge.	136,615 —	—	2,732,240
Maïs.	97,580 —	—	2,341,920
Avoine. . . .	107,338 —	—	1,610,070
Totaux. .	975,800 —	—	28,395,780 réaux

ou. . 7,469,940 fr.

Nous ignorons le revenu que donnent les animaux, mais il ne doit pas être inférieur au produit de ceux du Guypuscoa, soit. 930,000 réaux

PROVINCE DE BISCAYE.

Récoltes.

Blé.	231,531 fanègues valant aujourd'hui.		9,261,240 réaux
Seigle.	69,804 —	—	1,396,080
Orge.	140,503 —	—	3,091,066
Maïs.	171,162 —	—	4,279,050
Avoine	99,872 —	—	1,997,440
Totaux. .	712,871 —	—	20,024,876 (1)

(1) Le total s'élevait, en 1799, à 36,247,471 réaux.

Fèves, pois, pois carrés, vesces, lentilles, châtaignes, pommes de terre. . . . 154,516 fanègues valant aujourd'hui. 4,692,368 réaux

Vin et cidre. . 204,710 — — 2,047,100

Total. 26,764,344 réaux

ou. . 7,043,245 fr.

Total du produit végétal en 1799. . . . . . 45,101,482 réaux

Le revenu des animaux, correspond à celui du Guypuscoa, soit encore. . . . . 930,000 réaux

L'agriculture produit par conséquent, sur une surface à peu près égale à celle des huit départements pyrénéens, la somme annuelle de 775,091,250 réaux ou de. . . . . 227,185,670 fr.

Or, nous avons vu que la production de nos départements s'élève à. 259,694,885

C'est donc une diminution de. . . . . 32,509,215 au préjudice de l'Espagne.

D'où peut venir cette différence, dans un pays favorisé par le climat le plus doux de l'Europe, sans en excepter l'Italie ? qu'elles circonstances peuvent mettre l'Espagne à l'égard de la France dans une infériorité semblable à celle que présente la France envers la Lombardie ? On ne peut avoir d'incertitude à cet égard, c'est la sécheresse du sol, c'est la négligence des agriculteurs : la sécheresse, fléau terrible qui détruit une récolte sur cinq, et renverse avec une brutalité désastreuse les plus légitimes espérances des propriétaires.

Malgré l'imperfection de l'agronomie espagnole, la terre est si fertile, le ciel si pur, que les céréales de toute espèce, toujours à l'abri du brouillard et des gelées, donnent en moyenne, toutes les fois que les grandes chaleurs les épargnent, les trois cinquièmes de plus qu'elle ne produisent dans les départements pyrénéens. C'est donc la sécheresse que les Catalans, les Aragonais et les Navarrais doivent s'attacher d'abord à combattre ; nous avons à cet égard d'utiles exemples à leur montrer.

Quand nous avons voulu faire comprendre aux populations des départements pyrénéens tous les avantages que leur procureraient un vaste système d'irrigation, nous avons mis sous leurs yeux les merveilleux résultats obtenus par cette opération dans le Piémont et la Lombardie..... pour apprendre aux habitants de la vallée de l'Èbre à combattre la sécheresse , nous les engagerons à étudier l'emploi des eaux dans le Roussillon, et l'emploi des arbres dans les belles vallées de l'Italie.

Les Roussillonnais, avons nous déjà dit, ont tellement dérivé les eaux de leurs trois rivières la Thet, le Tech et l'Agly vers leurs prairies et leurs champs, qu'il n'en arrive pas une goutte à la mer ; ils ont, sur quelques points, percé des puits artésiens avec tant d'intelligence, que plus de 300 hectares sont arrosés à l'aide de ces eaux souterraines ; et ce n'est pas le dernier résultat de ce système d'irrigation.

Imitez les Roussillonnais, dirons-nous aux agriculteurs du bassin de l'Èbre ; saignez jusqu'à la dernière goutte les nombreux cours d'eau qui descendent des Pyrénées ; mettez l'Èbre elle-même complétement à sec ; que la mer ne reçoive pas en été et en automne, un mètre cube d'eau par le lit de ce fleuve. Qu'avez vous à faire d'une rivière flottable au-dessus de Saragosse et navigable au-dessous ? le chemin de fer qui conduit de Barcelone à Pampelune, en traversant Llérida, Saragosse et Tudèle, ne rend-il pas inutile toute voie de transport par eau ? pouvez-vous faire un usage plus avantageux de ce liquide fécondant, et si rare en Espagne, que de le consacrer tout entier à l'arrosage des terres ?

Au lieu de cela, que faites vous... les Maures avaient tracé un canal dans la Navarre, sur la rive gauche de l'Èbre, vous l'avez laissé se combler à moitié ; il ne procure plus le quart des bienfaits qu'il produisait aux dixième, onzième et douzième siècles ; il ne sert plus qu'à fertiliser la belle huerta de Tudèle ; partout ailleurs, l'immense bassin de l'Èbre et de ses nombreux affluents, n'offre pas un seul canal d'irrigation qui mérite d'être signalé. Les propriétaires les plus voisins des cours d'eau en détournent quelques filets vers leurs champs, quand la disposition des lieux le permet ; mais les 9 dixièmes du volume d'eau tombé dans l'Èbre et de l'Èbre dans la mer sont sans profit pour personne ; et cependant tout champ qui ne peut être arrosé en automne, au moment de la semence, reste en friche : les céréales ne pouvant germer sans arrosage préliminaire, dans une terre transformée en cendre chaude, par les cinq mois de fortes chaleurs.

Cette absence d'irrigation jointe à la difficulté des moyens de transport et au défaut de débouchés, a fait restreindre peu à peu la surface arable de ces provinces. De vastes déserts séparent Pampelune de Tudèle, Tudèle de Saragosse, Saragosse de Llérida... On pourrait porter cette étendue complétement inculte, à près du tiers de la superficie totale de ces provinces.

Nous n'ignorons pas que le volume d'eau charrié par les torrents des Pyrénées espagnoles ne dépasse guère le tiers de celui que roulent l'Aude, la Garonne et l'Adour réunis, mais il est incontestable aussi que les terres à céréales de l'Espagne, réclament des arrosages moins fréquents que les prairies et les maïs des départements français ; une immersion à l'époque des semences, une seconde à la fin du printemps, quand la sécheresse commence à sévir, suffisent pour sauver les récoltes. On peut donc assurer que les eaux du bassin de l'Èbre seraient en état d'irriguer, dans ces conditions, toute la surface aujourd'hui cultivée en céréales, c'est-à-dire le cinquième de la superficie totale, et que ce cinquième, ainsi amélioré, pourrait donner le double de ce qu'il donne aujourd'hui, c'est-à-dire. . 1,342,320,672 réaux.

ou. . 353,242,280 fr.

car le produit végétal est aujourd'hui de. . . 671,160,336 réaux.

La négligence des irrigations n'est pas le seul reproche qu'on est en droit d'adresser aux agriculteurs espagnols. La destruction des arbres constitue une imprudence plus fatale encore. Si l'on excepte les hautes vallées des Pyrénées, les gorges placées audessus d'Olot, Ripoll, Berga, Urgel, Saint-Pedro-de-Taberna, Puerto-las, Fiscal, Tierra, Aisa, Roncal et Lanz. Les provinces de Navarre, d'Aragon et de Catalogne, ne possèdent pas un seul petit bois de cinq hectares seulement, et pas un arbre qui soit voisin des champs travaillés, à l'exception des oliviers qui font partie de la culture de certaines *huertas*.

Cette absence complète d'arbres est une des causes les plus directes de la sécheresse extrême de cette partie de l'Espagne. Les arbres, dans les pays chauds : le chêne, l'ormeau, l'érable, le platane et principalement le peuplier commun, ont le precieux avantage, quand ils forment la bordure des champs, ou qu'ils sont plantés en ligne au milieu des récoltes, de mettre les céréales à l'ombre pendant une partie de la journée, et d'empêcher la terre d'être privée de toute fraîcheur et calcinée..... Deux heures après le lever du soleil, deux heures avant son coucher, les arbres à tout vent prolongent leurs grandes ombres à une distance de 50 à 100 mètres ; la rosée tombée sur la plante pendant la nuit reste sur les feuilles sous cette protection, le soleil ne la fait disparaître que deux ou trois heures après son lever ; il ne frappe la plante elle-même, d'une manière fâcheuse, qu'au milieu du jour. La présence des arbres convenablement disposés, espacés, a donc pour résultat de modérer considérablement l'action du soleil, de lui enlever ce qu'elle a d'excessif pour la réduire à ses effets bien-faisants.

Les Italiens ont apprécié l'utilité des arbres en agriculture tout aussi bien que l'emploi de l'eau. Toutes les plaines de grande culture, depuis la base des Alpes jusqu'à Palerme, depuis Ancone et Venise jusqu'à Pise et Turin forment de véritables vergers, garnis de mûriers, d'arbres à fruits et de peupliers, comme les herbages de la Normandie le sont de pommiers de toutes les essences. Les plaines entières du Pô, de la Toscane, du Labour, de Bologne sont toutes divisées par lisières de 10 à 15 mètres de largeur, à l'aide de fossés d'assainissement; sur le bord du fossé s'élève une double rangée d'arbres ; la vigne, grimpant de branches en branches, augmente l'épaisseur du feuillage, et le soleil trouve dans ces espaliers continus de 300 lieues de long et de 100 lieues de large, un voile qui tamise constamment ses rayons, leur enlève ce qu'ils ont de brûlant, pour ne leur laisser qu'une chaleur attiédie.

Que les Espagnols suivent l'exemple des Italiens à cet égard, comme nous avons engagé les habitants de nos départements méridionaux à les imiter à l'endroit de l'arrosage. La première amélioration agricole qu'ils doivent entreprendre, même avant celle des irrigations, c'est de rendre à la plaine de l'Ebre, les arbres qu'on lui a enlevés, et de les disposer en vergers, comme ils le sont dans les plaines de l'Italie : l'Espagne gagnerait certainement à cette opération deux degrés de chaleur de moins, et la conservation de trois degrés d'humidité, double résultat qui atténuerait considérablement les conséquences désastreuses de la sécheresse.

La logique de l'expérience est le principe fondamental de tout travail…. Dans le nord, on éloigne les arbres des champs, par la raison que la chaleur étant tout juste suffisante à la germination des plantes, on cherche à ne diminuer en rien l'action du soleil trop souvent arrêtée d'ailleurs par la présence des nuages : dans le midi, où le ciel est sans brouillard, où la chaleur est excessive, redoutable, cherchez donc à l'affaiblir à l'aide du feuillage des arbres que Dieu n'a mis ici-bas que pour servir de parasol à la terre et à ses fruits.

Nous n'ignorons pas que les Espagnols commencent à se préoccuper de l'infériorité de leur agriculture; ils organisent dans toutes les provinces des comices et des sociétés destinées à combattre la routine :

nous avons la conviction qu'ils porteront une attention toute particulière sur les deux questions que nous soumettons à leur examen, et que d'ici à 50 ans, les tristes horizons de terre blanche qui s'étendent aux pieds des Pyrénées auront pris l'aspect ombreux et verdoyant des environs de Milan, de Bologne, de Florence et de Naples.

II

PRODUCTION MINIÈRE.

Les mines des Pyrénées espagnoles sont peut-être plus considéradérables que les nôtres; mais elles sont moins exploitées. Notre travail portera sur la constatation de leur existence, bien plus que sur ce qu'elles produisent en minerai et en argent. Il est d'abord incontestable que le charbon de terre est infiniment plus abondant sur le versant méridional que sur le versant du nord : les provinces de *Vich* et de *Gironne* forment de vastes gisements houillers. Ce précieux minerai paraît à *Manressa*, à *Tarraga*, à *Martorel*, à *Ripoll*, à *Saint-Hilano*, à *Sacalm* ; quelques veines verticales se montrent dans la *Conque-de-Muga*; il en existe également à *Surroca*, dans la haute *Conque-du-Ter*, province de Gironne ; *San-Juan-de-las-Abadessas* est le seul point sur lequel il soit exploité. La société espagnole, qui possède ces puits, a le projet d'établir un chemin de fer entre *San Juan* et Barcelone. D'autres gisements sont constatés à *Graüs* et à *Gistain*, en Aragon, mais ils sont à peine découverts. Les plus importants se trouvent dans la Navarre et dans la Biscaye, principalement à *Espinal*, à *Alsasua* et à *Huarte-d'Araquil*. Les deux premières mines sont exploitées, la troisième a été abandonnée ; celle *Diturmendi* est dans la même situation. *Cestona*, dans le Guypuscoa, renferme plusieurs mines de charbon de pierre, notamment celle *d'Aizarnazarem* et de *Buene-Ventura* : *Oyarçun* en possède trois, *Escoriaza* une. Plus on avance vers l'Ouest, plus ce précieux minerai paraît abondant; on le trouve à *Irum*, où l'exploitation a été néanmoins suspendue, à *Jatami*, dans la Biscaye, enfin à *Herrera* dans l'Alava, ou il forme une montagne presqu'entière près de *Penacerrada* et *Domaiquia*.

En général, il faut bien le dire ! le travail est si mal dirigé, que les résultats en sont illusoires : mais la richesse existe, elle est constatée, il ne s'agit que de l'exploiter avec intelligence. Les chemins de fer qui atteignent déjà cette contrée, et qui ne tarderont pas à la mettre en communication rapide avec la France et les ports de l'Océan, ne peuvent manquer de développer dans les mines de cette région une extraction étendue et lucrative.

L'exploitation de la houille des Pyrénées espagnoles est une des entreprises qui intéressent le plus directement l'industrie de nos départements. Les forges de l'Ariége et de l'Aude, celles de la vallée d'Aure, des Landes et des Basses-Pyrénées, attendent avec impatience l'arrivée des charbons espagnols ; le bois devient cher dans les Pyrénées, et les forêts finiraient par s'épuiser, si elles devaient fournir à tous les développements que l'industrie du fer est appelée à prendre (1). N'y aurait-il pas prudence, d'ailleurs, à mettre une grande partie des forêts en futaies pour le service de la marine et des constructions civiles ? Quand les routes d'Ax à Puycerda, de Barbastro à Arrau et à Gavarni, de Jacca à Oloron, de Pampelune à Saint-Jean-Pied-de-Port seront terminées, quand le chemin de fer de Victoria à Bayonne sera ouvert, les houilles d'Espagne pénètreront avec toute facilité dans l'Ariége, les Hautes, les Basses-Pyrénées, les Landes à des prix bien inférieurs à celles qui viendraient d'Angleterre ou de Belgique. Nos forges pourront même recevoir avec avantage du minerai de fer de Catalogne et de Biscaye ; car, il faut le remarquer, notre métal brut, du moins celui des Basses-Pyrénées et des Landes, est très-avantageusement mêlé avec celui d'Espagne : aussi cette opération se fait-elle déjà sur une assez grande échelle, principalement dans les hauts fournaux des Landes, où le minerai étranger est apporté à très-bas prix par le chemin de fer.

(1) Chaque forge consomme aujourd'hui 7,875 quintaux de charbon par an ; or une forêt de 1,417 hectares, peut à peine fournir cette quantité de combustible ; les forêts de l'Ariége ne dépassent pas 87,748 hect. de surface, il s'en suit qu'elles ne peuvent alimenter plus de vingt forges... Mais nous avons vu que ce département renfermait plus de 25 gisements de fer, dont l'exploitation a été successivement abandonnée. La seule mine de Rancié est d'une abondance à pouvoir alimenter un nombre de forges sans limites ; si l'Ariége n'a pas donné à l'industrie du fer une plus grande extension, c'est qu'elle manque de combustible, et qu'elle a dû proportionner le nombre de ses fourneaux aux ressources des forêts du département et de quelques arrondissements voisins. Qu'on lui facilite le moyen de recevoir des houilles de la Catalogne, elle deviendra le premier centre métallurgique de l'Europe.

CATALOGNE.

Le fer ne manque pas dans le bassin de l'Èbre ; sa présence est constatée sur un très-grand nombre de points : les mines ouvertes sont plus nombreuses que les nôtres, et quelques unes égalent en abondance les plus riches de nos départements.

De vastes gisements de fer paraissent dans la province de Gironne à *Mazamet-de-Cabrenis*, à *Ribas*, mais principalement à *Ogessa* et à *Ventola*. Jusqu'ici, l'absence de chemins n'a pas permis de les exploiter d'une manière fructueuse ; il existe néanmoins des forges d'une certaine importance à *San-Christoval-de-Camp-Devaxol*, près de Ribas, et à *Salsona*.

Les mines de *Sarrerc*, dans la vallée d'Andorre, alimentent les quatre forges *Dencamp*, de *Caldes* et d'*Ordino*.

On travaille le fer à *Alius* et à *Llagorsi*, dans la province de Llérida.

La province de Barcelone n'a pas de forges ; mais Barcelone, qui ne possédait en 1832 qu'une fonderie, en renferme aujourd'hui plus de 30, où l'on fabrique, entre autres objets, des clous et des pointes de Paris. Il existe également à *Mataro*, à *Vich*, à *Igualada*, à *Reus*, à *Manressa* et à *Figueras* des établissements métallurgiques où l'on confectionne des machines, et toutes sortes d'objets et d'ustensiles destinés à l'Amérique. Les diverses forges de la Catalogne fournissent enfin la matière première aux fonderies royales d'ancres, de canons et d'armes diverses qui se trouvent à Barcelone, à *Pineda* et à *Ripoll* :

Quant au haut Aragon, il ne renferme que les mines de *Bielsa*, dont le produit est fondu dans quelques forges de la même localité.

C'est dans la Navarre et les provinces basques surtout (Guypuscoa, Alava, Biscaye), que l'industrie du fer a pris un développement qui mérite d'être noté. S'il est bien inférieur à celui qu'il a atteint dans l'Ariége, il égale du moins celui qu'il a pris dans les Basses-Pyrénées et les Landes. Voici le nom des mines de fer et celui des villages dans lesquels elles sont situées :

NAVARRE.

Mines de Saint-Augustin à Articusa.	Mines de Gutiberroqui à Goyzueta.
— de la Fortune à Dona-Maria, (une des plus importantes).	— d'Irilas à Goyzueta.
	— de Penahelsa à Garralda.
— d'Unza à Goyzueta.	— de la Cima à id.

Mines de la Rica à Garralda.	Mines de Carmen à Leiza.
— de la Nevada à id.	— de Sant Blas à Orbayceta.
— de Piedra-Gorris à id.	— de San Miguel à Orosbetelu.
— de Musguilda à Garayoa.	— de la Cantabra à Vera.
— de la Ley à Lesaca.	— de Dona Maria à id.
— de la China à Lesaca.	— de Sant Esteban à id.
— de Vista Alegre à Lesaca.	— de la Villa Vera à id.
— de Villezazu à Legasa.	— de Vidasoa à id.
— de Lamistat à id.	— de Alzate à id.
— de la Mescla à Leiza.	— de Eunuco à id.
— de San Joachin à Leiza.	— de la Hesperia à id.
— de la Verdosa à id.	— de Nicolas à id.
— de Sant Agostino à id.	

Indépendamment de ces mines, qui sont en exploitation, il en existe deux à *Élisondo*, trois à *Valcarlos*, et une autre à *Vera;* elles ont été abandonnées avant 1846.

Les forges qui préparent le minerai dans la Navarre sont presque aussi nombreuses que les mines.

Voici le mouvement de leur fabrication par mois :

La forge d'Alduncin à Goyzueta en prépare pour. . . .	1,084 réaux.
— d'Articuza à Articuza.	870
— d'Arambide à Goyzueta.	610
— de Bereacum à Lezaca.	
— de Bieurgaray à id.	3,393
— de l'Escarti à id.	
— de Berrizaum à Yanci.	1,070
— de Betelu à Betelu.	3,173
— d'Echalar à Echalar.	1,068
— d'Elcarri à Echarri-Aranaz.	1,820
— d'Endarlaza à Endarlaza.	398
— d'Elama à Goizueta.	566
— de Goizarin à Goizueta.	528
— de Dona-Maria à Dona-Maria.	7,049
— d'Eroquieta à Eroquieta.	1,560
— d'Urto à Leiza.	1,600
Total du produit annuel. . .	24,789 réaux.
ou. . .	6,520 fr.

Ces forges ont été jadis plus nombreuses : quelques-unes sont complétement abandonnées, d'autres restent momentanément sans travail : nous citerons celle *d'Iturbiéta*, prés d'Irasum, et celle *d'Alzaros* ; le manque de combustible, leur mauvaise organisation, ont amené ce résultat. Il est vrai qu'on en a construit de nouvelles dans la vallée *Daezcoa*, près *d'Orosbételu*, et dans celle de *Vertizarana*, près *d'Oronoz*. Toutes les forges de la Navarre sont établies à la Catalane et tirent leur minerai, non-seulement des galeries que nous venons de désigner, mais de celles de *Somorostro*, dans la Biscaye ; elles occupent en moyenne 400 ouvriers.

PROVINCES BASQUES.

Dans le Guipuscoa, on exploite le fer à *San-Pedro*, à *Astéasu*, à *San Juan*, à *Apoeta*... Ce minerai existe aussi à *Cerain*, à *Berasteguy*, où trois galeries ont été ouvertes ainsi qu'à *Alza* ; mais les travaux sont abandonnés dans ces trois localités : les 51 forges qui préparent les produits de ces mines sont placées sur la *Bidassoa*, l'*Oyarçun*, l'*Urumea*, l'*Oria*, l'*Urola* et la *Deva* ; elles fabriquent 233,228 arrobes de fer.

L'Alava renferme 15 mines de fer en exploitation ; elles fournissent annuellement 2,078 quintaux de minerai (1) qu'on exporte en France, et 2,335 quintaux qui alimentent les forges de la province. Plusieurs des anciennes forges détruites pendant les guerres de 1808 et 1812 ne se sont jamais relevées ; il n'en existe plus que 13 ou 14 qui aient quelque importance : elles sont situées à *Amurio*, à *Salinas de Arana*, et *Salvatierra* ; elles travaillent annuellement 250,000 quintaux. Les vallées de Villaréal et d'Aromayona possèdent en outre plus de 70 petites forges, où l'on fabrique de la clouterie et de la quincaillerie de fer, très-estimée dans l'Espagne entière.

Dans la Biscaye, le fer existe à la *Verdeona de San Roque*, a la *Saturnina-Dorduña* ; mais surtout à *Somorostro*, ce rancié de l'Espagne, que Pline appelait la montagne de fer.

Au commencement de ce siècle, Somorestro alimentait 180 forges, mais chacune d'elle était peu importante. Elles ne préparaient pas plus de 700 quintaux par an : en ajoutant à ces 180 forges les 40 que possédait l'Aragon et les 53 de la Catalogne, on trouve que l'Espagne entière ne fabriquait pas autant de fer que nos seuls départements

(1) Le quintal espagnol représente cent livres d'Espagne.

Pyrénéens. On ne portait le fer produit dans la péninsule entière qu'à 180,000 quintaux, tandis que les forges des Pyrénées en fournissaient 192,500 (1).

Le faible développement des forges de la Biscaye ne venait pas, comme celui des forges de l'Ariége, du défaut de combustible : les forêts de la province espagnole, au contraire, sont immenses, parfaitement conservées; les 180 fourneaux ne consommaient pas la vingtième partie de leurs produits. La Biscaye posséde d'ailleurs de magnifiques gisements houillers qu'il suffirait d'exploiter avec intelligence pour entretenir toutes les forges de l'Espagne. La fabrication du fer s'est trouvée arrêtée jusqu'à ce jour, dans les provinces basques, par le manque de débouché et les difficultés des moyens de transport. Les mineurs se contentaient de préparer le produit dont ils trouvaient le placement assuré dans les Asturies et les Castilles, ils alimentaient également les grandes fonderies royales *d'Esqui*, de *Renteria*, de *Plasencia*, et *d'Obesseta*, où l'on fabrique des ancres, des canons, des boulets, et des armes de tout genre.

Aujourd'hui les mines de Biscaye exportent plus de 20,000 tonnes de fer tant en Angleterre que dans les Asturies.

Les conditions de l'industrie du fer se trouvent d'ailleurs complétement changées; le chemin de fer de Madrid à Santander, l'exécution de toutes les grandes lignes de l'intérieur de la péninsule, leur raccord avec les réseaux français, ouvrent aux métaux de la Biscaye les marchés de l'Espagne, les marchés du monde entier : aussi l'exploitation des mines prend-elle, dans les provinces basques, des développements qui ne peuvent manquer d'aller en augmentant, et d'atteindre un très-haut degré d'importance.

Les richesses minières des Pyrénées espagnoles ne se bornent pas à la houille et au fer, les métaux les plus variés sont disséminés sur toute la chaîne, depuis Rosas jusqu'à Santander.

Dans la province de Gironne, on trouve le plomb argentifère, à *Angles* et à *Basagoda;* du vernis à *Fitor;* mais les difficultés de transport n'ont pas jusqu'à ce jour permis de les exploiter.

Dans celle de Tarragone on trouve des pierres de qualités précieuses, et très-variées, des mines d'arsenic blanc, de galène, surtout à *Bunclanera*, de la manganèse à *Aleicar*, du cuivre à *Maspujols*, à *Voltas*, à *Vilanova*, à *Riudecols*, à *Montroig* et à *Aleixar;* le cobalt

(1) Héron de Villefosse, *de la richesse minérale.*

était autrefois exploité par les religieux de Poblet; cette province renferme aussi de la galène..... De 1839 à 1849, on a constaté l'existence de 240 à 250 mines diverses; 180 sont en exploitation, elles occupent 520 ouvriers et 80 bêtes de somme.

Les mines de la province de Llérida sont moins connues et surtout moins exploitées. Llérida possède une fabrique de vitriol; *Alius* et *Guattes*, près de Salsona, ont des forges de cuivre; on trouve dans la Catalogne une montagne de sel gemme à *Cardonna*, des sources salées à *Gerri* et à *Ribas*, de l'arsenic et du cuivre dans la même vallée; du marbre magnifique à *Tarragone* et à *Tortose*, du plomb, de l'alun, du quartz, du marbre, de l'ardoise, du jaspe et du plomb argentifère à *Cortals-d'El-Camp*, dans la vallée d'Andorre.

Les montagnes de la Catalogne renferment enfin des ardoises, de grandes variétés de marbres, de l'albâtre, du jaspe, des amétistes, et des cristaux coloriés qui sont travaillés à Barcelone.

L'Aragon, peu riche en fer et en houille, est beaucoup mieux doté sous le rapport des autres métaux.

PROVINCE DE SARAGOSSE.

L'alun produit	11,968 arrobes valant	82,376 réaux.
Le vitriol	7,031 —	42,186
Le soufre	902 —	9,922
Le cobalt	2,844 —	25,569
Le plomb	4,120 quintaux.	25,014
Le cuivre	2,500 —	»

Ces minéraux et quelques autres sont extraits de 74 mines, et donnent un produit annuel de. . . . . 1,121,352 réaux.

32 mines nouvellement découvertes ne sont pas encore entamées.

La province de Saragosse possède aussi des salines à *Gallocanta*, entre Agon et Gallur; à *Sastago* et à *Bujaroles*. *Castellar* renferme une montagne entière de sel gemme.

PROVINCE DE HUESCA.

L'alun produit	7,264 arrobes valant.	50,848 réaux.
Le vitriol	4,267 —	25,602
Le soufre	547 —	6,017
Le cobalt	1,724 —	15,516
	Total. . . .	97,983

Il existe aussi des mines d'argent à *Bielça*, à *Venasque* et à *Cal-ceda*; du plomb à *Venasque* et à *Zoma*, de l'alun d'une excellente qualité à *Alcanitz*, du cobalt dans la vallée de *Gistain*, de l'émeri à *Milmarcos*, et à *Tordera*, du jeai très-beau à *Alcanitz*, à *d'Arroca*, à *Utrillas :* du sel gemme inépuisable à *Torres*, à *Remolinos* et près de *Sarragosse.*

PROVINCE DE NAVARRE.

Cette contrée est encore plus riche en métaux divers : elle possède :

Les mines de la Fortune à Articuza. . . . . . . Plomb.
— de Saint-Martin à Anorbe. . . . . . Cuivre mêlé.
— de Saint-Romain à Cirauqui. . . . . Plomb argentifère.
— de Tapada à Élisondo. . . . . Cuivre gris.
    (Une des plus abondantes.)
— de Saint-Onuphre à Écharri-Arranas. Plomb.
— de Virgen-del-Pilar à Échalar.. . . . Cuivre mêlé.
— de l'Alliance à Escura. . . . . Galène.
— de l'Amitié à   id. . . . . Id.
— de la Envidiosa à id. . . . . Plomb.
— de l'Alliance à   id. . . . . Id.
— de l'Escabrosa à Espinal. . . . . . . Cuivre.
— de Espenacabras à Goiza. . . . . . . Id.
    (elle donne des produits sérieux.)
— de l'Espérance à Garralda. . . . . . Id.
— de San-Miguel à Harte-Araquil. . . Plomb.
— de San-Miguel à Amiscos. . . . . . Cuivre.
— de la Bolsa à Lesaca. . . . . Plomb argentifère.
    (Très-avantageusement exploitée.)
— de la Narcisa à Lesaca. . . . . Plomb mêlé.
— de Consuelo à   id. . . . . Plomb.
— de la Catarana à   id. . . . . Id.
— de la Panplonesa à id. . . . . Cuivre.
— de la Sospecha à Leiza. . . . . Plomb mêlé.
    (donne des produits considérables.)
— de San-Carlos à Leiza. . . . . Plomb.
— de los Alemanes à Orbaiceta. . . . . Cuivre.

Les mines de Santa-Anna à Obaiceta. . . . . . . Cuivre.
—   de Jésus à Petilla. . . . . Id.
           (est très-abondante.)
—   de la San-Bartolomeo à Urdinoz. . . Id.
—   de la Sultana à Vera. . . . . Plomb.
—   de l'Odalisque à id. . . . . Plomb mêlé.
—   de la Abelina à id. . . . . Galène.
—   de la Observation à Vera.. . . . . . Cuivre.
—   de la Trinidad à Zubieta. . . . . . . Cuivre mêlé.
—   d'Azaller à Azaller (1). . . . . Cuivre.

En tout : 7 gisements de plomb,
        3 de cuivre,
        4 de cuivre mêlé à d'autres métaux,
        2 de galène, tous en pleine exploitation.

Indépendamment de ces mines, il en existe cinquante-sept qui, après avoir été ouvertes, ont été abandonnés de 1842 à 1847. En voici la nomenclature :

Articusa   en   possède. . . .   2 de plomb.
    Id.   —   . . .   1 de cuivre.
Aescoa   —   . . .   1 de plomb mêlé.
Anorbe   —   . . .   1 de cuivre mêlé.
Arano   —   . . .   1 de fer blanc.
Arribe   —   . . .   1 de plomb mêlé.
Echarri-Arranas   —   . . .   2 de métaux mêlés.
Erasum   ·   —   . . .   1 de plomb mêlé.
La vallée Derro   —   . . .   1 de plomb.
Escura   —   . . .   1 de plomb argentifère.
    Id.   —   . . .   1 de galène.
Huici   —   . . .   1 de plomb.
Leiza   —   . . .   1 de plomb argentifère.
    Id.   —   . . .   1 d'argent.
    Id.   —   . . .   1 de cuivre.
Lacunza   —   . . .   2 de plomb.

(1) Cette mine n'est peut être pas sans rapports avec celle de Baigorry, dans les Basses-Pyrénées.

Orbaiceta en possède	. . .	1	de cuivre.
Id.	— . . .	1	de grafite.
Petilla-d'Aragon	— . . .	1	de cuivre.
Puente-la-Reina	— . . .	1	id.
Roncevaux	— . . .	1	id.
Id.	— . . .	1	de plomb.
Tafalla	— . . .	2	de cuivre.
Ulzama	— . . .	1	id.
Urbaza	— . . .	1	de plomb.
Yanci	— . . .	1	de galène.

La Navarre renferme aussi des salines très-abondantes. On obtient le sel par l'action du feu, ou par la vaporisation atmosphérique à *Aguillar*, à *Arteta-de-Ollo*, à *Guendulain*, à *Javier*, à *Mendavia*, à *Obanos*, à *Olaz*, à *Montreal*, à *Oro*, à *Cabe*, à *Pampelune*, à *Tirapu* et *Undiano*. Il existe deux mines de sel à *Funes* et à *Valtierra*, cette industrie produit 11,928 arrobes de sel, et donne.   71,568 réaux.

GUYPUSCOA.

Le Guypuscoa renferme des métaux presque aussi variés que la Navarre :

Les mines d'Aizchieta à Cerain	produisent	le cuivre oxidé.
— de Saint-Bas à id.	—	id.
— de l'Auzorocochuloa à Ataun	—	le vernis.
— de la Virgen-del-Pilar à Oyarçun	—	le plomb argentifère.
— de la Rosa à Mutiloa	—	le cuivre.
— de la Blanca à Cerain	—	id.
— de la Luz à Hernani	—	l'antracite.
— de la Tercera à Cestona	—	l'antracite et la calamine.
— de la San-Juan à Oyarçun	—	le plomb argentifère et le zinc.

Cette dernière mine est des plus abondantes; on en retire annuellement plus de 70,800 tonnes de plomb argentifère, qu'on exporte en France et en Angleterre.

Indépendamment de ces mines en exploitation en 1847, le Guypuscoa en possède plusieurs autres qui étaient abandonnées à cette époque ; ainsi, on trouvait le plomb à *Irum*, à *Oyarçun*, à *Onate*, à *Irura*, à *Villabona*, à *Icastequieta* et à *Vergara*. Le cuivre à *Anoeta*, à *Amasqueta*, à *Elgoïbar* ; le cuivre et le plomb à *Mondragon*, le plomb et argent à *Oyarçun*, le vernis à *Ormaisteguy*, la galène à *Irum* à *Cestona* ; *Astcain* renfermait du cuivre ; *Mutiloa* de la galène et de la calamine ; *Ernani*, de l'antracite et du plomb argentifère ; *Salinas*, enfin, du sel assez convenablement exploité.

ALAVA.

Dans l'Alava on avait constaté, de 1839 à 1843, 42 mines ; 34 furent abandonnées et l'on n'en exploita sérieusement que huit.

Le plomb donne 183 quintaux, qu'on prépare dans le pays, et 187 qu'on exporte en France... Le cuivre oxidé produit 182 quintaux ; cette province possède enfin, à *Arana*, des salines qui fournissent, 50,000 fanègues par an, bien qu'il fut aisé, avec une exploitation mieux entendue d'en obtenir huit fois plus. Il en existait autrefois à Buradon, mais elles furent détruites le 24 août 1804.

BISCAYE.

Cette province renferme :

A Gualdacagne, 5 mines de galène et 1 de zinc.

A Zarnoca (sur le Videmaculata), 1 de galène cubique.

A Manaria (à la Poderosa), de la galène, du cristal spathique et du spath calcaire.

A Gorliz (à la Virgen del Mar), de la galène et du zinc mêlé.

A Orduna (à la Saturnina), de la galène, de la pyrite cristalline, du spath calcaire et du zinc.

A Pobena (à la Juncosa), de la galène.

A Yure (à las Calizas), de la pyrite blanche.

A Axpe-Arrosola, de la syderite rousse.

A Buya (monte Ansola), de la pyrite cuivrée.

A Lanestosa (el Sabano), de la galène.

A Somorostro, du jaspe rouge et du jaspe gris.

A Pena, près de Bilbao, de la pyrite.

A la Miravilla,   id.,   de la siderite mêlée.

A el Morio,   id.,   de l'hématite carbonifère.

A Busturia, de la galène cubique.

A Muria-de-Barambio, de la galène.

Toutes les mines, de la Biscaye, en y com-
prenant celles de fer, produisent. . . . . . .   16,300,000 réaux.

ou. . .   4,289,495 fr.

III

INDUSTRIE DES TISSUS.

Les habitants du bassin de l'Èbre, moins industrieux aujourd'hui
que ceux des Pyrénées françaises, leur furent néanmoins très-supérieurs autrefois ; il est positif que la fonte du minerai de fer était pratiquée dans la Catalogne, bien longtemps avant que la France du
midi ne connut cette opération ; nous n'en voudrions pour preuve que
la dénomination de *Forges à la Catalane*, adoptée dans nos provinces
pyrénéennes. Toutes les industries à la fois prospéraient dans cette
contrée, celles des tissus comme celles des métaux.

A la fin du quinzième siècle, l'Espagne devint le théâtre de deux
événements qui auraient provoqué leur décadence, si les Catalans
avaient suivi l'impulsion des Castillans et des Andalous : nous voulons parler de l'expulsion des Maures et de celle des Juifs, si funestes
à l'activité agricole et industrielle de l'Espagne. La découverte des
mines d'or du Pérou et du Mexique portèrent le coup de grâce aux
états héréditaires de Ferdinand et de Charles-Quint. Dès qu'on
reçut à peu près gratuitement de l'Amérique, toutes sortes de richesses, on cessa d'exploiter celles de la mère patrie. La France
mit cette révolution économique à profit ; elle développa son industrie, afin d'alimenter les marchés de l'Espagne. La Catalogne fit
comme la France, elle eût le bon esprit de ne pas adopter le farniente
de la péninsule ; elle parut, au contraire, redoubler d'activité.

Une vive animosité politique avait toujours séparé la Catalogne
de la Castille. L'orgueil de l'ancien royaume de Barcelone se révol-
tait, à la pensée d'obéir à celui de Madrid : les habitans manifestèrent
leur fierté nationale en prenant en toutes choses le contre pied des
Castillans... Retranchés derrière leurs anciens fueros, ils montrèrent
envers les Juifs et les Morisques moins d'animosité que les Andalous,
et ne partagèrent nullement le mépris qu'ils professaient envers le
travail et l'industrie ; ils n'attendirent pas toute prospérité des impor-
tations d'Amérique, ils conservèrent leurs forges et leurs métiers, et
entrèrent en concurrence avec nous pour fournir à tous les besoins de
l'Espagne.

L'Aragon se montra moins intelligent, il se contenta d'être exclusivement agricole.

La Navarre et les provinces Basques suivirent l'exemple de la Catalogne ; elles la surpassèrent dans la préparation des métaux, et ne lui cédèrent le premier rang que dans la fabrications des tissus.

La Catalogne avait porté cette industrie à son plus haut degré de prospérité. Dans les premières années du dix-huitième siècle on fabriquait des toiles de chanvre et de lin, semblables à celles du Béarn, à *Bassioles*, à *Urgel*, à *Vich*, à *Mataras*, à *Manressa ;* du papier de qualité médiocre dans plusieurs localités. 40 mille ouvriers faisaient des indiennes communes ; chaque ville, chaque village de cette belle province était un centre industriel : on y comptait 595 métiers à tisser la laine, 1,116 à tisser la soie, 3,217 à fabriquer les galons et les rubans, plus de 20,000 femmes tressaient de la dentelle et des blondes (1).

Dans l'Aragon on tissait très-peu, on se contentait de laver des laines à *Vidaille* et à *Venasque* avant de les transporter dans la Catalogne où dans le département de l'Aude ; on préparait du jus de réglisse dans certaines localités ; il en était de même dans la haute Navarre, notamment à Tudela.

La Catalogne n'a rien perdu de l'activité industrielle qu'elle montrait à cette époque.

PROVINCE DE GIRONNE.

Dans la province de Gironne, on file et on tord le coton :

A Arbucias,	dans	1	établissements, avec	22 ouvriers.
Banolas,	—	11	—	277
Besalu,	—	2	—	74
Cortelia,	—	1	—	11
Esquirol,	—	3	—	103
Gironne,	—	2	—	132
Llivia,	—	1	—	45
Olot,	—	26	—	378
Puycerda,	—	4	—	29
Ripoll,	—	1	—	51
Santa-Coloma,	—	48	—	574
Santa-Eugenia,	—	1	—	74
Totaux. .		101		1,770

(1) Rapport du docteur Jordan-y-Frago.

Il sort chaque mois de ces filatures 70,060 livres de coton filé et 19,790 de coton tordu.

La même matière est tissée :

A Banolas,	dans	9	établissements, par	139 ouvriers.
Besalu,	—	5	—	54
Camprodos,	—	4	—	13
Esquirol,	—	14	—	67
Gironne,	—	10	—	153
Guyols,	—	1	—	23
Llivia,	—	1	—	115
Olot,	—	429	—	2,162
Puycerda,	—	7	—	123
Ripoll,	—	1	—	16
Santa-Colonna,	—	49	—	223
Tortella,	—	7	—	125
Totaux. . . .		537		3,223

Ces établissements produisent chaque mois :

Toile de coton pur.	264,660	pièces.
Mouchoirs de 3 à 12 pans.	12,710	
Tissus mêlés.	5,500	
Mouchoirs.	3,280	

A Gironne, deux établissements occupent cinquante-quatre ouvriers à imprimer des indiennes.

Le produit total de l'industrie des tissus s'élève à. 12,931,000 réaux.

ou. . 3,400,000 fr.

Figuières possédait autrefois des fabriques de savon considérables; elles sont tombées en décadence, à cause des droits exorbitants qui frappent les huiles, aussi ne peuvent-elles plus lutter avec celles de Marseille; après avoir exporté annuellement 500 ou 600 quintaux, elles se bornent aujourd'hui à fournir aux besoins de la province.

Le total de la production industrielle, en y comprenant les métaux, s'élève dans cette province, à. . . . . 30,155,921 réaux.

ou . . 7,935,765 fr.

celui de la production générale, agriculture
comprise, est de. . . . . 77,965,205 réaux.

ou . . .   20,517,155 fr.

En 1799, il s'élevait à. . . . . 81,319,899 réaux.
augmentation qui portait tout entière sur les produits agricoles, car
la production industrielle n'a pas varié.

PROVINCE DE LLÉRIDA.

Cette province tient de l'Aragon beaucoup plus que de la Catalogne; l'industrie y est presque nulle; on y compte, toutefois, une car-
derie de coton mise en mouvement par l'eau, cinquante métiers à tisser la même matière, et une vingtaine à tisser la laine. Ils sont situés à
San-Lorenzo, à *Moruns*, à *Salsona* et à *Cervera;* il existe une fabrique de papier et deux de savon à *Balaguer*, des tanneries à *Trem*, à
Llérida ainsi que des distilleries d'eau-de-vie.

Le produit général des fabriques, en y comprenant celles des métaux s'élève dans la province à. . . . . 22,461,455 réaux.

ou. .   5,901,905 fr.

Le total des produits de toutes sortes est de.   54,833,276 réaux.

ou. . . . . .   14,429,805 fr.

Il était de 60,575,683 fr., en 1799 : augmentation qui portait également sur les seuls revenus agricoles.

PROVINCE DE TARRAGONE.

On file le coton :

A Reus,	dans	52 établissements, avec	1,734 ouvriers.
Wals,	—	16	—	166
Vandrell,	—	1	—	26
Totaux. . .		69		1,926

Il sort chaque mois, de ces fabriques, 34,580 livres de coton
filé, et 79,050 livres de coton tordu.

On tisse la même matière :

A Reus,	dans	79	établissements, avec	2,500 ouvriers.
Tarragona,	—	1	—	12
Torre de Ambarra	—	3	—	20
Wall,	—	90	—	1,251
Vandrels,	—	4	—	27
Asco,	—	1	—	7
Vilaseca,	—	1	—	12
Totaux. . .		179	—	3,829

Il sort mensuellement de ces fabriques :

Toiles de diverses sortes.	511,810 pièces.
mouchoirs.	2,391
tissus mêlés.	56,160
coutils et drilles.	500
toiles fortes.	1,730

Ce qui élève le produit de l'industrie des tissus
à. . . . . 15,308,490 réaux

Total de la production industrielle. 35,532,079

ou. . . . . 9,350,545 fr.

Total de tous les produits. . . . . 93,722,024 réaux

ou. . . . . 24,663,690 fr.

En 1799, ce produit était de 95,821,635 réaux.

PROVINCE DE BARCELONE.

La production industrielle prend de bien plus grandes proportions autour de la capitale de la Catalogne.

Et d'abord on importe annuellement 99,094 quintaux de coton en rames, et 4,291 quintaux de coton filé provenant d'Angleterre. Une partie de cette matière alimente les fabriques des trois provinces qui précèdent, mais plus des quatre cinquièmes est employé dans les fabriques de la province de Barcelone.

La fabrication des indiennes, moins perfectionnée qu'en Angleterre où en France, est l'objet d'améliorations journalières, qui la mettra dans un avenir prochain au niveau de celle de ces deux contrées : on peut en juger par le nombre de machines que les Catalans se font apporter à grands frais des pays étrangers.

De 1836 à 1840 on a reçu, dans le port de Barcelone :

33 machines à vapeur de la force totale de 201
    chevaux : elles ont été payées. . . . . 1,381,197 réaux.
17 cardes ont coûté. 69,300
92 métiers à filer. 1,634,850
969 métiers à la Jacquart.. 479,002
138 machines diverses. 960,045

Total : 1,229 machines valant. . . . . . 4,524,394 réaux.

ou. . . . . . 1,190,625 fr.

L'importation des drogues, pour teinturerie et imprimerie d'indiennes s'est élevée, de 1836 à 1840 à 510,939 arrobes. Elles ont payé 1,643,257 réaux de droits d'entrée.

L'importation des métaux, cuivre, étain, fer, plomb, s'est élevée à 657,869 arrobes pour lesquels on a payé 2,061,252 réaux de droits.

Indépendament de ces matières premières, tirées de l'étranger, 16 établissements occupent 1,067 ouvriers, à confectionner annuellement sur les lieux 8,820 machines diverses ; d'autres établissements fabriquent des produits chimiques dont la plus grande partie est consommée dans la province ; ajoutons enfin que les capitaux employés en bâtiments, machines, fonds de roulement, ne s'élèvent pas à moins de . . . . 121,878,784 réaux.

ou. . . . . 32,073,360 fr.

La production des fabriques répond à cette puissante organisation mécanique et financière.

Le coton reçoit les premières préparations :

A Arenis,	dans	9 établiss., avec	237 ouv.
Barcelone,	—	274 —	7,217
Berga,	—	428 —	3,381
Granollers,	—	5 —	41
Igualada,	—	413 —	8,211
Manressa,	—	227 —	2,848
		1,356	21,935

Report. . . .	1,356			21,935
Mataro,	dans	66	établiss., avec	1,455
San Feliu de Llobregal,	—	20	—	326
Tarrassa,	—	11	—	238
Vich,	—	136	—	1,729
Villafranca,	—	6	—	202
Totaux.		1,595		25,885

Ces filatures produisent mensuellement 1,424,434 livres de coton filé et 372,562 livres de coton tordu.

Cette matière est tissée :

A Arenys de Mar, dans		33	établissements, par	799 ouvriers.
Barcelone,	—	460	—	16,154
Berga,	—	406	—	2,780
Igualada,	—	316	—	174
Manressa,	—	158	—	2,845
Mataro,	—	157	—	1,500
San Feliu,	—	14	—	4,331
Tarrassa,	—	47	—	261
Vich,	—	181	—	1,182
Villafranca,	—	7	—	2,116
Totaux. . .	1,779			32,242

Ces divers métiers produisent :

Coton pur.	4,726,760 pièces.
Mouchoirs de 3 à 12 palmes.	28,217
Mantes.	2,275
Mousseline.	3,440
Tulle de 2 à 9 palmes.	17,000
Coton mêlé de soie, de laine ou de lin	101,795
Coutils et drilles	39,840
Toiles fortes.	116,300
Pièces diverses.	1,680
Total. . . .	5,037,307

A Barcelone, enfin, 60 établissements occupent 3,169 ouvriers à imprimer des indiennes.

L'industrie de la soie s'est un peu ralentie depuis quelques années ; toutefois il y avait encore à Barcelone, en 1841, 1,300 métiers à tisser, dont le tiers à la Jacquart ; 6 à 700 dans les environs de Manressa et 30 à Reus. Les soieries de Catalogne sont d'une excellente qualité, mais un peu lourdes, et c'est justement cette force, cette abondance de matière première qui élève leur prix, et ne leur permet pas de lutter avec celles de France et d'Italie : aussi les Catalans ne sont ils pas libre-échangistes ; le jour où l'Espagne proclamerait ce principe, l'industrie catalane serait très-sérieusement compromise.

Le tissage des draps partage la destinée de celui de la soie ; il est en décadence. Néanmoins il reste encore de très-nombreux métiers à *Manressa*, *Tarrassa*, *Sabadeil* et *Palomar* (1). La fabrication des draps, flanelles, bayetes, serges, étamines et ceintures est également très-active à *Navarcles*, *Igualada*, *Olesa*, *Esparraguera*, *Olot*, *Roda*, *Moya*, *Vich*, *Ribas*, et dans quelques-unes des vallées qui pénètrent dans les Pyrénées.

Le tissage du lin fait de tels progrès dans la Catalogne, que l'Espagne entière cessera bientôt d'être tributaire, à cet égard, de l'Angleterre et de la Hollande. *Barcelone*, renferme plus de 300 métiers à tisser de la toile de pantalon, et 1,200 métiers à toiles diverses. Il en existe aussi 500 à *Banolas*, 130 à *Altafulla* et plus de 2,000 dans le reste de la province.

Il est, enfin, une dernière industrie plus spéciale encore à la Catalogne : la fabrication de la dentelle... 30,000 femmes y furent longtemps occupées, dans les villes et dans les villages du littoral, notamment à *Arenys-de-Mar*, à *Caldetas*, à *Vilasar* et à *Masnou ;* dans la côte de Poniente on fait plus particulièrement de la blonde noire, surtout à *San-Feliu*, à *Cornella* et l'*Hospitalet.* L'industrie cotonnière enlève maintenant un certain nombre de femmes à cette occupation, à cause des avantages pécuniers qu'on leur offre dans les fabriques d'indiennes.

Les papeteries ont fait d'assez grand progrès: celles de Gironne sont considérables ; le papier peint de Barcelone lutte avec celui de l'étranger.

Le reste de l'industrie catalane se compose d'une fabrique d'acide sulfurique et nitrique établie à Barcelone : de fabriques de

---

(1) Dans cette dernière ville, on a fondé une très-belle fabrique de toile de chanvre en 1846.

bouchons et de verres situées dans les provinces de Barcelone et de Gironne... les tanneries et corroyeries s'élevaient à plus de 500, avant la guerre de 1812 ; ce nombre a diminué depuis lors ; mais il en existe encore plusieurs à *Barcelone*, *Mataro*, *Arenys-de-Mar*, *Calella : Blanes*, *San-Feliu-de-Guizol*, *la Bisbal*, *Torruella-de-Mongri*, *Gironne*, *Figuières*, *Banolas*, *Olot*, *Vich*, *Ripoll*, *Berga*, *Manressa*, *Conca-de-Tremp*, *Llérida*, *Igualada*, *Valles* et *Reuss*.

La somme des produits manufacturés dans la province de Barce-celone, s'élève à. . . . .   80,000,000 réaux.

et celle de la production totale à.   181,046,371

ou . .   47,643,780 fr.

Elle n'était, en 1799, que de . , ...   178,913,259 réaux.

PROVINCE DE SARAGOSSE.

Le tissage de la soie a presque entièrement disparu de cette contrée, il a été écrasé par les fabriques mieux organisées de la *Catalogne* et de *Valence ;* il en est de même des fabriques de savon, à cause de la prospérité de celles de *Soria*, de *Navarre*, de *Guypuscoa* et de *Biscaye*. Malgré cette décadence, ou porte le revenu industriel de la province de Saragosse, en y comprenant le revenu des métaux à . . . .   24,302,585 réaux.

ou . .   6,395,415 fr.

et le revenu général à. . . . .   243,020,108 réaux.

ou . .   63,952,660 fr.

En 1799 il était de. . . . .   260,133,378 réaux.

PROVINCE DE HUESCA.

Nous n'avons pas de renseignements détaillés sur l'industrie de cette province ; nous savons seulement qu'on y distille de l'eau-de-vie, qu'on y fabrique du savon, de la faïence, du verre, de la toile de lin, des draps et des bayetes. Madoz porte le chiffre des divers produits industriels à . . . .   14,749,155 réaux.

ou . .   3,881,355 fr.

et le revenu total de la province à. . . . . .   141,048,012 réaux.

ou . .   37,117,895 fr.

en 1799 il était de . . . .   158,148,373 réaux.

PROVINCE DE NAVARRE.

La Navarre possède à *Pampelune*, deux fabriques de linge ; à *Billalba*, une belle papeterie ; à *Tudèle*, une teinturerie de draps noirs, de gros draps ordinaires, et une fabrique de voiles de soie.... il existe aussi deux fabriques de réglisse, l'une à *Tudèle*, l'autre à *Corella ;* sept de savon, à *Tudèle*, *Murillo* et *Vatierra ;* des fabriques de toiles, à *Olite*, à *Tafatta*.... des métiers à tisser le drap à *Aoiz ;* une filature de laine et des foulons à *Estella* ainsi que des lavoirs de laine... une fabrique de bayetes et de draps à *Cascante*, ce qui porte le produit industriel, en y comptant les mines à . .   13,405,629 réaux.

ou . .   3,527,795 fr.

et le produit général, à . . . .   168,955,705 réaux.

ou . .   44,462,025 fr.

Il n'était que de 154,147,866 réaux, en 1799.

PROVINCES BASQUES.

Le Guypuscoa n'a presque pas d'autres fabriques que celles des métaux ; aussi la production industrielle n'y dépasse-t-elle pas. . . . . . .   6,298,912 réaux.

et le produit total   32,178,368

ou . .   8,467,980 fr.

Il n'était que de 31,698,098 réaux, en 1799.

L'Alava est assez industrieux. Il existe plusieurs fabriques de faïence à *Victoria*, *Eguilèta*, *Hijona*, *Hérenchuni* et *Ullibarri ;* des tanneries pour toutes sortes de cuirs, des fabriques de chapeaux de feutre, de cartons, de cartes à jouer. Dans la capitale de la province, des fabriques de tuiles, de briques, et de vases de terre à *Lagran* et à *Sainte-Croix-de-Campeso*.

Madoz porte le produit industriel de cette petite province, à . . . .   1,435,235 réaux.

ou . .   377,690 fr.

et son revenu territorial, à . . . .   18,814,465 réaux.

Total . .   20,249,790 réaux.

ou . .   5,328,890 fr.

Quant à la Biscaye, nous avons peu de détails sur son industrie, bien qu'elle soit assez importante, et nous devons nous borner à reproduire les totaux donnés par Madoz :

Produit des fabriques . . . . 21,758,000 réaux.

                        ou . .   5,725,785 fr.

Production générale . . . . 48,522,344 réaux.

                        ou . .   12,769,035 fr.

IV

BOIS ET FORÊTS.

Les Pyrénées sont la partie la plus boisée de l'Espagne, et nous devons ajouter, à la louange de l'administration et des populations de cette contrée, qu'elles ont été beaucoup mieux conservées, respectées que les nôtres. Le petit nombre d'habitants établis dans les hautes vallées du Ter, de la Cinca, du Paillars et de l'Aragon, est bien pour quelque chose dans ce respect des forêts de chêne et de hêtre. Les montagnards espagnols trouvant une nourriture suffisante dans les parties anciennement travaillées de leurs vallées, ne se sont pas donné la peine de brûler et de défricher des bois, pour ajouter à la surface arable un accroissement qui leur eut été inutile.

Dans les Pyrénées françaises, au contraire, la population étant considérable et allant toujours croissant, ne trouvait pas à se nourrir avec le produit des champs anciennement labourés : elle a constamment fait effort pour augmenter une superficie agricole qu'elle a toujours travaillée, amendée, avec une intelligence et un courage que l'on ne retrouve au même degré dans aucun autre pays de montagne.

Les principales forêts des vallées espagnoles sont , dans la Catalogne : à *Saint-Jean-de-Lerne*, à *Mongary*, dans la vallée de *Paillars* et dans la vallée d'*Aran*.

Dans l'Aragon, à *Gistain*, à *Saint-Jean* et à Bielsa , sur le versant opposé à la vallée d'Aure. (Voir plus haut p. 165.)

Dans la Navarre, on cite celles, d'*Iropil* d'*Iral*, de *Bellate*, d'*Urdach*, d'*Iratie*, d'*Artique-Telline*, d'*Ordesa*, de *Val-de-Lastos*, et de *Roncevaux*. (Voir plus haut, p. 173.)

Le Guypuscoa, l'Alava et la Biscaye, possédent des forêts encore plus étendues.

Ces trois provinces basques sont une des parties les plus boisées, les plus vertes de l'Europe ; mais ces richesses forestières n'ont presque rien produit jusqu'ici, faute de moyens d'exploitation. Dans les Pyrénées françaises, il existait quelques routes sous Louis XV, et de nombreux cours d'eau flottables depuis la création ; les habitants ont pu, à toutes les époques, même sous Louis XIV, comme nous l'avons vu, exploiter une partie des bois à l'aide du flottage...

En Espagne, pas un chemin ne pénètre dans les hautes vallées, et les rivières ne roulent en général qu'un filet d'eau complétement impropre au transport des radeaux.

Toutes les circonstances ont donc concouru à la conservation des forêts, et ces circonstance exercent encore leur influence.

La province de Gironne, ne retire de ses vastes forêts, que trèspeu de bois de construction et de combustible, l'écorce du liége est le seul produit qui donne quelque revenu.

Dans la Tarragonnaise, les bois sont mieux exploités, quoique moins étendus ; les routes étant meilleures et les grands centres de consommation plus nombreux, ils ont pu devenir l'objet d'un certain commerce.

Dans la province de Llérida on couvertit en planches et en poutrelles des *roules* de sapin, de chêne et de hêtre, à l'aide de plusieurs scieries établies sur les cours d'eau, dans les hautes vallées des Pyrénées.

La province qui tire le plus grand revenu de ses forêts est celle de Huesca ; les bois, coupés dans les gorges de la *Linca* et du *Paillars*, sont mis en radeaux sur la Linca et conduits ainsi jusqu'à Tortose, d'où ils atteignent les chantiers de construction de Barcelone.

Il en est de même dans la Navarre ; les habitants d'Ascoa et de *Salazar* exploitent leurs bois sur une assez grande échelle, et en transportent la majeure partie en radeau, jusqu'à l'Ebre. Les provinces basques enfin, l'Alava surtout, font un assez grand commerce de bois de charpente, d'ustensile et d'objets divers, fabriqués avec cette matière.

On ne se tromperait guère, en comparant le revenu actuel des forêts du nord de l'Espagne avec celui des Pyrénées françaises, au commencement de la Révolution, et en le portant à 100,000 fr. environ, (sans compter le produit du liége, qui représente plus de 200,000 fr.)

Or, il est incontestable qu'avec les besoins qui se font aujourd'hui sentir dans l'Europe méridionale, et qui vont toujours croissant, l'Aragon, la Catalogne, et le Navarre, peuvent décupler cette branche de revenu, et l'élever de 300,000 fr. à 3,000,000 fr.

Ces provinces n'ont, pour atteindre ce résultat, qu'à hâter l'exécution des routes et des embranchements de chemin de fer qui doivent atteindre les forêts restées jusqu'à ce jour inabordables.

V

EAUX MINÉRALES.

Le versant espagnol des Pyrénées est presque aussi riche que le nôtre en sources minérales, mais elles sont mal exploitées, et les sept à huit bains, un peu convenablement organisés qu'on y rencontre, sont fréquentés par la seule bourgeoisie de la province qui les possède. Les habitants des autres parties de l'Espagne, qui ont sérieusement besoin de faire usage d'eaux thermales, ou qui cherchent des lieux de distraction, pendant la saison chaude, ne craignent pas de franchir la frontière pour se rendre dans nos villes des Pyrénées.

Toutefois les bains de *Caldas* près de Montcada, ceux d'*Argentona* près de Mataro, sont comparativement assez suivis ; ceux de la *Puda*, dans le Lobrégat, près de Martorell, commencent à l'être ; ceux de *Villamayor*, de *Belloch*, de *Canovellas*, de *la Garriga*, près de *Granollers*, le sont peu. La source de *Caldas*, au pied de la Maladetta ; les eaux de *Bibas* et de *Malavella* restent sans emploi.

L'Aragon possède les eaux de *Paracuellos*, de *Giloxa*, d'*Alhama*, de *Quinto*, de *Tiernas*, près de Salvatierra, de *Fuente de la Cueva*, près de *Sarra del Abadiano*, d'*Alquezas*, de la *Fuenté de Ebro*, de *Hécho*, enfin celles de *Panticose* près de *Biescàs*.

Ces dernières sont les mieux aménagées, et reçoivent un certain nombre de baigneurs, bien qu'on doive s'y rendre de Jaca, à dos de mulet. (Voir plus haut, p. 110.)

La Navarre est plus riche en sources thermales que les autres provinces, elle possède celles de *Belascoain*, de *Batueco* près de Zizur, d'*Aribe*, de *Gorriz* près d'Aoiz, celles de *Minchate* et d'*Échauri ;* les plus fréquentes sont celles de *Betelu*, au sud de Tolosa, surtout celles de *Fitero* près de Tudela, un des trois établissements thermaux les plus importants de l'Espagne.

Dans le Guypuscoa, les eaux de *Cestona*, de *Santa-Agueda* ou de *Guesalibar* près de Mondragon, celles d'*Arrachevaleta*, près de Vergara, doivent aux établissements qu'on y a construits, aux bonnes routes qui y conduisent, une vogue plus étendue ; nous placerons sur le même rang les bains de *Sacédon* près de *Guadalajara*, et ceux de *Trillo*.

La Biscaye est une des provinces les mieux dotées en ce genre de richesses ; elle renferme les sources de *Molinar*, dans la vallée de Carranza, celles d'*Andorroa*, d'*Uberroaga*, de *Berriatueche* ; les bains neufs *Delario*, établissement très convenablement organisé, et les bains vieux de la même localité à moitié chemin de Vergara à Bilbao ; les bains de *Villaro*, entre Bilbao et Vittoria ne manquent pas de réputation ; ceux de *Cortelusi*, sur la route nouvelle de Guernica à Los-Puertos-de-Saldua, reçoivent également un assez grand nombre de baigneurs. En résumé, les établissements de la province de Barcelone, ceux de la Navarre, et surtout des provinces basques, sont les mieux installés, et attirent un concours de baigneurs d'une certaine importance. Nos villes d'eaux pyrénéennes recevaient 20,000 baigneurs en 1812, celles des provinces de l'Èbre en reçoivent à peine 15,000 aujourd'hui, tandis que chez nous ce nombre s'élève, avons-nous dit, à 56,832. Il est facile d'expliquer cette différence.

En France, les établissements thermaux du dernier ordre sont desservis par de belles routes. En Espagne, si l'on excepte ceux de la Navarre, des provinces basques et des environs de Barcelone, ils sont tous privés de voies de communication ; on n'y arrive que très-péniblement à dos de mulet. On peut comprendre l'importance nouvelle qu'ils acquerront, lorsque de bonnes voies les relieront aux chemins de fer espagnols et aux villes thermales du versant français.

Nous ne pensons pas, néanmoins, que les eaux de la Catalogne ou de la Navarre acquièrent jamais la vogue européenne dont jouissent celles de nos départements ; leurs paysages sont moins frais, moins attrayants que les nôtres ; leurs villes ont tout à créer pour égaler le confortable et les agréments qu'offrent à l'étranger Amélie-les-Bains, Luchon, Bagnères-de-Bigorre, Cauterets, Saint-Sauveur, les Eaux-Bonnes et Biaritz. *Argentona*, *Panticosa*, *Fibero*, *Elorio* seront toujours très-éloignés du centre de l'Europe, et ne pourront attirer qu'un nombre de touristes assez restreint... mais leur réputation peut s'étendre en Espagne, et la foule des voyageurs indigènes ne manquera pas certainement de s'élever, d'ici à peu d'années, de 15,000 à 60,000 ce qui

portera leurs revenus, de 2,800,000 fr., qu'il est à peu près aujour-
d'hui, à 7,200,000 fr. (1),

VI

CONCLUSION.

COMPARAISON AVEC LES PRODUITS DES DÉPARTEMENTS FRANÇAIS.

Résumons le résultat de nos recherches.

Nous avons vu que les produits agricoles des départements pyrénéens représentent un revenu de. . . . . 259,694,885 fr.

Ceux des provinces de l'Èbre ne dépassent pas. 227,185,670

Différence en moins. 32,509,215

Les revenus industriels de ces mêmes départements s'élèvent à. 173,088,262

Ceux des provinces de l'Èbre à. 66,805,175

Différence en moins. 106,283,087

Nos forêts produisent. 10,387,420

Celles des Pyrénées espagnoles. 300,000

Différence en moins. 10,087,420

Nos établissements thermaux répandent dans
les vallées. 10,521,360

Ceux de la vallée de l'Èbre à peine. 1,800,000

Différence en moins. 8,721,360

Total des produits des départements pyrénéens. 453,691,930

Total des produits des provinces de l'Èbre. . 296,080,840

Différence en moins. 157,611,090

Que l'Espagne entreprenne sa régénération agricole, industrielle et commerciale, avec l'énergie que nous espérons voir dominer enfin dans nos départements, et l'on verra d'ici à vingt-cinq ou cinquante ans, les produits de ces provinces atteindre les chiffres réalisés déjà dans les nôtres, soit. . . . . 453,691,927 fr.

Tandis que nos départements attendront ceux
que nous leur avons assignés à la même date, soit. 1,065,366,751

(1) Nous estimons que chaque voyageur reste quinze jours dans l'établissement, et qu'il dépense 8 fr. par jour.

Deux considérations également puissantes, nous engagent à désirer, pour les habitants du bassin de l'Èbre, un développement d'activité et de richesse égal à celui des habitants des Pyrénées; ces considérations sont un profond sentiment de fraternité, de solidarité humaine, et l'intérêt direct qu'a le midi de la France à voir une vaste contrée de consommation et d'activité se développer à côté de lui.

Qu'une mesquine et aveugle jalousie ne nous fasse pas redouter la prospérité des provinces de l'Èbre ; au contraire, faisons les vœux les plus ardents, pour le progrès de l'agriculture et de l'industrie espagnole : ne nous bornons même pas à faire des vœux, aidons les Espagnols de nos conseils, de nos finances, à obtenir ce résultat... N'oublions jamais que la richesse de la Belgique, des provinces Rhénanes et de l'Angleterre, est une des causes de celle de nos départements du Nord..... Pense-t-on que l'existence dans l'Aragon et la Navarre, d'un mouvement industriel et commercial analogue à celui des Flandres, ne hâterait pas singulièrement le résultat économique que nous cherchons à faire naître dans nos départements pyrénéens ?... plût à Dieu que le bassin de l'Èbre possédât six millions d'habitants industrieux et riches ; nous ne serions pas condamnés à soupirer, depuis quarante ans, après l'époque ou des routes seront ouvertes entre Llérida et Saint-Girons, entre Saragosse et Toulouse, entre Barbastro et Auch, entre Jaca et Oloron : les besoins des transactions sauraient bien exiger leur exécution immédiate.

Rien ne développe la consommation et le commerce qui l'alimente, comme la prospérité industrielle... La richesse de la Catalogne, de l'Aragon, de la Navarre intéressent la France, d'autant plus directement, qu'elle est par son voisinage appelée à leur fournir les neuf dixièmes des denrées et des produits qu'elles attendent de l'étranger.

Quelques exemples donneront une idée du précieux débouché que nos produits trouveraient dans les provinces de l'Èbre, si la population et la richesse y prenaient un jour le développement que nous souhaitons.

La Catalogne renferme 858,800 habitants, et bien que les revenus agricoles de la province s'élèvent à 212,163,513 réaux et les produits de ses animaux à 49,816,173 réaux, elle reçoit des autres provinces d'Espagne pour 250,000,000 réaux de denrées où produits divers, et de l'étranger, c'est-à-dire de la France, pour 54,731,287 francs.

Les animaux de boucherie et la volaille sont les objets principaux du commerce de nos départements avec elle. Il y a cinquante ans, la

seule ville de Barcelone traitait avec des fournisseurs français pour
la fourniture d'animaux de boucherie au prix de . . . . 2,800,000 fr.

Savoir :

Moutons et brebis . . . . 255,500 têtes.
Bœufs. 10,950
Boucs 18,250
Cochons 6,000

Les autres villes de la Catalogne recevaient un nombre égal d'animaux, ce qui élevait ce chiffre de notre exportation à 5,600,000 fr.

La France envoyait aussi, dans la Navarre et la Biscaye, des animaux de boucherie, des bêtes de trait, des vins communs et des eaux-
de-vie; dans tout le bassin de l'Èbre, enfin, des étoffes de laine, des
toiles, des cuirs tannés, de la cire, de la chandelle, de la quincaillerie,
de la parfumerie, de l'orfèvrerie, des objets de mode.

Les tissus de Catalogne ne faisaient et ne font encore aujourd'hui
aucune concurrence aux nôtres: il n'en pénètre presque pas en France,
tous se consomment en Espagne. Au commencement de ce siècle, la
Catalogne n'importait en France que 6 à 700 charges d'huile, 30,000
quintaux de planches de liége, et 1,200 quintaux de bouchons.

Cette province payait tous les produits français en quadruples.

L'Aragon vendait à la France 4,000 quintaux de laine qui entraient
par l'Ariége et étaient lavés à Ax; 2,575 quintaux arrivaient de
Benavare et de *Jaca*, et 6,000 quintaux de *Teruel* et d'*Albaracin*.
Cette province exportait aussi pour un million de vins dont une partie
se consommait dans nos Pyrénées.

La Navarre fournissait à la France quelques vins de liqueur, de
l'huile d'olive, du bois de réglisse, des laines, et quelquefois de l'eau-
de-vie.

Les trois provinces de Biscaye, enfin, nous donnaient du fer en
barres et des châtaignes.

Ce commerce n'a pas changé depuis cinquante ans, c'est toujours la
même nature de produits, et à peu près la même quantité que nous
achetons aux Espagnols de la frontière, et que nous leur vendons.

Nous venons d'indiquer les richesses naturelles, agricoles et industrielles qui attendent un grand développement d'exploitation de l'ouverture des chemins de fer et des routes.

Toutes ces considérations, le gouvernement de l'Empereur les a appréciées avec sagesse; l'exécution des voies internationales a été résolue, le percement des Pyrénées aux deux bouts de la chaîne, pour le raccord de nos chemins de fer avec ceux de l'Espagne, est poussé avec la plus grande activité. Dans un an ce raccord sera complet dans les provinces Basques, et d'ici à trois ans dans les Pyrénées-Orientales.

En se préoccupant, en première ligne, des intérêts de la France, l'Empereur n'a pas oublié ceux de l'Espagne. Napoléon III, qui s'inspire toujours du génie de notre nation, sait qu'une entreprise n'est réellement populaire parmi nous qu'à la condition de réunir la générosité envers ses voisins à l'utilité envers soi-même. Sur tous les points où l'humanité a un bienfait à recevoir, une injustice à réparer, la France s'y précipite d'instinct, et l'Empereur l'y conduit. C'est de la France, sa plus proche et sa plus dévouée voisine, que l'Espagne a déjà reçu une vive impulsion industrielle et commerciale; c'est de la France qu'elle attend de nouveaux éléments de civilisation... Des milliers de nos compatriotes sont établis comme fabricants, comme ouvriers d'art, au sein des villes de la Catalogne, de l'Aragon, de la Navarre. Dans ces dernières années, presque tous les vins exportés sont passés par les mains des négociants du Languedoc et de Bordeaux. L'intelligence de nos ingénieurs, les capitaux de nos maisons de banque, exécutent en ce moment plusieurs des grandes lignes ferrées de la Péninsule (1). L'Espagne a donc reçu de nous plus d'un bienfait; elle en attend de plus grands encore. Une des gloires les plus solides, les plus durables de l'Empire fut le percement des magnifiques voies du Mont-Cenis et du Simplon. Puisse l'ouverture des Pyrénées centrales graver le nom de Napoléon III dans le cœurs des Espagnols

(1) La ligne de Saragosse à Madrid et celle de Madrid à Alicante, ont été exécutées et sont exploitées par la compagnie Rotschild... Cette compagnie s'occupe aussi d'ouvrir un débouché à la ligne de Saragosse vers Toulouse, en traversant les Pyrénées. Elle songe enfin à exécuter, de concert avec les municipalités et les juntes provinciales, un réseau de chemins perpendiculaires à la ligne du chemin de fer, qui porterait aux gares les denrées et les voyageurs du centre de l'Espagne. Ce réseau de routes provinciales serait exécuté dans des conditions analogues à celles que la Compagnie du midi avait acceptée pour la création des routes agricoles des Landes.

enthousiastes, comme les routes des Alpes ont placé le nom du chef de sa race dans la mémoire des Italiens reconnaissants.

Que chacun de nous, publiciste, industriel, commerçant, apporte dans son cercle d'action, sa part d'encouragement, de *réparation*, à un peuple comme nous catholique, comme nous ami de la gloire et du progrès ; allons effacer par nos bienfaits, dans ces contrées, les tristes souvenirs des siéges de Gironne et de Saragosse. Que leurs habitants obtiennent par de bonnes routes un accès facile dans notre belle France, si avancée dans toutes les branches de la prospérité : l'Espagne y trouvera d'immenses avantages, nous y trouverons profit et *honneur;* et n'oublions jamais qu'une entreprise française ne saurait être réellement nationale qu'à la condition d'inscrire ce dernier mot au frontispice de son programme.

ERRATA.

Page 123. — Haute-Garonne, valeur des animaux, *au lieu de* : 9,585,234, *lisez* : 19,585,234. Cette rectification modifie la situation donnée à ce département dans la page 126.

TABLE DES MATIÈRES

LES FORÊTS.

RICHESSES DES PYRÉNÉES ESPAGNOLES.

Paris. — De Sove et Bouchet, imprimeurs, 2, place du Panthéon.

www.ingramcontent.com/pod-product-compliance
Ingram Content Group UK Ltd.
Pitfield, Milton Keynes, MK11 3LW, UK
UKHW021646170726
13836UKWH00005B/2430